韬略平天下

战国韬略

赵国华

著

长江出版传媒 | 崇文书局

图书在版编目（CIP）数据

战国韬略 / 赵国华著 . -- 武汉 ：崇文书局，
2023.3
（韬略平天下）
ISBN 978-7-5403-7079-4

Ⅰ．①战… Ⅱ．①赵… Ⅲ．①中国历史－研究－战国
时代 Ⅳ．① K231.07

中国国家版本馆 CIP 数据核字 (2023) 第 019104 号

战国韬略

责任编辑　李利霞
出版发行　　长江出版传媒｜崇文书局
地　　址　武汉市雄楚大街 268 号 C 座 11 层
电　　话　(027)87677133　邮政编码　430070
印　　刷　武汉市首壹印务有限公司
开　　本　700mm×1000mm　1/16
印　　张　18
字　　数　270 千字
版　　次　2023 年 3 月第 1 版
印　　次　2023 年 3 月第 1 次印刷
定　　价　59.00 元

（如发现印装质量问题，影响阅读，由本社负责调换）

前　言

　　人类社会的历史，既是一个充满问题的过程，也是一个解决问题的过程。人类解决问题所凭借的力量，大致可以分为四种：权力、财力、暴力和智力。谋略是人们参与各种社会活动的方法，属于一种智力博弈。这种智力博弈不仅保存于经典著作，而且跃动于现实生活。每一个社会角落都有谋略的闪光，每一段历史河流都有谋略的结晶。特别是乱世重谋略，竞争重谋略，交往重谋略。在漫长的人类社会中，谋略不仅改变了人们的命运，而且影响了历史的进程。

　　战国时代是一个群雄竞逐的时代。

　　齐国处于东方，楚国处于南方，秦国处于西方，燕、赵两国在北方，韩、魏两国居中央。它们像一只只雄狮，彼此厮杀，左右着天下的大势。所谓"七雄"之外，还有一些弱小的国家，像鲁、宋、卫、中山诸国。它们像一只只羔羊，只能在夹缝中委曲求全，对天下形势的演变，根本不起什么作用。然而，无论是厮杀，还是在夹缝中求存，各国诸侯都会采取各种谋略，以应对各种问题。于是，从谋略的角度来审视战国的历史，就成了一个不错的视角。

　　战国时代是一个天下统一的时代。

　　就天下大势而言，这个时代分为三个阶段：从三家分晋到商鞅变法，战国七雄并立于世，是一个多极竞争阶段；从商鞅变法到五国攻齐，齐秦两国主宰天下，是一个两强对峙阶段；从五国攻齐到秦并六国，秦国对山东六国拥有绝对优势，是一个一国独胜阶段。秦国原本较为落后，因为商鞅变法的成功，开始走上富强的道路，经过历代君臣的苦心经营，利用军事和外交手段，不断地向外拓展，终于吞并六国，构筑起一个统一王朝。所以，这个时代充分证明：统一是历史的大趋势。

战国时代是一个英雄辈出的时代。

时势造就英雄，英雄改变时势。战国时代的英雄人物，既有开明有为的君主，如魏文侯、齐威王、秦孝公和秦昭襄王、赵武灵王，又有变法图强的政治家，如李悝、吴起和商鞅；既有驰骋沙场的军事家，如孙膑、乐毅、田单、赵奢、白起和王翦，又有纵横捭阖的外交家，如苏秦和张仪；既有闻名天下的士人领袖，如孟尝君、平原君、信陵君、春申君和吕不韦，又有叱咤风云的刺客，如豫让和荆轲。正是这些英雄人物，不仅书写了个人的历史，而且影响着时代的进程。

战国时代是一个谋略迸发的时代。

在先秦诸子中间，与儒家、道家、墨家相比较，兵家、法家、纵横家最为重视谋略。这三家所持的政治理念和主张不同，从不同的侧面建构起不同的谋略理论。大体说来，法家侧重于政治问题，兵家侧重于军事问题，纵横家侧重于外交问题，因而对谋略理论的建构，就形成三个主要流派：兵家谋略有《孙子兵法》《吴子兵法》《孙膑兵法》《尉缭子》《六韬》等论著，法家谋略有《商君书》《申子》《慎子》《韩非子》等论著，纵横家谋略有《苏子》《张子》《鬼谷子》等论著。这三个流派的产生和发展，构成中国传统谋略理论的主要内容，对中国文化产生了深远的影响。

这样一个生动活泼的时代，需要我们仔细地品味和咀嚼。

本书的撰写旨趣，不在于寻求社会发展规律和还原历史本来面目，而在于审视谋略、谋略理论和谋略家及其历史作用。作者希望依据现有的历史资料，针对影响历史进程的各种谋略，作出合乎情理的分析解读。这种研究思路和方法，已经不属于"找规律""还面目"的范围，倘若硬要给它一个分类，大致可以归为鉴赏史学。"我欲载之空言，不如见之于行事之深切著明也。"历史叙事是一种生动有趣的言说形式，通过叙述历史人物的事迹，可以深刻地揭示其中蕴含的道理。

赵国华

二〇二二年十月

目录

第七章
赵：南守北攻

第八章
秦：一统天下

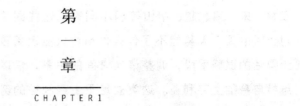

第
一
章

CHAPTER 1

周：夹缝图存

历史进入战国时期，齐、楚、燕、韩、赵、魏、秦七雄并立，构成了一个多极化的政治格局。在各诸侯国相互争夺的夹缝中，还残存着周王室及鲁、宋、卫、越、中山等弱小国家。这些国家对当时的天下大势起不了什么作用，只能运用较为灵活的谋略手段，调整诸侯之间的关系，借以维持自身的生存利益。这类立足于生存利益的努力，虽然无法挽回各国灭亡的命运，但就国家战略得失而言，仍有值得重视的历史经验。

平衡外交

战国前期，周王室虽然以"天下共主"的名位，还能对各国诸侯指手画脚，但因直接统治的地域缩小，已经不具备控制诸侯国的能力，甚至连用以自卫的力量都不够。公元前367年，韩、赵两国趁周王室内乱的机会，把周王室分裂为东周国和西周国，周王室对诸侯国来说，就越发显得无足轻重。因此，到了战国中期，随着各国诸侯纷纷称王，在名义上也与周天子平起平坐，周王室陷入更糟糕的境地。幸亏有一帮谋略之士，奔波于诸侯国之间，才使得周王室摆脱一次次危难，得以延续近百年。

◇ 颜率保鼎

周显王姬扁在位时，秦惠文王发兵进逼东周国都洛邑（今河南洛阳），企图夺取九鼎。周显王为此很忧愁，就把这件事告诉了大臣。颜率说："君王不必担忧，请让我往东走一趟，去求救于齐国。"周显王当即答应。颜率赶到齐都临淄（今山东淄博），觐见齐威王说："秦国太不讲道理，出兵进逼东周，还想索要九鼎。东周君臣在朝廷上想尽一切办法，一致认为把九鼎给秦国，不如送给贵国。照说保护危亡的国家，就会赢得好的名声；得到九鼎，就拥有了最贵重的宝物。请大王考虑一下。"齐威王听了，十分高兴，立马发兵五万人，任命田忌为主将，前去援助东周，迫使秦兵撤退回国。

秦军撤退后，齐威王想要迁走九鼎，周显王又焦虑起来。颜率看到这一情景，就对周显王说："君王不必担忧，请让我去齐国解释一下。"于是，颜率再次来到临淄，觐见齐威王说："周王室倚仗贵国的信义，才使得君王父子相安无事，因而愿意献出宝鼎，不知贵国想要从哪条路线把宝鼎运过来呢？"齐威王说："我想向魏国借道。"颜率说："不行。魏国君臣也想得到九鼎，曾经在晖台和少海谋划过，这已经很久了。九鼎运进魏国，肯定拿不出来。"齐威王又说："那我就向楚国借道。"颜率回答："不行。楚国君主也想得到九鼎，曾经在叶庭之中谋划过，这也很久了。九鼎进入楚国，肯定也拿不出来。"

齐威王经这么一说，也说不准怎样运回九鼎，就问颜率说："那我从哪条路线才能把九鼎运回来呢？"颜率回答："周王室也正在为这件事发愁呢！九鼎不像醋瓶、酱坛之类的东西，可以揣在怀里、提在手上，带到齐国，也不像鸟雀聚集、乌鸦飞翔、兔子跳跃、骏马奔驰那样，可以径直冲到临淄。从前，周武王讨伐殷纣，得到这九鼎，每口鼎用九万人拉，九鼎就需要八十一万人，此外还要准备可供调配的士卒、仆役及所需器械、服装等。现在大王即使有这么多人，但究竟从哪条路线运过来呢？我暗自替大王担忧。"齐威王听出了话外之音，就责怪颜率说："你多次来齐国，还是不肯给九鼎啊。"颜率连忙答道："实在不敢欺骗贵国，请赶快定好运送九鼎的路线，周王室正等着搬迁九鼎呢！"齐威王找不出合适的路线，只好放弃索取九鼎的打算。

九鼎，相传为夏禹铸造，用以代表"九州"，后世视为天下权力的象征。战国诸侯都想得到九鼎，作为天命和人心所归的依据，以便确立自己的霸业。这次秦惠王向东周兴兵问鼎，严重威胁到周王室的名位，所以闹得周显王焦虑不堪。幸得谋臣颜率出面斡旋，依靠灵活的外交手段，争取到齐国的大力救援，才化解了周王室的危难。

颜率之所以能保住九鼎，究其原因有三：一是在齐、秦两强对峙的大环境中，选择齐国作为可利用的第三者，以利益转让相拉拢，达成外交上的势力均衡；二是基于齐国距离东周路途遥远，又隔着其他一些国家，极不利于搬运九鼎的实际情况，权且把九鼎许诺给齐国，从而迅速得到齐国的救援；三是在没有把九鼎送到齐国的条件下，颜率如实分析搬运九鼎的困难，表达周王室不食其言的诚意，从而争得齐威王的谅解，把双方可能出现的抵牾消除在未公开化之时。这些都说明颜率的外交策略确实有其高明之处。

◇赵累献策

公元前 320 年，周显王姬扁在东周去世，由周慎靓王姬定继位。周慎靓王在位六年后去世，则由周赧王姬延继位。周赧王是周王室的末代君王，在位时间达五十九年之久。

公元前 308 年，秦武王为了打通向东扩张的道路，对群臣发下宏愿："我想乘车通往三川，以窥伺周王室，那将使我死而不朽。"这时甘茂、嬴疾担任左、右相国，秦武王就派甘茂为主将，率军攻打韩国宜阳（今河南宜阳）。由于宜阳距离东周很近，秦军大规模的进攻，必然威胁到周王室的安全。周王室既不能袖手旁观，又没有力量直接插手其间，这就使周赧王惶惶不安。

周赧王为了寻求对策，召见谋臣赵累问道："你以为这场战争的结局会怎么样？"赵累回答说："宜阳必定会被秦军攻破。"周赧王不同意这一看法："宜阳方圆不过八里，城内勇敢善战的士卒有十万人，粮食可以支用好几年，加上韩相国公仲统率的二十万人，以及楚将景翠率领的军队，依山扎寨，相机救援宜阳，秦国必定不会成功。"赵累接着说："甘茂是寄居秦国的客卿，攻打宜阳成功，就会成为秦国的周公旦；如果不成功，就会被革除官职，从秦国销声匿迹。秦王不听群臣的意见，执意攻打宜阳，如果宜阳攻不下来，他也会以此为耻辱，所以宜阳必定会被攻下来。"

周赧王有所醒悟，又对赵累说："那你替我谋划一下，应该怎么办呢？"赵累根据自己的推测，回答说："请君王告诉景翠：'您的爵位为执圭，官职为柱国，即使打了胜仗，也不可能加官晋爵；而一旦交战失利，就会被处以死罪。所以，不如背离秦国，去援救宜阳。只要您一出兵，秦国担心您趁着秦军疲惫之机去攻打他们，就一定会拿出宝物送给您。公仲敬佩您为了他乘机攻打秦军，也一定会把他的宝物送给您。'"周赧王依计而行，果然把楚将景翠说服了。

这样一来，秦军全力进攻宜阳，等到攻破宜阳时，已经疲惫不堪。景翠利用这一时机，率军赶来援救韩国。秦武王得到报告，马上把煮枣（今山东东明）割让出来，而韩国因为得到楚军的援救，也拿出许多贵重物品，来酬谢景翠。景翠未损失一兵一卒，就获得这么大的好处，因而对周王室感激不尽。

赵累的外交构想表明：周王室处在秦、韩两国的夹缝之间，当秦、韩两国交兵之际，单独保持中立的立场是绝对不行的，因为不论秦国战胜韩国，抑或韩国打败秦国，哪一方势力的增长，对周王室都有害无益。所以，为了维护周王室的生存利益，赵累着眼于平衡秦、韩两国的势力，让周赧王劝通楚将景翠，趁着秦、韩两国交兵之机，突然出兵介入，逼迫秦军撤退，使秦、韩两国均受到一定的削弱。本来无能为力的周王室，借助于第三者的力量，也争得了相对稳定的生存环境。由此可见，一项高明的外交谋略，对于国家安危来说，价值何等重大。

◇ 游腾使楚

大概与秦左相国甘茂攻打宜阳同时，秦武王为了控制西周的局势，又派右相国嬴疾率领一百辆兵车，以出访的名义开进西周王城。周赧王看到这架势，生怕得罪秦国，连忙出动军队去欢迎他们的到来，表现出十分恭敬的样子。楚怀王听说这一消息，心里很气愤，当即谴责周赧王的做法，认为他过分尊重秦国的客人。周赧王处于左右为难的境地。

这时，西周大臣游腾奉周赧王之命，出使楚国，向楚怀王解释说："从前，知伯想攻伐仇由（在今山西盂县），就赠给仇由人一口大钟，用一辆大车装载，趁着运送大钟的机会，让士卒跟随在后面，很快灭掉了仇由。这是什么原因呢？全是仇由没有防备的缘故。齐桓公攻打蔡国，口头上说要征讨楚国，其实是去偷袭蔡国。现在，秦国是一个如狼似虎的国家，怀有吞并周室的野心，派嬴疾率领一百辆兵车进入王城，周王十分担心，以仇由和蔡国为前车之鉴，因而派出持戟士卒走在前面，强弩手跟在后面，名义上说是保护嬴疾，实际上是在监视他，况且周王能不考虑他的宗庙社稷吗？他是担心有朝一日国家灭亡而让大王忧虑，所以才那样做罢了。"楚怀王听完这番话，才变得高兴起来。

游腾的策略之巧在于，明明是周赧王迫于强秦的威势，摆出毕恭毕敬的仪态，可他偏偏说周赧王这么做是为了防范和监控赢疾一帮人。为了说明这么做的理由，他又举出知伯伐仇由、齐桓公袭蔡国两个事例，作为周赧王对付赢疾的借鉴。这让楚怀王听后觉得周赧王还真有此用心。最后，他那两句酸溜溜的话，更表明周赧王把楚国视为靠山，怎会跟秦国勾搭呢？这就使楚怀王由疑而信，转怒为喜，双方的抵牾也随之消失了。

◇韩庆拒粮

齐宣王在位时，孟尝君率领齐国军队，联合韩、魏两国进攻楚国，以报复楚国背弃盟约的行径。到了齐湣王时，孟尝君又同韩、魏两国联合，一起进攻秦国，还向西周借兵求粮。这使周赧王感到十分棘手，想拒绝孟尝君的要求，却不知怎么说服人家。

西周大臣韩庆听说这件事情后，经过前思后想，决定替周赧王解决难题，就去谒见孟尝君说：

> 您用齐国的军队，为韩、魏攻打楚国，九年才夺得宛（今河南南阳）、叶（今河南叶县）以北的土地，扩大了韩、魏两国的势力，而今又去进攻秦国，来增强它们的力量。韩、魏两国南面没有楚国的忧患，西面没有秦国的祸害，它们的领地就更加宽广，而越发受到天下诸侯的尊重，齐国必然要被轻视。大凡万事万物的发展，开头和结尾都相连接，兴盛和衰败也相继出现。我私下为您感到不安。您不如让我们暗中和秦国联合，而您不要再发动进攻，也不要借兵求粮。您可以进兵到函谷关，但不发起攻击，让我们带着您的愿望，去告诉秦王："孟尝君一定要攻破秦国，来张扬韩、魏两国的力量，现在之所以进兵，是想要大王命令楚国割让东部领地给齐国。"秦王必会放出楚王来求和。您让我们用这件事给秦国以恩惠，秦国为了不被攻破，让楚国割让东部领地以自免其祸，那就会心甘情愿。楚王一旦被放出来，必定对齐国感恩戴德。齐国得到楚国东部的领地而更加强大，薛公的地盘就不会再有祸

患。秦国并没有被过多削弱，而且地处赵、魏、韩三国的西面，三国感受到秦国的威胁，必定尊重齐国。

这段策论表明：像西周这样弱小的国家，处在诸侯列国的夹缝中间，必须保持中立的立场，不得罪任何一个大国，从而创造一个良好的外部环境。为了实现这种平衡外交，当齐、秦两大强国发生冲突，威胁到西周的生存利益时，韩庆抱着两面讨好的态度，去争取齐、秦双方的谅解，以免西周成为某一方的牺牲品。乍看韩庆说的话，好像处处在为齐国着想。比如韩、魏两国日渐强大，会使齐国受到轻视；同秦国达成和解，齐国将从楚国获得大片土地；赵、魏、韩三国受制于秦国，就会尊重齐国，通通是说给孟尝君听的，而目的在于说动孟尝君，按他的主意去做，不要再向西周借兵征粮。这一番劝说还真见效了！孟尝君听过后，当即命令韩庆去秦国交涉，而让三国的军队停止进攻秦国，也不再派人去西周借兵征粮。

转患为利之道

大体说来，周王室因为自身的弱小，在遭受诸侯列国威胁时，可以采用三种谋略：一是单纯地乞怜于敌对诸侯，以求得别人的宽恕；二是平衡诸侯之间的势力，或者转移敌对诸侯的视线，以维护自身的安全；三是利用诸侯之间的矛盾，形成局部有利的形势，以扩大自身的利益。这三种谋略相比较，第三种显然是最好的选择，但实行起来难度较大。

◇ 史厌绝道

在秦、韩宜阳之战后，秦国又向周王室借道，准备攻打韩国。周赧王担心借道给秦国，会得罪韩国；不同意借道，又会得罪秦国，因而觉得很难处理。

正当左右为难之际，史厌进见周赧王说："君王为什么不派人去韩国，对韩相国公叔说：'秦国之所以敢越过东周来攻打韩国，是由于信任周王室的缘故。您为什么不给周王室一块土地，并且派出公子或大臣为质于楚国呢？'这样一来，秦国必定怀疑楚国，而且不再信任周王室，也就不会来攻打韩国。然后，再去告诉秦国说：'韩国硬要割地给周王室，是打算让秦国怀疑周王室，而周王室又不敢不接受。'这么一说，秦国就没有什么理由不让周王室接受韩国的土地，又摆出一副听命于秦国的样子，它们两国都不会有什么怨恨。"

这一对策在《史记》《战国策》里面都没有记下结果，我们不好随意推断。仅就周王室的生存而言，在秦、韩两国即将开战之际，必须同它们保持相等的距离，而不能公开得罪任何一方。然而，秦国借道攻打韩国，势必打破这一等距离关系，从而偏离周王室的外交目标。面对是否借道给秦国的难题，一般人很容易陷入"非此即彼"的思路，就是同意借道或者不借道，这就没什么高明之处可言。

反观史厌的外交设计，已经跳出"非此即彼"的圈子，转而从矛盾的转化入手，来处理周王室和秦、韩之间的三角关系。他先请周赧王派人出使韩国，劝说韩国割地给周王室，使秦国怀疑周王室得利于韩国，不会借道给秦国，加上韩国与楚国增进往来，就不得不放弃攻打韩国的打算。接下来，他又要周赧王派人出使秦国，说明周王室接受韩国的土地实属无奈，以便得到秦国的谅解，消除周、秦潜在的矛盾。显而易见，这种外交权谋的内核，就在于转患为利。

◇苏代说韩

公元前 300 年，楚国出兵围攻韩国雍氏（在今河南禹州），韩国向西周王室征调铠甲和粮食。周赧王为此忧心忡忡，就召见苏代商议对策。苏代估计了当时的形势，满怀信心地说："何必忧虑呢？我可以替您出使韩国，让韩国不再来征调铠甲和粮食，还能为您争得高都（在今山西晋城）一地。"周赧王听了，很高兴地说："你如果真能办好这件事，我愿意把整个国家交给你治理。"

于是苏代赶到韩都新郑，谒见韩相国公仲侈说："您没有听说楚国的计谋吗？楚将昭应曾经对楚王说：'韩国疲于战争，仓库空虚，无力守城，我想趁着韩国闹饥荒，去夺取雍氏城，不出一个月就能攻下来。'现在楚军围困雍氏城已经五个月了，还不能攻下来，这表明他们已经陷入困境，而楚王不会相信昭应的计谋。眼下您却向西周征调铠甲和粮食，这等于告诉楚国自己支撑不住了。昭应听到这一消息，必定劝楚王增兵围困雍氏城，雍氏城就会被攻陷。"公仲侈说："您说得对。可是我的使者已经去西周了。"

苏代心里一想，趁机对公仲侈说："那您为什么不把高都送给西周呢？"

公仲侈一听，气愤地说："我不向西周征调铠甲和粮食就算不错了，为什么还要把高都送给西周呢？"苏代解释说："把高都送给西周，周王必定转而归向韩国。秦王听到这个消息，必定大为恼怒，烧掉西周的符节，断绝使者的往来。这样您就能用破败的高都，换得一个完整的西周。为什么不把高都送给西周呢？"公仲侈经这么一说，倒以为不错，也就不再向西周征调铠甲和粮食，并且割让出高都。楚军最终没有攻下雍氏城，就撤退回国了。

这场精彩的外交活动，与前文"韩庆拒粮"有点相似。苏代原本为西周的生存利益而奔波，可处处都好像在替韩国着想。他刚开始和公仲侈会谈，就抓住楚、韩两国作战的形势，说明楚国企图借韩军疲惫缺粮之机，一举攻取雍氏城，但不料自己反被拖得精疲力竭。在楚、韩双方僵持的关头，韩国向西周征调铠甲和粮食，无疑会暴露自身的严重困境，激发楚军加强攻势，把雍氏城攻下来。公仲侈同意苏代的说法，因而决定收回向西周征调铠甲和粮食的成命。

苏代的游说更有高明之处。在说服公仲侈收回成命后，他接着提出让韩国割让高都的建议，看起来好像也是替韩国着想。因为韩国只要让出高都一地，就能得到整个西周，吃小亏而占大便宜，何乐而不为呢！公仲侈起初想不通，经苏代一解释，马上就想通了。其实，苏代是借楚、韩两国的关系，抬高西周对韩国的价值，以达到预期的目的。所以说，苏代并不完全是摆弄"平衡外交"，而更着眼于转患为利，通过这次外交活动，周王室成了真正的受益者。

◇綦母恢使魏

公元前 293 年，秦国大举进攻韩、魏两国，在伊阙（在今河南洛阳市南）打败魏将犀武之后，转而进攻西周。周赧王亲赴魏都大梁，向魏昭王求救，可是魏昭王以形势吃紧为由，拒绝派兵救援西周。这就使周赧王的期望落空了。

在返回西周的路上，周赧王看到魏国的梁囿，心情一下子好起来。随从大臣綦母恢见状，马上进言道："魏国的温囿并不比梁囿差，而且靠近我们西周，我想替您得到它。"周赧王尽管心里没底，但还是答应了綦母恢。

綦母恢返回大梁，再次觐见魏昭王。魏昭王问："周王会怨恨我吧?"綦母恢回答说："周王不怨恨大王，又有谁怨恨大王呢?我真当为大王担忧。周王是天下的谋主，用全国的力量为大王抵御秦国，而大王却没有抗敌的表示。我看周王势必拿整个国家侍奉秦国。如果秦国把塞外的军队集中过来，加上西周的民众，一同来攻打南阳（指太行山南麓、黄河以北地区），魏国的两个地区就断绝交通了。"

魏昭王听这么一说，感到事态有些严重，连忙问："那应该怎么办呢?"綦母恢回答说："周王处于不利的形势，要侍奉秦国，只不过贪图一点小利。大王如果能派出三万人，帮助西周进行防御，再把温囿送给周王，周王就会以此为理由，去说服父老百姓，而私下以得到温囿为荣幸，必定不会同秦国联合。我听说温囿的收入，每年有八十镒黄金。周王得到温囿，每年侍奉大王的钱财，会有一百二十镒黄金。这样一来，上党地区就没有祸患，而大王可以多得四十镒黄金。"魏昭王采纳了綦母恢的意见，派芒卯把温囿送给周赧王，答应帮助西周抵御秦国。

依照西周和秦国的力量对比，当西周遭受秦军进攻时，周赧王如果不愿投降，无疑会向周边寻求援助，而魏国既然与秦国处于敌对状态，就应该大力援助西周，共同抵御秦国。但是，问题在于魏国刚刚被秦军打败，只把保卫自己看作最紧要的事情，而考虑不到西周对维护魏国安全的价值。正是立足于这一点，綦母恢把西周在秦、魏两国之间所处的地位，讲给魏昭王听，帮他认清目前的形势和出路，使他答应向西周提供援助，并且把温囿送给西周，这让周赧王如愿以偿。

◇马犯筑城

公元前273年，赵、魏两国联合进攻韩国，秦昭襄王借援救韩国的名义，出兵攻破韩国华阳（在今河南新郑北），打退了赵、魏两国的军队。西周大夫马犯得知这些情况，马上觐见周赧王说："请允许我出使魏国，让魏王替周室修筑城邑。"周赧王同意了他的请求。

马犯当下赶到大梁，觐见魏安釐王说："眼下秦军就在附近，周天子忧虑成疾，假如他不幸去世，我也会跟着死的。所以，我想请求周王，让我把九鼎送给大王，希望大王接受了九鼎，能设法援助我们。"魏安釐王听说能获得九鼎，马上给马犯派出军队，声称要去守卫周王室。

在得到魏安釐王的承诺之后，马犯连忙赶往咸阳，觐见秦昭襄王说："魏王日前派兵到洛邑，并不是想守卫周室，而是要攻取周室。大王不妨发兵到边境，伺察一下魏军的动向。"秦昭襄王听了，立刻派出军队，前往秦韩边境。

这时候，马犯再折回大梁，觐见魏安釐王说："周王病得很重，我希望推迟一点，等周王病好以后，再谈九鼎的事情。眼下大王派军队到洛邑，诸侯都生出疑心，今后再做事情，就不能使人信服。所以，大王不如命令那支部队为周王室筑城，以隐匿接收九鼎的事情。"魏安釐王觉得言之有理，就命令魏军帮助周王室修筑城墙。

这场穿梭式的外交斡旋，表现出马犯的特殊才能。与"颜率保鼎"相比较，马犯是把九鼎作为利诱手段，使魏安釐王轻易同意向周王室派出军队，然后借着这种做法会引起天下诸侯的不满，再拐回来说服魏安釐王，命令已经到达的魏军帮助周王室修筑城墙。魏国刚刚被秦国打败，为了避免各国诸侯的怀疑，特别不愿把周王室推向敌对的一方，就只好照马犯说的去做了。周王室经过这次外交斡旋，扩大了自身的生存利益。

当然，对于弱小的周王室来说，外交活动只能救一时危急，无法保长久平安。公元前256年，眼见秦国接连大破赵、韩两国，周王室灭亡在即，周赧王忽然恐慌起来，暗中同各诸侯国联络，亲自率领各国的军队，从伊阙出击秦国，企图阻止秦军进入阳城（今河南登封）。秦昭襄王派将军摎进攻西周，把周赧王挟持到咸阳，把周王室所辖三十六座城、三万人口全部并入秦国。七年之后，秦庄襄王派相国吕不韦进攻东周，把东周下辖的七座城也并入秦国。

周王朝自武王开创以来，先后传承了三十七任君主，维持了791年时间，最终无声无息地灭亡了。

弱者何以自处

整个战国时期，除周王室坐守夹缝之外，像宋、卫、鲁、越、中山等国，既没有周天子的名位，又缺乏足够的实力，时常遭受诸侯列国的欺凌。不过，哪里有压迫，哪里就有反抗；哪里有反抗，哪里就有谋略。弱小国家为了维护自身的利益，时常同敌对诸侯做斗争，甚至在谋略制胜方面，上演过不少精彩的场面。

◇ 输攻墨守

提起"输攻墨守"一语，要说到两位历史人物：墨翟和公输盘（即鲁班）。

墨翟生活在战国前期，早年曾经在宋国任职，出使过齐、卫两国。大概在齐国期间，他听说鲁国的工匠公输盘正在楚国监造云梯，准备用于攻打宋国，立即指派三百名弟子，携带大量的守城器械，赶到宋都睢阳（今河南商丘），协助宋国做防御准备。他自己则风餐露宿，日夜兼程，千里迢迢赶到楚都郢城，决心说服楚惠王和公输盘，不要出兵进攻宋国。

在与公输盘会面时，墨翟故意说："北方有人欺负我，我想求你去杀掉他。你如果愿意帮助我，我愿意用千金来作酬谢。"公输盘回答："我向来以道义为本，不会去帮助他人杀人。"墨翟连忙躬身施礼，接着说："好哇！那就谈谈道义吧。听说你制造云梯，准备用于攻打宋国。宋国有什么罪恶呢？楚国土地有余，人口不足，牺牲百姓去争夺土地，这不能说是明智。你身为楚国要人，知情而不加劝谏，可以说是不忠；劝谏而不能制止，可以说是无能。你自称以道义为本，不去帮助他人杀人，却参与攻打宋国，这怎么说得通呢？"公输盘无言以对，但考虑到自己答应为楚国监造云梯，不好擅自中止，就带着墨翟去见楚惠王。

墨翟见到楚惠王说："有这样一些人，放着自己的好车不坐，却去偷邻居的破车；放着自己的好衣服不穿，却去偷邻居的烂布衫；放着自己的美味佳肴不吃，却去偷邻居的粗茶淡饭。这是什么原因呢？"楚惠王回答说："那一定是得了喜欢偷盗的毛病。"墨翟接着说："楚国方圆五千里，宋国仅有五百里，这就像好车比破车；楚国有云梦大泽，麋鹿鱼虾遍地都是，宋国只不过有一点野鸡兔子，这就像美味佳肴比粗茶淡饭；楚国松樟满山，楠梓成林，宋国多是荒山秃岭，一片贫瘠，这就像好衣服比烂布衫。你们君臣要去攻打宋国，不正是得了喜欢偷盗的毛病吗？这样做除了损害自己的名声，还有什么好处呢？"楚惠王听了，认为墨翟说得有道理，但心想既然造好了云梯，就一定能征服宋国。

为了制止楚国攻打宋国的计划。墨翟当即请求楚惠王，让他跟公输盘较量一下。于是，他一边解下衣带当城墙，一边取来筷子作器械，与公输盘较量起攻防的战术。他们先后九次变换攻守方式。公输盘手中的攻城器械已经用光，而墨翟的防守办法仍旧有余。公输盘不得已说："我知道怎样攻破你的城墙，但现在不用了。"墨翟对答道："我知道你会用什么办法，现在不想说了。"楚惠王问他们说的是什么意思，墨翟解释说："公输盘说的意思，无非是以为杀死我，就能够攻破宋国。其实，我的弟子有三百人，已经按照我的办法，在宋国严阵以待。现在即使杀了我，仍然无法攻破宋国。"楚惠王在这种情况下，只好放弃了攻打宋国的计划。

在这场外交活动中，墨翟独自以防守者的姿态，挫败公输盘的进攻，迫使楚惠王放弃攻打宋国的计划。首先是在说理方面揭穿了公输盘以道义为本的谎言，以及楚惠王类似喜欢偷盗的毛病，使楚国君臣受到道义上的谴责。当然，只有道义上的谴责是不够的，墨翟劝阻楚惠王攻打宋国，还主要取决于宋国有没有充分的防御准备。敢战方可言和，言和必须备战。假如墨翟没有办法抵挡公输盘的进攻，没有说明自己的弟子已经帮助宋国做好了防御准备，那就很难制止楚惠王对宋国的进攻。由此可见，无论进攻抑或防守，都必须以一定的物质力量为基础。没有一定的物质力量作基础，贸然地发动进攻，在力量强大的防御者面前是要吃亏的。

墨翟以"兼爱"为主旨，以"非攻"为原则，主张防患于未然，强调战前的准备，把粮食储存、军队建设和城郭修筑视为国家安定的根本。这对弱国御侮图存来说，具有重大的指导意义。

◇南文子进谏

魏惠王在位时，公孙衍率军攻打黄城（今河南潢川），路过卫国。卫成侯事先不知道，因而对魏军的到来没有任何表示。公孙衍大为恼火，派人对卫成侯说："敝国军队路过贵国的郊外，连个使者也不派来慰问吗？请问我们有什么罪过？现今黄城就要被攻下，等这件事处理完毕，我们将调兵到贵国的城下。"卫成侯听了这些，心里很害怕，连忙下令捆扎三百匹布帛，准备三百镒黄金，派使者带着这批礼物，前去慰劳魏军将士。

卫国大臣南文子听到这消息，赶忙进谏卫成侯说："这次公孙衍如果在黄城取胜，必定不敢来卫国；如果不能取胜，也不敢来卫国。因为公孙衍如果在黄城取胜，那他将捞取很大的功劳和很好的名声，就会居功自傲，蔑视其他的大臣。魏国大臣就会厌恶他的傲气，诽谤他做的事情。倘若捞取极好的名声和很大的功劳，却坐等朝中大臣的非议，公孙衍即使再愚蠢，也必定不会这么做。这次如果不能在黄城取胜，公孙衍将怀着恐惧的心理逃走，回到魏国后担心受到惩罚，又怎敢打卫国，以加重没能在黄城取胜的罪责呢？"于是，卫成侯收回成命，没有让使者去慰劳魏军。

公孙衍的傲慢无疑是以强凌弱。一般人也许只能想到，这么做是不合理的，而南文子进一步看出，这么做也不合乎实情。公孙衍领兵出征，本想为自己捞取功名，自然会把眼光放在魏国的朝廷上，无论在黄城能否取胜，都不会对卫国重开战端，而要及时地赶回魏国。南文子的形势分析是有道理的。实际上，公孙衍攻克黄城之后，旋即引兵回国，没敢再经过卫国。

◇宋君剔成出兵

赵成侯在位时，出兵攻打卫国，夺取了漆、富丘两地。魏惠王为了援救卫国，任命庞涓为主将，率军进攻赵都邯郸，同时向宋国征调军队，一道攻打赵国。

宋君剔成权衡利弊，既不愿得罪魏国，也不愿得罪赵国，于是派使者赶赴邯郸，向赵成侯请求说："魏国军队强劲有力，声势很大，如今向敝国征调军队，敝国如果不服从征调，恐怕会危及社稷，如果帮助魏国进攻赵国，损害赵国的利益，那是寡人不忍心的。希望大王能有合适的办法，给敝国以指点。"赵成侯说："好吧。宋国不足以抵挡魏国，我是知道的。削弱赵国以增强魏国的势力，宋国不会得到什么好处。那么，我该怎么告诉你呢？"宋国使者说："我请求大王允许宋国攻打赵国边境上的某座城邑，慢慢地进攻，多消耗一些时间，以等待大王的下属官吏守住它。"赵成侯答应了。

在同赵国私下达成谅解之后，宋君剔成马上派兵进入赵国边境，包围了一座城邑。魏惠王听到这一消息，以为宋国投入自己的阵营，高兴地说："宋国人在帮助我攻打赵国。"而在赵国朝廷上，赵成侯也高兴地说："宋军就在那里停止进攻。"所以，等到战争结束双方退兵的时候，宋国既对魏国有恩德，又无怨仇于赵国。宋君剔成提高了声望，实际上也得到了好处。

这是外交上典型的两面派手法。它既和"一面倒"的外交谋略不同，又不同于"不结盟"的外交原则。宋君剔成之所以采取这一手法，是因为魏、赵两国是势均力敌的大国。两国的战争胜负未卜，对宋国也没有多大意义。因此，他虽然答应魏惠王的要求，却不愿为魏国尽心效劳；虽然要出兵赵国，却又私下同赵成侯达成谅解。这样一来，魏惠王不好说他阳奉阴违，赵成侯也不会说他趁火打劫，相反，两国君主都很赞赏他的做法。一个外交上的死结终于解开了。

◇胡衍退敌

卫国在卫嗣君执政时，不仅迫于诸侯列国的压力，自动把"侯"降为

"君"，而且由于周边诸侯的不断蚕食，仅拥有濮阳（今河南濮阳）周围的一方领地。

公元前 306 年，秦相国嬴疾率军进攻卫国，企图夺取蒲城（今河南长垣）。蒲城守将眼见秦军围攻不退，心里很恐慌，就央请当地名士胡衍出面谋划退敌之策。

胡衍出城来到秦军营地，谒见嬴疾说："您来攻打蒲城，是为秦国呢，还是为魏国呢？如果是为魏国，那就很好；如果是为秦国，就不可靠了。要知道卫国之所以为卫国，就在于有蒲城作为屏障。现在攻打蒲城，势必迫使它归附魏国。魏国丧失西河以外地区而无法收复，是因为兵力薄弱的缘故，而今把卫国并入魏国，魏国必定强盛。魏国强盛的时候，西河以外地区就会危险。况且您所做的事情危害秦国，而对魏国有好处，秦王必定加罪于您。"

嬴疾听这么一说，似乎有所悔悟，就连忙问道："那该怎么办呢？"胡衍回答："您放弃蒲城，不再攻打。我试着进城帮您说话，让您施恩德于卫君。"嬴疾当即同意。于是，胡衍回到蒲城，告诉蒲城守将说："秦相国已经知道蒲城的薄弱点，扬言一定要把蒲城攻下来。我能迫使他放弃蒲城，不再围攻。"蒲城守将非常害怕，就请胡衍出面帮忙，送给胡衍三百斤黄金，并且许诺说："秦军如果退走，我一定禀请卫君，让您来治理卫国。"就这样，胡衍从蒲城守将手中得到厚重的赏金，又使自己在卫国显贵起来。经过胡衍的斡旋，嬴疾放弃围攻蒲城，主动撤兵回国。

胡衍的一番话说退秦军，妙就妙在抓住秦、魏两国利益上的根本矛盾，从关心嬴疾的政治前途入手，分析蒲城交兵的利弊。这如同顺水推舟，自然是事半功倍，没费多少口舌，就把嬴疾说通了。在当时的情况下，胡衍如果讨饶于嬴疾，只会显示出蒲城防御薄弱，无力支撑下去；如果对秦军的侵犯严加谴责，也无疑会激怒嬴疾，促使秦军加紧攻打蒲城。因此，胡衍的说法很有道理，给蒲城找到了一条切实可行的出路。

寡谋而亡国

依据"弱肉强食，优胜劣汰"的丛林法则，战国时期那些弱小的国家，在诸侯列国竞相扩张之下，不可能逃脱被吞并的厄运。但是像越、宋两国的灭亡，不在于它们极度的衰弱，而在于两国君主不可一世的骄横。这表明君主治国如果缺乏谋略，必然导致国家覆灭。

◇越王无强之亡

越王无强在位时，不甘心偏居一隅，企图重振先祖的霸业，就纠合军队北进中原，同诸侯列国争雄。

公元前 334 年，越王无强攻打齐国。齐威王为化解越国的攻势，派使者来游说无强说："越国不去攻伐楚国，而向中原用兵，大胜不足以称王，小胜不足以称霸。估计越国不去攻伐楚国，主要是因为得不到韩、魏两国的支持。韩、魏两国本来就不会攻伐楚国。韩国如果攻伐楚国，军队覆没，将军被杀，那他的叶、阳翟等地就面临危险；魏国如果攻伐楚国，军队覆没，将军被杀，那他的陈、上蔡等地就惊恐不安。所以，韩、魏两国即使侍奉越国，也不会甘心于军队覆没，将军被杀，不会为越王效犬马之劳。大王把韩、魏两国看得那么重，是什么缘故呢？"

越王无强告诉齐国使者说："我寄希望于韩、魏两国，并不是要他们出兵交战，更不会让他们围攻城邑。我只希望魏国能屯兵在大梁的南面，齐国能在南阳、莒邑演兵，并集中在常、郯两邑之间，这样楚国方城的驻军就不敢南来，淮水、泗水之间的楚军就不敢东进，商於、析、郦等地的楚军就不足以防备秦国，江南和泗水上的楚军就不足以对付越国。这样齐、秦、韩、魏诸国就会得志于楚国，韩、魏两国不必攻战，就能瓜分楚国的领地；不必耕作，就能有所收获。他们不肯这么做，反而征战在黄河、华山之间，为齐、秦两国所役使，我所期待的韩、魏两国如此失策，怎教我凭借他们来称王呢！"

齐国使者听罢，立刻接过话头说："还算幸运呀！越国居然没有灭亡！我不推崇那些人运用智谋，像眼睛能看清楚毫毛却看不见睫毛那样。现在，大王只知道韩、魏两国的失策，而不知道自身的过错，就如同眼睛看毫毛和睫毛。大王期待于韩、魏两国的，原来不是要他们效犬马之劳，不是想和他们的军队联合起来，而是希望他们能分散楚国的兵力。眼下楚国的兵力已经分散，还对韩、魏两国期待什么呢？"

越王无强经这么一说，竟然信以为真，被齐国使者牵着鼻子走。齐国使者进一步说："楚国屈、景、昭三姓大夫分领九军，从北方围困曲沃、於中，直到南方的无假关，长达三千七百里，而景翠统领的军队聚集在鲁、齐两国之间和韩国南阳一带，兵力的分散还有比这更大的吗？况且大王期求的是韩、魏同楚国争斗起来，如果韩、魏不同楚国相争斗，越国就不愿意起兵。这是只知道二五，而不知道一十。现在不去攻打楚国，可知越国大胜不足以称王，小胜不足以称霸。又仇、庞、长沙等地是楚国的产粮区，竟陵泽是楚国的木材区。越国如果出兵跨过无假关，这四个地方的粮食和木材就不会上贡到郢都。我听说过，图谋称王而不能称王，起码还可以称霸；但是不能称霸的，也就失掉了称王的基础。所以，希望大王能转过来攻打楚国。"

一场外交斡旋到此结束，越王无强马上放弃了进攻齐国的计划，而转过来攻打楚国。这时楚国拥有较强的实力，楚威王随即兴兵征讨越国，打败了越国的军队，并且杀死了越王无强，夺取了越国以往吞并的所有吴地。越族部众被迫逃居山林，形成了大大小小的割据势力。越国作为雄踞东南的一方诸侯，就这样四分五裂了。

◇宋康王逞强

说起宋国灭亡的导火索，竟然同荒唐的占卜有关。

公元前 286 年，在宋都睢阳（今河南商丘）城墙上，有一处麻雀窝孵生出鹯鸟，宋国主管占卜的太史就此推断吉凶，告诉宋康王戴偃说："这是吉兆。小麻雀生出大猛禽，表明宋国将要称霸天下。"宋康王本来就很狂妄，听了这句话，更是兴奋异常，马上出兵灭掉了滕国（今山东滕州），顺道进攻薛邑，然后四处耀武扬威：向东攻打齐国，夺取五座城邑；向南攻打楚国，扩张领地三百里；向西攻打魏国，因而成为跟齐、魏两国相抗衡的国家。

一连串扩张活动的成功，使宋康王的脑袋发烧起来。他自信能成为天下的霸主，一心想尽快建成自己的霸业，就拿弓箭射向苍天，用长鞭鞭挞大地，公然向天地发出挑战。他又把祭祀祖先的神坛捣毁，放上一把火烧个精光，表示他连鬼神都不在乎。他还在宫廷彻夜饮酒作乐，宫内的人对他欢呼万岁，大堂上的人同声欢呼，下面的人随声附和，宫门外的人应声欢呼，以至于整个都城里，没有人不欢呼万岁。

这般狂妄无度的做法，在诸侯列国引起了很大的反响。人们把宋康王比作暴虐无道的夏桀，把宋国视为行将灭亡的国家。正是在这种情况下，齐湣王出兵讨伐宋国，宋国军民不战自溃，宋都睢阳迅即陷落。骄横一时的宋康王仓皇出逃，投奔到魏国，最后在温城（今河南温县）死去。

面对这位亡国君主，当代学者柏杨很有感慨，把他和希特勒相提并论，他认为："二人相似之处，至少有下列数项：他们都是国家的领袖；他们的国家都有悠久而光荣的历史；他们的国家都被列强紧密包围，动弹不得；他们都搞个人崇拜，迫害自己的国民，无恶不作；他们都灭掉一些较小的国家，使自己的声望达到巅峰；他们都同样横挑强邻，并把他们击败，领土大幅膨胀；他们都大言不惭，没有自我克制能力；他们发疯的时间都不太长；他们都把国家驱入灾难，受到大包围反击，千万人死亡；最后，他们都在敌前丧生；他们都留下万世恶名，为人不齿。"这一番跨越性的人物比较，虽难说是严谨的科学论断，却给人们带来不小的启示。

第
二
章

CHAPTER 2

魏：虎头蛇尾

在战国七雄中，魏国的历史有着鲜明的特征，呈现出一路下坡的趋势。当魏文侯执政时，魏国朝廷人才济济，注重以谋略治国，因而得到迅猛的发展，成为当时最强盛的国家。特别是吴起经营西河的成功，直接影响到天下形势的演变。但到魏惠王继位之后，因为对外战争的失败，在东方遭受齐国的打击，在西方遭受秦国的蚕食，国力大为削弱。此后，魏襄王、昭王相继执政，在与周边诸侯的斗争中，就只有招架之功而无还手之力。幸得信陵君从长远考虑，注重加强三晋的关系，保护韩国而救助赵国，维护了魏国的利益。到了战国末期，秦统一天下已成定局，魏国正是首当其冲，所以较早灭亡了。

魏文侯独步中原

魏文侯是魏国的开国君主，也是一位较开明的君主，在战国初期独领风骚。他执政五十年间，从士人中破格选拔人才，如上卿翟璜、相国李悝、西河郡守吴起、邺令西门豹、将军乐羊等人，都曾经得到他的重用。这些士人或投身于社会改革，或致力于开疆拓土，推动魏国迅猛地发展，开创了独霸中原的局面。

◇魏文侯礼贤

魏文侯（前472—前396），名斯，出身于晋国贵族。公元前445年，他继位为晋国大夫。公元前424年，他自称列侯。公元前413年，与韩、赵两家瓜分晋国。公元前403年，魏、赵、韩三家被周王室承认，正式成为诸侯国。司马光编修《资治通鉴》，开篇记述第一件事："初命晋大夫魏斯、赵籍、韩虔为诸侯。"即把本年看作战国时代的开端。

战国初期，在各国诸侯中间，魏文侯最能礼贤下士。他曾经以当世名儒卜子夏、田子方为师，虚心跟随学习经典。他非常尊重名士段干木，每次乘车经过段家门前，都要手扶车前的横梁，起身表示敬意。这使他的车夫感到惊讶，不明白他为什么这样做。他解释说："段先生是一位贤士，不依附权势利禄，而胸怀君子的志向，虽然深居偏僻的巷道，却能扬名千里，我怎能不向他致敬呢？段先生富于道德，寡人富于权势；段先生富于仁义，寡人富于钱财。权势不如道德珍贵，钱财不如仁义高尚，我怎能不向他致敬呢？"

因此，他特请段干木为相国，而段干木不肯出仕。后来，他每次拜访段干木，都站在那里谈话，即使感到疲倦，也不敢歇息一下。因此，天下贤士纷纷投奔魏国，都乐意为他效劳。

魏文侯对待群臣，非常讲究诚信，凡是自己做出的计划，都不会轻易改动，即使遇上特殊情况，没有办法落实，也要事先通知主管人员。有一次，魏文侯和群臣喝酒，正喝到高兴处，突然下起了雨。他让车夫准备车驾，说要去郊外。左右的人都问："今天喝酒正高兴，老天又下着雨，您要到哪里去呢？"魏文侯解释说："我和主管山林的官员约好去打猎，现在虽然喝得高兴，怎能不按约定的时间会面呢！"于是乘车赶往郊外，亲自告诉那位主管山林的官员，因下雨取消打猎的计划。

魏文侯能听取臣下的意见，偶尔受着一点刺激，行为有些过火，也能知错即改。当魏国攻取中山国后，他把该地封给儿子魏击，有的大臣感到不满。他向群臣问道："我是怎样的君主？"众臣都说是仁爱的君主，只有任座说："国君得到中山，不把它封给自己的弟弟，而封给自己的儿子，怎能说是仁爱的君主？"他听任座这么说，不由恼怒起来。任座见势不妙，急忙退了出去。他接着问翟璜，翟璜回答说："我听说国君仁爱，臣下就会正直。刚才任座的话很正直，我由此看出您是仁爱的君主。"经翟璜这么一说，他马上意识到自己的失态，就让翟璜召请任座回来，亲自走下朝堂迎接，以上客的礼遇对待任座。

魏文侯不仅礼贤下士，还教导他的儿子也必须这样做。据说魏击在朝歌（今河南淇县）碰见田子方，马上引车让路，并且跪地作拜。因为田子方没有回礼，魏击有些恼火，就追上去质问道："富贵者看不起人呢，还是贫贱者看不起人？"田子方回答："当然是贫贱者看不起人，富贵者怎敢看不起人！身为国君看不起人，会失去自己的国家；身为大夫看不起人，会失去自己的家园。贫贱者言谈不被采用，做事不相默合，就穿上鞋子一走了之，到哪里得不到贫贱呢！"魏击听了这番话，当即向田子方道歉。

特别可贵的是，魏文侯不滥用君权，凡在朝廷遇到重大事件，总能依据别人的反映，做出公正合理的决定。他为任命一位相国，询问中山相李悝："先生曾指点寡人，家贫就想得贤妻，国乱就想得贤相。现在要设置相国，不是魏成就是翟璜，这两位怎样呢？"李悝回答："我听说卑贱者不参议尊贵者的事情，疏远者不参议亲近者的事情。我远在宫门之外，不敢议论选任相国的指令。"魏文侯要李悝不必推辞，李悝就分析说："国君提出这样的问题，是因为缺乏考察的缘故。平居时看他亲近的人，富裕时看他结交的人，显达时看他举荐的人，困顿时看他不乐意的事情，贫寒时看他不贪取的东西。这五种条件足以用来确定相国人选，何必要我来评议呢？"

魏文侯经这么一说，决定任命魏成为相国。李悝从宫中出来，路过翟家门口。翟璜见到他问道："刚才听说国君召请先生，讨论相国人选，究竟谁当上了？"李悝说是魏成。翟璜气愤地说："凭大家所见所闻，我哪一点比不过魏成？西河的守将吴起，是我举荐的；国君为邺地担忧，我举荐西门豹；国君想攻伐中山，我举荐乐羊；中山攻克之后，没有人可派去守卫，我举荐先生；国君的儿子没有师傅，我举荐屈侯鲋。我哪一点比不过魏成？"李悝解释说："您把我举荐给国君，难道是要结成党羽，以谋求高官吗？国君问我谁可担任相国，我认为是魏成。您怎能和魏成相比呢？魏成有俸禄千钟，其中十分之九用在外面，十分之一用在家内，因此他在东方礼聘到卜子夏、田子方、段干木。这三个人被国君尊为老师，而您举荐的五个人被国君用作臣下。您怎能和魏成相比呢？"翟璜听了很惭愧，当即向李悝致歉。

魏国君臣何等坦诚！魏成本是魏文侯的弟弟，魏文侯想用他当相国，还要跟李悝一起商量，而李悝认为他是合适的人选，并且向翟璜作解释，翟璜起初不满意，最后却能心服口服。由此可见，魏国君臣没有钩心斗角，有着十分融洽的关系。

◇乐羊灭中山

魏文侯在位期间，对外同赵、韩两国结好，把扩张矛头指向西河和中山国，三十载争斗成效显著，极大地提高了魏国的声威，而乐羊攻灭中山国，则是其中值得鉴赏的案例。

公元前408年，魏文侯决定出兵中山国，想任命一位主将，翟璜推荐了乐羊。有人认为乐羊的长子在中山国做官，因此乐羊不适合当主将。翟璜反驳说："乐羊辞让过中山国的聘请，可见他们父子志向不同，所以乐羊能担当重任。"魏文侯任用乐羊为主将，率军攻打中山国。乐羊确有指挥才能，一路过关斩将，势如破竹，直逼中山国都城。中山国君得知魏军主将是乐羊，就把他的长子乐舒作为人质，要挟他退兵。因为父子情深，乐羊不忍心马上下手，加上城中守军士气旺盛，不宜贸然强攻，就下令围而不攻。消息传到魏国，一些大臣纷纷上奏魏文侯，或说乐羊通敌，想分割中山国为王；或说乐羊因为他的儿子延误军机，罪不容赦。魏文侯不但不理这类奏议，而且派人去慰问将士，补充给养，还为乐羊修建豪华住宅，以备褒奖之用。乐羊果然不负君望，一举攻下了中山国。

有趣的是，乐羊凯旋，向魏文侯报功时，带着十分自负的神色。魏文侯对主管文书的官员说："群臣宾客上奏的文书，你都把它拿过来。"那位官员立刻捧着两箱文书进来。魏文侯让乐羊去看这些文书，都是责难他攻打中山国的。乐羊立即转身退下，对魏文侯拜了又拜，很感动地说："中山国的攻取，不是靠我的力量，全是国君的功劳。"

"用人不疑，疑人不用"，这是历代政治家的共识。然而，哪种人可"用"，哪种人可"疑"，实际上颇费周章。中国人素来讲究忠孝之道，身为子女，当对父母尽孝；位在臣下，当对君主尽忠。但亦不尽然，忠孝往往难以两全。乐羊既然堪当重任，抛舍自己的儿子，只为君主尽忠，反而见疑于其他大臣，可敬也可悲。好在魏文侯并未受群臣的左右，临战撤换乐羊，而让乐羊最终成就大功，也是一种明智的做法。至于魏文侯故意摊出群臣的奏书，给乐羊看，抑制他居功自傲的情绪，则属于驭臣之术。

◇李悝变法

战国前期，诸侯列国为了富国强兵，都曾利用国家政权的力量，不同程度地实行变法，其中以李悝变法最早。李悝作为一位政治改革家，对于社会改革和治理国家，有着较清醒的认识，并在魏文侯的支持下付诸实践。

魏文侯曾就治国方略征询李悝的看法。李悝回答说："我听说的治国方略应该是凭劳动给予食物，按功劳发放俸禄，因才能加以任用，奖赏必须兑现，惩罚必须适当。"魏文侯说："我赏罚都适当，而百姓仍不亲附，是什么原因呢？"李悝回答说："大概有无功受禄的人了。我听到过这种说法：应当剥夺这些人的俸禄，用来招揽四方的士人。这些人的父辈有功劳而得到俸禄，他们的子女没有功劳却要享受。他们外出时乘坐车马，穿着漂亮的皮衣，以显示荣华富贵；回家后演奏各种乐器，让他们的子女同享安乐，以扰乱乡里的教化。像这类人，剥夺他们的俸禄来招揽四方的士人，就叫作剥夺无功受禄的人。"

魏文侯又问道："刑法的根源在哪里？"李悝回答说："在于邪恶淫逸的行为。大凡邪恶的心思，都由饥寒引起；淫逸的风气，都由奢华造成。雕镂花纹，会妨害农事；锦绣绶带，会妨害女工。农事受妨害，是饥饿的根由；女工受妨害，是寒冷的原因。饥饿和寒冷一并到来，而不做邪恶事情的，还未曾有过。男女修饰外表以相互夸耀，而没有淫逸行为的，也未曾有过。因此，君主不禁止雕虫小技，就会使国家贫穷而百姓奢华，国家贫穷而百姓奢华，穷人就会做出邪恶的事情，富人就会做出淫逸的行为，这等于助长恶行。百姓做过邪恶的事情，就按法律加以处罚，而不赦免他们的罪过，这等于为百姓设下陷阱。所以，君主不去堵塞它的源头，而只禁止它的末流，不正是损害国家的做法吗？"魏文侯称赞说："好哇，可以作为法则。"

在魏文侯的支持下，李悝在魏国开展变法。政治上，他废除世卿世禄制，按照"食有劳而禄有功"的原则，实行赐爵制，同时编著《法经》六篇，以保护个人的私有权利，维持社会秩序。经济上，他针对魏国地少人多的国情，大力倡导"尽地力之教"，即充分利用每一寸土地，发展农业和家庭副业。这种做法属于政策的激励，而比较具有经济谋略特色的，是制定和推行"平籴法"。

按照李悝的看法，粮食价格太低，农民入不敷出，生活没有着落，国家就会贫困；粮食价格太高，市民负担不起，生活难以维持，也会流落他乡。所以，粮食价格不平衡，就不利于人民的生活，不利于农业的发展。为了稳定粮食价格，不使价格大幅度涨跌，李悝制定出"平籴法"，即把好年成分为三等级，坏年成也分为三等级，遇到好年成，官府按好年成的等级，出钱买进一定数量的余粮；碰到坏年成，官府再按坏年成的等级，用平价卖出一定数量的贮粮。这样一来，粮食价格就被官府控制，不至于出现太高太低的情形。

平籴法通过官府的参与，把人民的生活、农业的发展、社会秩序的稳定和富国强兵的目的有机地联系起来，是一项十分有效的经济谋略。它为后世理财提供了成熟的经验，而历代统治者实行均输法、常平仓等，大抵滥觞于此。

◇西门豹治邺

通读现存所有的史书，看不到多少有关西门豹生平的资料，然而西门豹治邺的功绩，却一直活跃在人们的记忆中。

公元前400年，魏文侯任用西门豹为邺令，治理魏国北部重地邺城（今河北临漳）。西门豹上任时，魏文侯谆谆告诫他说："一定要圆满成功，赢得美名，传布道义。"西门豹问："怎样做到这些呢？"魏文侯回答说："你去吧！没有哪座城缺少贤能豪爽、雄辩博识的人，没有哪座城缺少喜欢宣扬别人短处、隐瞒别人长处的人。你到任后，一定要访问那些贤能豪爽的人，亲近他们；访问那些雄辩博闻的人，拜他们为老师；了解那些喜欢宣扬别人短处、隐瞒别人长处的人，加以考察，不能凭借小道消息处理问题。要知道耳听到的不如眼见到的，眼见到的不如脚踩到的，脚踩到的不如手拿到的。一个人刚上任，好像进入昏暗的房间，时间一长就能看清楚，看清楚就能治理，这样治理就能行得通。"

西门豹来到邺县，按照魏文侯的嘱咐，马上召集当地有名望的长老，向他们征询百姓的疾苦。长老们说最苦的事情莫过于河伯娶媳妇。西门豹问河伯娶媳妇的情形，长老们回答说："邺县的三老、廷掾，每年都向百姓征收赋税，所得钱财有数百万之多。他们用三十万替河伯娶妇，剩余的跟巫婆私分。为了替河伯娶媳妇，巫婆到乡间挑选好看的女孩，说这女孩应该做河伯的媳妇，然后立即聘娶过来，为她沐浴更衣，在河边搭建斋宫，让她斋戒十多天。届时再粉饰斋宫，如同嫁娶的新床一样，叫女孩坐在上面，放在河中漂浮而下，不过几十里就沉下去了。所以，有好女孩的人家都怕自家的女儿被巫婆挑走，纷纷带着女儿逃亡他乡，因而县内的人越来越少、越来越穷。这种做法沿用了很久，以致民间俗语常说：'如果不替河伯娶媳妇，大水冲来就会被淹死。'"西门豹听完，马上对长老们说："等到替河伯娶媳妇的时候，你们告诉我一声，我去送送那位出嫁的女孩。"

等到河伯娶媳妇那天，西门豹带着随从来到河边，各地的三老、廷掾、豪绅和乡里父老都到场了，足有两三千人。那大巫婆年过七旬，带着十多名女弟子，站在西门豹旁边。西门豹要看替河伯娶的媳妇美不美，巫女们忙把选好的女孩从帷帐中引出来，来到西门豹的面前。西门豹端详之后，回头对大家说："这位女孩不太好看，麻烦巫婆去告诉一下河伯，另找一位漂亮的女孩，过两天再给他送去。"说完就让随从抬起巫婆，丢到河里。过了一会儿，西门豹假装焦急地说："巫婆怎么还不回来呀？叫她的弟子去催一下。"就让随从抓起一个巫女，丢到河里。又过了一会儿，西门豹假装更焦急地说："这弟子怎么还不回来呢？再派一名弟子去催。"又让随从抓起一个巫女丢到河里。等把第三个巫女丢到河里后，西门豹对大家说："大概是女人不能把话说清楚，有劳三老去向河伯禀告一下。"于是又让随从把一名三老投入河里。西门豹故意把笔插在帽子上，站在河边躬身等候。他身旁的三老、廷掾、豪绅一个个惊恐不已。西门豹转过身来，又想派一名廷掾或豪绅再去催问。那帮人都跪在地上磕头，把头都磕破了，脸上如死灰一般。西门豹看到这情景，略等片刻，招呼那帮人说："你们都起来！大概是河伯要留客。你们先回去，等河伯有消息，咱们再说。"邺县官吏和百姓大为震动，从此再不敢说替河伯娶媳妇。

这是西门豹治邺的一个场面。西门豹通过实际调查，了解到县内三老、廷掾和豪绅勾结巫婆，利用"河伯娶妇"的陋俗，公然残害百姓、大肆搜刮钱财的情形，决心惩治这一罪恶行径，扫除这一害人陋俗，为百姓办点好事。第一步，西门豹假意顺从当地三老、巫婆等人的意见，参加"河伯娶妇"的盛会，让那帮人把自己的丑恶面目表现得淋漓尽致。这种欲擒故纵、佯顺必取的做法，正是西门豹决心制服作恶者的一步高招。第二步，西门豹在"河伯娶妇"的盛会上，假称为河伯挑选的女孩不够漂亮，一而再，再而三地把巫婆、巫女和三老丢到河里，使作恶者受到了应有的惩罚，又让与会者以亲眼所见，看透了"河伯娶妇"的骗局。这种"以其人之道还治其人之身"，通过惩处作恶者来教育受害者的方法，确实具有一举多得的功效。第三步，西门豹在惩处作恶者后，故作"簪笔磬折"的模样，貌似关心巫婆、巫女和三老们禀告的消息，实际上是要从心理方面给当地三老、廷掾和豪绅以更大的震慑，使他们不敢继续为非作歹。反观那帮害怕被派去禀告河伯的人，趴在地上磕头如捣蒜的情景，简直让人笑破肚皮。

通观这一事件的全过程，不但情节起伏跌宕，还有些出人意料。西门豹禁绝"河伯娶妇"的陋俗，从谋略学的角度看，其中佯顺必取、"以其人之道还治其人之身"、以惩处作恶者来启示生存者的心灵，都属于成功的经验。有人就此评论说："娶妇以免溺，题目甚大，愚民相安于惑也，久矣。直斥其妄，人必不信，惟身自往会，簪笔磬折，使众著于河伯之无灵，而向之行诈者，计穷于畏死，虽驱之娶妇，犹不为也，然后弊可永革。"从谋略学角度来看，这番评论一语中的，是很有道理的。

西门豹既已革除"河伯娶妇"的陋俗，又征发邺县百姓大兴水利，先后开挖了十二条渠道。当西门豹要开渠的时候，许多人因为劳苦而不愿行动。西门豹说："老百姓可以同享成果，不可以共谋事端。现在父老乡亲跟着我受苦，但是百年以后，会使子孙后代念叨我说的话。"等开挖好渠道，引来漳河水之后，所有的田地都得到了灌溉，民众由此家给人足。直到汉初，邺县官吏想把这十二条渠道合并起来，当地百姓都不肯听从命令，认为这些渠道是西门豹开挖的，贤大夫的法式不可以随便更改，官府最终放弃了改造水利的计划。因此，西门豹治邺的事迹传遍天下，直至今天也没有磨灭。谁说他不是一位贤大夫呢！

吴起的传奇

在先秦历史上，吴起作为杰出的兵家，往往和孙武并提；作为法家的代表，常常跟商鞅合称。他的生平事迹颇具传奇色彩，一部《吴子兵法》又引来许多争议，人们对他还缺乏真切的了解。不过，有一点史实可以肯定，那就是吴起的谋略和功业，与魏国的强盛息息相关。

◇杀妻求将

吴起（前440－前381），本是卫国左氏（今山东定陶）人，早年爱好学习，很有抱负，向往着有一天能够步入仕途，在政治舞台上一展才华。可是，他的祖国实在太弱小，没有他的用武之地。

也许是这个缘故，吴起凭借自家财产，决定从事游说活动。然而到头来，他耗尽了家中的资产，也没能步入仕途，因而遭到邻居的耻笑。吴起性情刚烈，对嘲笑者非常恼火，一气之下杀死三十多人，被迫逃出卫国。他向母亲告别时，咬着胳膊发誓说："我将来要是做不了卿相，就永远不回卫国！"

在离开卫国之后，吴起来到鲁国都城，求学于名儒曾申。曾申是名儒曾参之子，是一位注重孝道的学者。后来，吴起得知母亲病故，想到与母亲分别时的誓言，横下一条心，硬是没有回家治丧。这一下激怒了曾申，曾申跟吴起断绝了师生关系，把他逐出了师门。这时候，各诸侯国之间征战不断，军事研究颇受统治者的重视，因而也是一条成才之路。吴起走出师门，就决定舍弃儒学，转而钻研军事问题，朝着兵家之路迈进。

公元前 412 年，齐国出兵进攻鲁国，鲁穆公想用吴起为将军，但因为他的妻子是齐国人，生怕他会受制于妻子，跟齐国人串通一气，所以踌躇不决，没有立刻任用吴起。吴起得知这一消息，为了成就个人的功名，竟狠下心来杀掉了妻子，表明他和齐国没有什么关联，以求得鲁穆公的信任。

这件事被称为"杀妻求将"，在司马迁、司马光的笔下，都没有什么疑问。即使是偏爱兵法的曹操，也以"吴起贪将，杀妻自信，散金求官，母死不归"为例子，来说明一个人的品行和才能的关系。可是，郭沫若认为，"杀妻求将"的记述是神话般的传说，并出自一片蓄意中伤的谣言。这一说法多半是推测，还不足以推翻旧说。后人说起"杀妻求将"，总会感到一丝悲壮。吴起想当一名将军，就以杀掉妻子的代价换取鲁穆公的信任。这样做倒很果决，但一心扑在功名上，人的情感哪里去了？这正是吴起功名不小但不受尊重的缘故。

好在吴起没有白费心思，总算如愿以偿，被鲁穆公任命为将军。他率领鲁国军队，开赴前线，先是以和谈示弱，继而以老弱士兵做中军，麻痹齐国军队，然后出其不意地调动精兵，突然发起猛攻，把齐军打败，取得了胜利。

这一仗打赢了，吴起立下了不小的功劳，本应该受到嘉奖，却招来流言蜚语。鲁国一些大夫嫉恨吴起，就在暗中传言，说他是一个残忍的家伙，从前遭受乡亲嗤笑，就一连杀了三十多人，才逃到鲁国；为了自己的前途，当母亲去世之后，也不回家奔丧；为了当上鲁国将军，杀掉结发妻子。甚至有人劝告鲁穆公，说鲁国较为弱小，却有着战胜国之名，那别国就会谋害鲁国；况且鲁、卫两国是兄弟之国，鲁国要是重用吴起，就等于抛弃卫国。鲁穆公听信了这些话，就把吴起辞退了。

鲁国大夫的传言，只能证明那句名言："木秀于林，风必摧之。"这些传言是真是假，已经无从考稽，但想必不会尽是瞎编。吴起为人虽有缺点，但他的才能确实出类拔萃。令人奇怪的是，鲁穆公作为一国君主，也许怕打败齐国会招来麻烦，或者担心与卫国断绝往来，或者不能容忍吴起的过去，居然放弃这等难得的人才，还何谈治国！

◇ 入魏治兵

当吴起受挫之际，魏国正在变法图新，魏文侯求贤若渴。吴起听到这一消息，就下决心离开鲁国，前去投奔魏文侯。魏文侯得知吴起入魏，特意询问李克说："吴起是一个怎样的人？"李克回答说："吴起贪图功名，并且很好色，但要带兵打仗，即便是司马穰苴，也难以超过他。"魏文侯听了这话，于是任用吴起为将军，负责经略西河地区。

吴起担任将军，特别能以身作则，树立良好的形象。平时，他与士卒穿一样的衣服，吃一样的伙食，睡觉不加铺盖。战时，他出行不坐马车，亲自背着干粮，与部下分担劳苦。有个士卒生了毒疮，他不顾毒疮肮脏，替那人吸吮脓汁。那人的母亲听说之后，不禁放声大哭。她的邻居说："你儿子只是一名小卒，而将军亲自替他吸吮脓汁，你为什么还哭呢？"这位母亲解释说："你们有所不知。往年吴将军替他父亲吸过毒疮，他父亲每次打仗都格外卖力，决不后退，结果被敌人杀死了。如今吴将军又给我儿子吸吮毒疮，我不知道这孩子又要战死在什么地方，所以就哭起来了。"

历史上，吴起的为将风范世代流传，为许多名将所仿效。但是，这件事的真实性，却引起了郭沫若的质疑，"能与士卒同甘苦，共衣食，这是可以相信的，但为收士卒欢心而至于吮疽，却有点令人难以相信。因为病疽者假使他的疽是生在自己能吮的地方，他决不会让自己的主将来跪吮；假使是生在自己不能吮的地方，他的同僚也决不会让主将去跪吮而作旁观，尤其是患者的母亲也不会只是旁立而泣。一位母亲对儿子的爱，比任何良将爱士卒的心总要急切些，岂有将吮而母亲不能吮的事？大约吴起当时曾经作过要跪吮的表示，结果被人替代了，但那表示被粉饰了起来，便成了佳话。"这是以常情论常人，确有一定的道理，但缺乏有效的证据。其中，断然否定吴起吮疽之事，似又不那么妥帖，而说那母亲站在一旁，看着她的儿子哭泣，就像发生在军营里，应是一个虚拟的硬伤。

在这段佳话之后，魏文侯通过初步考察，认为吴起善于用兵，作为将军廉洁公正，又能尽得士卒欢心，于是任命他为西河郡守，掌管该地区的军政事务，抵御秦、韩两国的侵扰。吴起凭借军事才能，重新步入戎马生涯。

◇威震西河

西河，指黄河流经陕西、山西之间的河段。西河郡，即今洛水以东、延安以南、华阴以北地区。吴起担任西河郡守，能在这里站稳脚跟，使秦国统治者不敢觊觎，并不是一件容易的事情。

公元前396年，魏文侯去世，武侯继位。吴起继续担任西河郡守，积极筹划进攻秦国。有一次，吴起与魏武侯一起泛舟游览黄河。武侯看到两岸高耸的悬崖，回过头来对吴起说："这里的山川险要，真是魏国的瑰宝！"吴起回答说："国家政权的稳固，在于施德于民众，而不在于地理形势的险要。从前三苗左临洞庭湖，右濒彭蠡泽，因为他们不修德行，不讲信义，所以禹能灭掉他们。夏桀的领土左临黄河、济水，右靠泰山、华山，伊阙在它的南边，羊肠坂在它的北面。因为他不施仁政，所以商汤放逐了他。殷纣的王畿左边有孟门山，右边有太行山，常山在它的北边，黄河流经它的南面，因为他不施仁德，周武王就把他杀了。由此看来，政权的稳固在于给百姓施以恩德，不在于地理形势的险要。如果您不施恩德，即使同坐一条船的人，也会变成您的仇敌！"武侯评价说讲得好。

吴起的一番话，站在统治者的立场，期望通过实行仁政，得到民众的拥护，借以夺取战争的胜利，显然带有儒家的色彩。所以，后世学者评论吴起，总把他看作一名儒将。

没过多久，魏武侯设置相位，任命田文为国相。吴起有些不高兴，就质问田文说："请让我跟您比一比功劳，可以吗？"田文说："可以。"吴起说："统率三军，让士兵乐于死战，敌国不敢图谋魏国，您跟我比，谁好呢？"田文说："我不如您。"吴起说："管理文武官员，让百姓都能亲附，国库得以充实，您跟我比，谁行呢？"田文说："我不如您。"吴起说："拒守西河地区，秦国军队不敢向东侵犯，韩国、赵国都来归顺，您跟我比，谁能呢？"田文说："我不如您。"吴起说："这几方面都不如我，可您的职位在我之上，这是什么道理呢？"田文说："国君还年轻，国人疑虑不安，大臣不亲附，百姓不信从，处在这个时候，是该把政事托付给您呢，还是托付给我呢?"吴起沉默许久，然后回答说："应该托付给您啊。"田文说："这就是我的职位比您高的原因吧。"

从这段对话来看，吴起开始有点傲慢，但在田文的反问下，终究还有自知之明。

田文去世之后，公叔痤出任国相，却很害怕吴起。公叔的仆人说："吴起是不难赶走的。"公叔痤问怎么办，这位仆人说："吴起为人有骨气，但太偏好名誉。您可以找个机会，先对武侯说：'吴起是一位贤人，而您的国土太小，又接近强大的秦国，我私下担心吴起没有长期留在魏国的打算。'武侯就会说：'那可怎么办呢?'您就趁机对武侯说：'请用下嫁公主的办法试探他，如果吴起有长期留在魏国的心意，就一定会答应娶公主，如果没有长期留下来的心意，就一定会推辞。用这个办法能推断他的心志。'您找个机会请吴起来家里，故意让公主发火，当面鄙视您。吴起看到这种情形，就不会再娶公主。"公叔痤照此去做，吴起看到公主的表现，果然中了圈套，当即谢绝了魏武侯。魏武侯心存美意，却遭到吴起的拒绝，从此不再信任吴起。吴起怕招来灾祸，也就离开了魏国。

霸业中落

魏文侯开创的霸业，传到魏武侯的手上，尚能维持并有所拓展，再传到魏惠王的手上，随着国内外形势的变化，加上对外扩张的挫折，就一去不复返了。

◇魏罃争国

魏文侯、武侯时期，魏、赵、韩三国经常联合行动，对外进行扩张，因而不断兼并土地，其中以魏国所获最多。魏国向西攻取西河地区，向北一度灭掉中山国，向南夺得郑、宋、楚三国间的大片土地。相比较而言，韩国由于国力较弱，往往跟随魏国行动，只能得到较小的便宜，而赵国受地理条件的阻隔，在中原地区没有捞到什么好处。正是基于国家利益上的分歧，魏、赵、韩三国结成的联盟，不可能经受长久的考验，很快就暴露出破裂的征兆。

公元前370年，魏武侯去世，因为没有确定继承人，他的儿子魏罃和公子缓争当太子，在魏国引起了一场政治危机。魏大夫王错逃奔韩国。公孙颀从宋国赶到赵国，又从赵国赶到韩国，告诉韩懿侯说："魏罃和公子缓争当太子，主君听说了吧？眼下魏罃得到王错的支持，挟持上党地区，相当于半个国家。如果趁机除掉他们，就能攻破魏国，切不可丧失这个机会。"韩懿侯听了很高兴，当即接受公孙颀的建议，同赵成侯的军队会合，一道攻打魏国，大败魏军于浊泽（今山西运城境内），进而包围了魏都安邑。

在处理魏国的问题上，赵成侯对韩懿侯说："除掉魏䓖，拥立公子缓，分割魏国的土地，然后撤兵，这样做对我们有利。"韩懿侯则认为："不能这样做。杀掉魏䓖，人家会骂我们残暴；瓜分土地再撤兵，人家会骂我们贪婪。不如把魏国分成两半。魏国分成两个国家，就不会比宋、卫两国强盛。这样一来，我们就没有魏国这个祸患。"两人最终没能达成一致。韩懿侯有些不高兴，就率领一部分军队连夜撤走。赵成侯得知这一消息，也下令自己的军队离开魏国。于是魏䓖杀掉公子缓，自立为国君，是为魏惠王。

这真是一场不可思议的变局。赵、韩两国君主出兵魏国，本来是想图点便宜，可轮到宰割魏国的时候，他们却各持己见，谁都不肯退让，结果白白忙乎一阵，在一无所得的情况下，都悄悄地回去了。司马迁对此评论说："惠王之所以身不死，国不分者，二家谋不和也。若从一家之谋，则魏必分矣。故曰：'君终无嫡子，其国可破也。'"这是说魏惠王没有被杀死，他的国家没有被瓜分的原因，就在于赵、韩两国的谋略不一致。倘若依从某一家的谋略，魏国必定被瓜分。由此说来，谋略之于国家兴亡，何等重要！

经过这场严重的政治危机，魏国跟赵、韩两国的联盟瓦解，各国君主都在周边自图发展。魏惠王为了报复赵、韩两国的武力干涉，开始走上攻伐赵、韩两国的道路，这使得魏国称霸中原的外部支柱倒塌了。

◇ 三面受敌

魏惠王继位之初，虽然继续保持强大的国势，但已经沦为众矢之的，处于三面受敌的不利境地。特别是在魏国的东西两侧，齐、秦两国迅速崛起，总把扩张的矛头对准魏国。魏国承受着前所未有的外部压力。

公元前368年，齐桓公出兵魏国，夺取了观津（今河北武邑）。公元前366年，魏国在武堵（一作武都）修筑城邑，被秦国打败。公元前365年，魏惠王出兵韩国，在阳城（今河南登封）战败，转而攻打宋国，夺取了仪台。公元前364年，秦献公出兵魏国，在石门（今陕西三原）大破魏军，赵成侯出兵相救，也被秦军打败，两国损失军队六万人。

公元前 362 年，魏相国公叔痤领兵在浍水（汾河支流）北岸，打败了赵、韩两国的军队。紧随其后，秦献公再度出兵魏国，在少梁（今陕西韩城）大破魏军，并且俘虏了公叔痤。

自从少梁之战后，魏惠王调整经国方略，暂停对外攻伐活动，转而加紧外交攻势。公元前 361 年，魏惠王和韩昭侯在巫沙（今河南荥阳）相会。公元前 357 年，魏惠王和赵成侯在鄗邑（今河北柏乡）相会。公元前 356 年，因受魏惠王的外交压力，鲁恭侯、宋桓侯、卫成侯和韩昭侯都来魏国朝会。公元前 355 年，魏惠王和齐威王在临淄相会，稍后又和秦孝公在杜平（今陕西澄城县东）相会。一连串的外交活动表面上调和了魏国同齐、秦等国的关系，甚至扩大了魏国在中原地区的势力，实际上魏国与周边各国的矛盾仍没有也不可能得到根本性的解决，一旦魏惠王继续奉行扩张政策，新一轮的军事较量就将以更大的规模展开。

公元前 354 年，魏惠王任命庞涓为主将，率军攻打赵国，包围了赵都邯郸。秦孝公趁机出兵魏国，在元里（今陕西澄城县南）打败魏军，轻易夺取了少梁。

公元前 353 年，齐威王派田忌、孙膑率军救援赵国，在桂陵（今山东菏泽）大破魏军。楚宣王也派景舍领兵救援赵国，攻取魏国睢水、濊水之间的土地。不过，魏国很快扭转战局，还是攻克了邯郸。公元前 352 年，魏惠王调动韩国军队，又在襄陵（今河南睢县）发起反攻，打败了齐、宋、卫三国军队，齐威王只好请楚将景舍出面斡旋，同魏国讲和。公元前 351 年，魏惠王迫使赵肃侯在漳河之上结盟，尔后把邯郸归还赵国。

大概是被眼前的胜利冲昏了头脑，魏惠王自以为"天下第一"，竟然无视国家的生存利益，接受秦大良造商鞅的游说，自称为夏王，还亲自指挥扩建宫殿，裁制红色衣服，树立九游龙旗，配以七星彩旗，摆出一副天子的模样，继而在逢泽（今河南开封）召集诸侯，邀约宋、卫、邹、鲁等国君主参与会盟，并且一道去朝见周天子。鉴于韩昭侯对会盟的抵制，魏惠王还没有心满意足，因而寻找适当的机会，准备向韩国"开刀"。

公元前 341 年，魏惠王大举出兵韩国，由于韩国得到了齐国的援救，魏惠王于是就派庞涓率领十万大军迎战齐军，而让太子魏申为上将军。在路过宋国外黄（今河南民权）时，当地人徐子谒见魏申说："我有百战百胜的谋略。"魏申问这谋略是什么。徐子回答说："太子亲自领兵攻打齐国，即使大获全胜，吞并莒邑（今山东莒县），富裕不过拥有魏国，尊贵不过继为君王。如果打不过齐国，那将使万世子孙失去魏国。这就是我的百战百胜的谋略。"魏申说："好吧！我一定听您说的，退兵回国。"徐子又说："太子虽然想回去，也不太可能了。那些劝太子出征的人，有很多想建立功勋。太子虽然想回去，恐怕办不到了。"但魏申还是想退兵回国，他的车夫说："将军刚出兵而退回，和作战失败同罪。"于是，魏申和庞涓继续进军，在马陵（今山东莘县）遭到齐军的伏击，结果魏申被俘虏，庞涓自杀，魏军主力全部被歼灭。

从此以后，魏国不仅丧失了往日的霸业，而且失去了扩张的势头，在更加不利的战略形势下，几乎是处处被动挨打，整个国势日益衰颓。战国诸侯争雄的格局为之一变，进入齐、秦两强对峙的新阶段。

◇惠施谋齐

面对齐、秦两国的夹击，魏惠王显然力不能支，因而改行收缩的策略，把西河地区割让给秦国，把国都从安邑迁到大梁，实为迫不得已的抉择。

公元前 334 年，当魏国稍复稳定后，魏惠王又想攻打齐国，就跟相国惠施说："齐国是我的仇敌，这仇恨至死都不会忘记，魏国虽然弱小，我常想调动所有的军队，去攻打齐国，怎么样呢？"惠施回答说："不能这样做。我听说过，当王的人要有气度，称霸的人要懂谋略。现在，君主所以这样告诉臣下，是因为缺乏应有的气度，偏离正常的谋略。君王原先同赵国结下仇恨，而后又跟齐国交战。眼下国家还没有必备的防御力量，君王又要调动所有的军队，去攻打齐国，我认为这是不可行的。君王如果想报复齐国，还不如改换服装、屈己下人，去朝拜齐王，楚王必定会大为恼怒。君王再派人到齐、楚两国游说，促成两国之间的争斗，那么，楚国就会攻打齐国。以强大的楚国去攻打疲惫的齐国，齐国必定被楚国打败。这样您就能借用楚国来毁灭齐国。"魏惠王听了，连连称赞。

于是，魏惠王派人出使齐国，说明他本人愿意臣服于齐国，并且去朝会齐威王。齐相国田婴想答应魏国的请求，大臣张丑说："这样做不行。如果打不赢魏国，而能使魏国行朝会之礼，同魏国联合起来，去降服楚国，这可以取得更大的胜利。现在已经战胜魏国，消灭了魏军十万人，并且擒获了太子申，迫使拥有战车万辆的魏国屈服，又可以轻视秦、楚两国，楚王必定粗暴乖张。况且楚王为人，喜欢打仗，贪图虚名，最终成为齐国祸害的，必定是楚国。"田婴不听张丑的劝告，答应了魏国的请求。

魏惠王根据惠施的意见，率领韩昭侯及其他小国君主，到徐州（今山东滕县东南）朝见齐威王，尊奉齐威王为王，同时齐威王也承认魏惠王为王，即所谓"徐州相王"（或称徐州会盟）。这在楚、赵两国引起了极大的反响。楚威王非常气愤，亲自率军进攻齐国，一直挺进到徐州，大败齐将申缚。赵肃侯也出兵围攻魏国黄城（今河南内黄），并且在漳河、滏水之间修筑长城，防止齐、魏两国的进攻。

这场外交活动表明，魏国国势急剧衰落，已经无可挽回。但魏惠王骄横霸道，在失败面前没头没脑，竟想以惨败之余再去攻打齐国，岂不是拿鸡蛋往石头上碰？惠施作为战国名家的代表人物，没想到在治国方面还有这么一手。他说服魏惠王退后一步，让齐威王成为众矢之的，挑动齐、楚两国的矛盾冲突，减轻魏国的外部压力。这样做虽让魏惠王丢了点面子，可不失为一次成功的外交活动。

◇ 孟轲说仁义

随着魏国国势的急剧衰败，魏惠王为了寻求经国方略，以谦恭的礼节和贵重的礼物，向天下招揽贤明的士人。于是，邹衍、孟轲、淳于髡等人都来到大梁，汇聚在魏惠王的麾下，一起谈天说地论政治。

当孟轲前来进见时，魏惠王急切地说："老先生，您不远千里劳苦而来，总有办法给我的国家带来利益吧！"孟轲回答说："大王，何必说起利益呢？只要讲仁义就够了。大王说'怎样有利于我的国家'，大夫说'怎样有利于我的家族'，一般百姓说'怎样有利于我本人'，这样上下相互争夺利益，国家就危险了。在拥有战车万辆的国家里，杀害国君的人必定是拥有战车千辆的大夫；在拥有战车千辆的国家里，杀害国君的必定是拥有战车百辆的大夫。在一个战车万辆的国家里，大夫拥有战车千辆；在一个战车千辆的国家里，大夫拥有战车百辆，他们的家业不能说不多吧。假如先讲究利益而把道义放在后面，他们不夺走国君的利益就不会满足。从没有仁爱的人遗弃自己的亲人，从没有忠义的人怠慢自己的君主。大王只要讲仁义就够了，何必说起利益呢？"

魏惠王感慨地说："我对于国家真是尽心尽力了！河内地区闹灾荒，就把一部分百姓迁徙到河东地区，再向河内地区运送一部分粮食。河东地区闹灾荒，也是这样做的。考察了一下，邻国的百姓不曾减少，我的百姓也不见增多，这是什么原因？"孟轲回答说："大王喜欢打仗。请让我用打仗做个比喻。战鼓咚咚敲响，战斗已经开始，而丢掉铠甲拖着武器向后逃跑，有人跑一百步停住脚，有人跑五十步停住脚，逃跑了五十步的人来取笑逃跑了一百步的人，怎么样呢？"魏惠王回答说："当然不行，只不过没有跑到一百步罢了，那也是逃跑啊！"孟轲就说："大王如果懂得这个道理，就不要希望百姓比邻国多了。"

魏惠王又说："当初魏国的强大，是天下诸侯没法比的，老先生想必知道。等到我执政时，东面败给齐国，长子不幸战死；西面又败给秦国，丧失了七百里土地；南面再受辱于楚国。我真感到羞愧，但愿能替所有的死者报仇雪恨，怎样做才行呢？"孟轲回答说："有方圆百里的土地，就可以称王。大王如果对百姓实行仁政，减省刑罚，减轻赋税，让百姓深耕细作，年轻人趁闲暇讲求孝悌、忠信，在家用以侍奉父兄，出门用以侍奉长辈。这样就能使他们制作木棒，来打击铠甲坚固、武器精良的秦、楚两国军队。那秦、楚两国剥夺百姓的生产时间，使他们无法耕作以养活父母，他们的父母受冻挨饿，兄弟妻子被迫离散。这样把百姓陷入苦海之中，大王再出兵前去讨伐，那有谁来和大王对抗呢？所以说，仁爱的人无敌于天下。"

孟轲在这里讲仁义，不在乎国家的实际利益，真能促使魏国变得强大吗？这总让人有点不太相信。其实，孟轲做学生的时候，曾问过他的老师子思："治理百姓该怎么做？"子思回答："先要有利于百姓。"孟轲说："君子用以教化百姓的，只是讲仁义罢了，何必说起利益！"子思解释说："讲仁义，本来就是给百姓利益。上级不讲仁爱，下级就得不到应有的东西；上级不讲道义，下级就喜欢做诡诈的事情，这样会造成很大的不利。所以《易经》上说：'利者，义之和也。'又说：'利用安身，以崇德也。'这都是利益的重要意义。"

一千多年过去了，司马光品味这段师生问答，评论说："子思、孟子之言，一也。夫唯仁者为知仁义之为利，不仁者不知也。故孟子对梁王，直以仁义而不及利者，所与言之人异故也。"这是说只有仁爱的人，才能明白仁义是为了利益，不仁爱的人则不明白。孟子对魏惠王只说仁义，而没说到利益，是交谈的对象不同的缘故。这一解释使人听起来不太信服。其实，孟子明明是把仁义与功利对立起来，拿仁义否定功利，是一种偏执于仁义的说教，与跟谁交谈没多大关系。

又过了近一千年，柏杨品味这段师生问答，提出了与司马光相左的看法："孔伋先生认为最高的利益，就是最高的仁义，二者浑然一体。元首追求国家的利益，他就是一个仁义的君王，如果追求国家的利益不是仁义的君王，难道是残暴的君王？孟轲先生大刀一劈，劈成两半，一半是'利益'，一半是'仁义'。互相排斥，尖锐对立。问题在于，啥叫'仁义'？国家元首做什么事才是仁义而不是利益？好地修桥筑路，是仁义？是利益？从孟轲先生跟孔伋先生的对话上，可看出孟轲先生并没有被说服，反而一直坚持。孔伋先生虽然是教师，却没有学生吃香，孟轲先生的思想——强调'义利之辨'，影响中国知识分子千年有余。大家事实上虽然都在追求利益，嘴里却硬是不说，于是留下最大的后遗症：人格分裂，处处谎言。"

这评论似乎有点严重，可总算把道理说明白了。那是一个战乱不息的年代，各国诸侯无不注重富国强兵，而孟轲以仁义为准绳，在那里大放厥词：

"善战者服上刑，连诸侯者次之，辟草莱、任土地者次之。"这几项活动大概违背了孟轲的理想，岂不知正是诸侯列国的当务之急。在当时的大环境中，各国诸侯只要维护自身的利益，就不能没有善于用兵打仗的将帅，何况还想统一天下呢？而要增强自身的力量，削弱敌国的势力，又怎能不通过外交途径，广泛地联络各国诸侯呢？至于开垦荒地，发展农业生产，更是富国利民的有效措施，本不该遭受什么非议。所以，孟轲的说教被视为"迂远而阔于事情"，不是没有道理的。

从谋略学角度来说，孟轲说教一生的价值，不在于"仁者无敌"，不在于"义利之辨"，而在于那句至理名言："天时不如地利，地利不如人和。"尽管在"仁义"和"人和"之间，还存在着一定的联系。试想当初，魏惠王要是听说这句警言，不知会有什么反应呢？

信陵君的风度

战国时期，封建制度继续推行，郡县制度逐步形成，两者并行不悖。各国的封君都拥有自己的封地，享有一定的政治经济特权，成为君主之外最有财富和权力的人物。为了维护和巩固自己的地位，有些身世显赫的封君广泛地招揽天下士人，像齐国孟尝君、魏国信陵君、赵国平原君、楚国春申君，都招揽有数千名门客。他们被称为"四大封君"或"四大公子"，对各国朝廷政治的演进，尤其是诸侯列国之间的事务，发挥着不可低估的作用。

◇擢隐取贤

信陵君姓魏名无忌，是魏昭王的小儿子、安釐王的异母兄弟。他为人仁慈而谦让，对待士人不论贤能与否，都能做到谦恭有礼，从未凭借尊贵的身份，表现出傲慢的举动。因此，数千里外的士人都争先恐后地来归附他，他的门客多达三千人。这时候，尽管魏国的国势大大削弱，但各国诸侯鉴于信陵君的贤明和门客众多，有十多年不敢进攻魏国。

魏国有位隐士叫侯嬴，已经七十岁高龄，由于家境贫穷，在大梁城东门做门卫。信陵君听说后，带着贵重的礼品去见他。侯嬴不肯接受，并且说："我几十年来修身养性，终究不会因为贫穷的缘故，接受公子的厚礼。"信陵君当下办置酒席，大会宾客。等到客人坐定之后，他带着随从车马，空着车厢左边的座位，亲自去迎接侯嬴。侯嬴扯了扯破旧的衣帽，径自上车，坐在信陵君的上首，也不表示辞让，想借此看一看信陵君的诚意。信陵君手握缰绳，驾起马车，显得格外恭敬。没走多远，侯赢对信陵君说："我有一位朋友是屠夫，请把车马拐进市场停一下。"信陵君就把马车驾到市场。侯赢去见他的朋友朱亥，左右顾盼自得，故意站着跟朱亥谈了好久，偷偷地观察信陵君的反应。信陵君仍和颜悦色。这时在公子府中，魏国将相、宗室、宾客济济一堂，等着信陵君回来开宴，而街头的行人正瞧着信陵君手持辔头的模样，信陵君的随从都在暗骂侯赢。

等回到公子府中，信陵君领着侯赢坐上座，把侯赢介绍给所有客人，客人们都很惊讶。后来酒到酣畅时，信陵君起身为侯赢敬酒，侯赢这才对他说："今天难为公子了！我不过是东门的门卫，而公子委屈车马，亲自接我到大庭广众之中，照说不应该这么做，公子却特地来东门接我。然而，我想成就公子的名声，故意让公子的车马在市场久候，过往行人因而围观公子，公子显得更加恭谨。市场里的人以为我是小人，而把公子看作长者，能够谦恭下士。"于是酒席散去，侯赢成为信陵君的上宾。

侯赢有感于信陵君的风度，因而又对信陵君说："我前面拜访的那位屠夫叫朱亥，是一位贤人，不为世人所了解，隐匿在民间。"信陵君听了侯赢的话，好几次去拜访朱亥，朱亥都故意不应答。信陵君觉得朱亥很奇怪，却也没什么埋怨。

这般礼贤下士的做法，厚待地位卑贱的隐士，在战国四大封君中，也算是第一品的风度。诚如司马迁所说："天下诸公子亦有喜士者矣，然信陵君之接岩穴隐者，不耻下交，有以也。名冠诸侯，不虚耳。"这是说战国诸公子里也有喜欢士人的，但像信陵君这样不惜委屈自己，接待藏身山林的隐士，并跟他们交朋友，实在是不容易。所以，信陵君的名声超过各国诸侯，并不是徒有虚名。

◇计利存韩

魏安釐王在位时，秦国奉行"远交近攻"的方略，加紧进攻韩、魏两国。韩、魏两国如唇齿相依，本来应该结成统一战线，对付秦国的扩张活动。哪知魏安釐王目光短浅，因为秦国曾经派来救兵，帮助魏国打退齐、楚两国，就想借势与秦国结盟，攻打弱小的韩国，以补偿过去的损失。

信陵君得知这个计划，考虑到魏国的长远利益，于是马上去见魏安釐王说：

秦国和戎狄习俗相同，有虎狼般的心肠，贪残好利而没有信用，不知道礼仪德行，如果有利可图，就不顾亲戚兄弟，好像禽兽一样。这是天下人所共知的，它不会对别国施恩积德。所以，秦太后身为国母，却忧愁而死；穰侯身为国舅，没有谁比他的功劳大，竟然被放逐；秦王的两个弟弟没有罪过，却两次被剥夺封邑。秦王对待自己的亲戚兄弟都如此，何况结有怨仇的敌国呢？现在大王和秦国攻伐韩国，更加靠近秦国，我感到很疑惑，而大王不懂得这个道理，那就不太明智；群臣懂得这个道理，却没有谁出面劝谏，那就没尽忠心。

现在，韩国靠一名女子辅佐幼主，国内出现大乱，对外怎能抵抗强大的秦、魏两国军队，大王以为攻不破韩国吗？韩国一旦灭亡，秦国占有原属郑国的土地，同大梁接近，大王以为安全吗？大王本想收回原先失去的土地，而今遭受强秦的祸害，大王以为有利吗？秦国并不是不爱滋事的国家，等韩国灭亡后，必定再生事端；再生事端，必定就易趋利；秦国趋利，必定不会攻伐楚、赵两国。这是为什么呢？因为翻山过河，横穿韩国上党地区，进攻强大的赵国，那将重演阏与惨败的往事，秦国不会这么做。如果取道河内，背对邺和朝歌，渡过漳水、滏水，到邯郸郊外与赵军决战，那将遭到知伯败亡的大祸，秦国也不敢这样做。攻伐楚国，要走过三千里谷道，攻取黾隘之塞，路途遥远，并且进攻目标太难，秦国不会这样做。如果取道河外，背对大梁，而右靠上蔡、召陵，在陈城郊外与楚军决战，秦国又不敢这样做。所以，秦国必定不会攻伐楚、赵两国，更不会攻伐燕、齐两国。等韩国灭亡后，秦国出兵的时候，只有进攻魏国。秦国本来有怀、茅、邢丘等地，再在垝津筑城，以逼近河内，河内的共、汲等地就会危急。秦国占领郑国的土地，取得垣雍，决开荥泽来淹大梁，大梁必定沦陷。大王的使者太过分了，竟向秦国中伤安陵氏，秦国早就想得到许地，而且它的叶阳、昆阳和魏国的舞阳、高陵相邻，现在听到使者的恶言，随之就想灭安陵氏，秦军绕过舞阳以北，向东逼近许地，那么魏国南部必定危急；即使南部不危急，魏国能安宁吗？况且憎恶韩国，不爱护安陵氏还可以，但是不担心秦国，不爱护魏国南部，就不对了。

往日秦国在西河之外，魏国到大梁有千余里，有黄河和中条山相阻隔，有周、韩两国在中间遮拦。从林乡之战到现在，秦国十次攻打魏国，五次侵入国内。魏国边区都被攻破，文台被毁坏，垂都被焚烧，林木被砍伐，麋鹿被杀光，继而国都被围困。秦军长驱直入魏国北部，东到陶、卫两城郊外，北到阚地，被秦国吞灭的地方，在中条山南北和黄河内外，有大县上百个和名城十多座。秦国在西河之外，距离大梁尚有千里之遥，就有这么大祸害，何况让秦国吞灭韩国而占领郑国的土地，没有黄河和中条山的阻隔，没有周、韩两国的遮拦，距离大梁只有百里，其祸害将超出百倍。

往日合纵不能成功，是因为楚、魏两国相互猜疑，韩国不可能缔结盟约。现在韩国遭受战祸已有三年，秦国想迫使它屈服求和，韩国知道要被灭亡，仍不肯听命于秦国，而给赵国送去质子，请求天下诸侯联合行动。依我看来，楚、赵两国必定和韩国一道进攻秦国。这是为什么呢？因为秦国的贪欲没有穷尽，不消灭天下全部的军队，降服海内的百姓，必定不会罢休。所以，我希望用合纵的方法侍奉大王，大王赶快接受楚、赵两国的盟约，挟持韩国的质子，把保存韩国当作急务，借此向韩国索取原来的土地，韩国必定献出这些土地。这样一来，魏国军民不付出辛劳，就能得到原来的土地，这要比跟秦国一道攻伐韩国的功绩大得多，而且没有同秦国相邻的祸害。

再说保存韩国、安定魏国而利于天下，这是大王施展抱负的大好时机。开通韩国上党到共、宁两地的道路，随之设立关卡，向过往商人征收赋税，这是魏国得到韩国上党做抵押的重要意义。魏、韩两国共分赋税，足以使国家富裕，韩国必定感激、爱戴、尊重魏国，必定不敢反对魏国，韩国就成为魏国的属县。魏国使韩国成为自己的属县，卫、大梁、河外等地就会安全。现在不保存韩国，那东、西周必定危急，安陵必定落入秦国之手，楚、赵两国再被秦国攻破，燕、齐两国更加畏惧秦国，天下诸侯向西投奔秦国，那我们就要向秦称臣了。

这段时势分析表明：信陵君对诸侯列国的情形，既有高屋建瓴的宏观把握，又有具体而微的独到见解，尤其是对未来形势发展的预测，几乎都被后来的历史证实。无奈魏安釐王瞻前顾后，虽然没有趁机攻打韩国，但也不肯出兵援救韩国，即使到秦国攻占韩国大片土地，与赵国决战于长平之际，仍然坚持作壁上观的消极做法。

◇窃符救赵

公元前258年，秦国继长平大捷之后，进兵围攻赵都邯郸，赵国处在生死关头。平原君身为信陵君的姐夫，多次派人送信给魏安釐王和信陵君，请求出兵援救。魏安釐王任用晋鄙为主将，率领十万大军救援赵国。秦昭王得知这一消息，立即派使者来警告魏安釐王说："我攻打赵国，早晚会攻下来，哪个国家敢去援救，等占领赵国后，将调兵先攻击它。"魏安釐王心里害怕，赶快派人让晋鄙停止前进，把军队驻扎在邺城，名义上说是援救赵国，实际上是首鼠两端，不想得罪交战的任何一方。

平原君得不到魏国的救兵，又不断派使者来到大梁，责备信陵君说："我之所以跟魏国高攀，结成婚姻，是因为公子崇尚道义，能急于解决别人的困难。目前邯郸危急，早晚会投降秦国，而魏国的救兵一直不来，公子急人之所急的风度在哪里呢？况且公子纵然轻视我，不管我投降秦国，难道就不同情你的姐姐吗？"信陵君忧虑这件事情，多次请求魏安釐王下令出兵，还让自己的门客想尽办法劝说安釐王。可是，魏安釐王害怕秦国的威胁，始终不听信陵君的意见。

信陵君眼看赵国就要被秦国攻灭，不忍心独自苟活于世，就让门客凑了一百多辆兵车，用以抗击秦军，与赵国共存亡。在经过大梁东门时，信陵君见到侯嬴，说起准备同秦军死战的情形，说完就分手走了。侯嬴只是说："公子努力去做吧！老臣不能相随了。"信陵君走过几里路，心里怏怏不快，感慨地说："我用来接待侯生的礼貌，很周到啊！天下没人不知道。现在我将要死了，而侯生竟然没有一言半语送给我。难道我有什么过失吗？"于是掉转车马回来，想找侯嬴问个明白。

侯嬴见信陵君回来，就笑着说："我知道公子会回来。"信陵君问是什么缘故，侯嬴回答说："公子喜欢士人，名扬天下，现在有危难，找不到别的办法，而想去同秦军死战，这好比把肉投向饿虎，会有什么功劳呢？还养什么门客！不过，公子对我很好，眼下公子出行，而我没有相送，因此公子会感到遗憾，就会折回来。"信陵君一再作拜，顺便向侯嬴请教。侯嬴把旁边的人支走，悄悄地对信陵君说："我听说晋鄙的兵符，常放在君王的卧室，而如姬受君王的宠爱，出入君王的卧室，一定能拿到它。我又听说如姬的父亲被人杀害，如姬怀着报仇的念头，自君王以下都想替她报仇，没有谁能办得到。如姬向公子哭诉，公子派门客砍下那仇人的脑袋，献给如姬，如姬想报答公子，即使死也不会推辞，只是没有机会罢了。公子若肯开口，请如姬帮忙，如姬必定答应，这样就可以得到虎符，夺取晋鄙的军队，北上援救赵国，西向抗击秦国。这是王霸的功业啊！"信陵君接受了这一计谋，于是请如姬帮忙，如姬果然偷到兵符，交给了信陵君。

这时候，无论君主颁发命令，还是国内来往公文，都需要一定的凭据，否则不能生效。虎符作伏虎状，上有铭文，分为两半，底有合榫，右半存放在君主处，左半发给统兵将领。军队的调遣，必须持存放在君主处的右半个虎符来对证，否则不得调遣。因此，信陵君想调遣晋鄙的军队，必须窃取另一半虎符，以及假造魏安釐王的命令。现在说起"偷窃"的字眼，无论怎么解释，都不会让人有好感。可是，信陵君既要援救赵国，又不能说服魏安釐王发兵，舍此偷窃一途，还有别的什么法子呢？信陵君本没有想到这一点，只打算带着门客，去跟秦军死战，与平原君共赴国难。这实在是凭感情和意气用事，无济于解救邯郸之围。幸亏有侯嬴指点，真是一语指破迷津，信陵君找到了行动的关键，上演了这段高情厚谊的美谈。

信陵君得到虎符，又要出发了。侯嬴叮嘱说："将军在外面，可以不服从君主的命令，以便于处理国家的大事。公子即使能勘合虎符，可晋鄙万一不交出兵权，反而向魏王请示，那事情就危险了。我的朋友朱亥，可以和公子一块儿去。他是一个大力士，若晋鄙不服从公子，可以让朱亥打死他。"信陵君听完，居然流下眼泪，侯嬴忙问："公子怕死吗？为什么要哭啊？"信陵君说："晋鄙是一位叱咤风云的老将，我到那里，恐怕他不肯听从，必定要杀死他，就禁不住流下眼泪，我怎么会怕死呢！"

于是，信陵君再去邀请朱亥，朱亥笑着说："我只是一个操刀卖肉的屠夫，而公子多次来慰劳我。我之所以不曾报答公子，是觉得那种小礼节没有用处。现在公子有紧急的事情，正是我应该效命的时候。"说罢就和信陵君一起走了。信陵君再去向侯嬴致谢，侯嬴说："我本来应该跟公子同去，可是年老走不动，只愿推算公子的行程，等到达晋鄙军中，面向北方自杀，来为公子送行。"这位侠肝义胆的隐士，不负对信陵君的承诺，稍后果真自杀。信陵君赶到邺城，假传魏安釐王的命令，想取代晋鄙的职位。晋鄙验看过兵符，仍旧感到疑惑，就质问信陵君说："现在我统领十万大军，屯驻在边境上，担负着国家的重任，而公子独自乘车赶来，说要替代我，是什么道理呢？"因而不愿交出兵权。朱亥就用藏在袖里的大铁锤把晋鄙打死了。于是，信陵君向全军下达命令："父子都在军中的，父亲回去；兄弟都在军中的，兄长回去；没有兄弟的独子，回去奉养父母。"这样挑选出精兵八万人，急速地向邯郸行进。秦军遭受到魏军的打击，一部分主动撤退，一部分被迫投降。

信陵君以果敢的行为，终于解除了赵国的危机。

◇ 客居持谦

当邯郸之战胜利时，赵孝成王和平原君亲自来到城外，迎接信陵君进城。平原君背着装箭的袋子，在前面为信陵君引路，赵孝成王一再感谢说："自古以来的贤人，没有谁比得上公子！"信陵君心里嘀咕，指使如姬偷取虎符，假传命令打死晋鄙，必定遭到魏安釐王的怨恨，因而命令部将领兵返回魏国，他却和门客们留在赵国。

赵孝成王为报答信陵君，同平原君私下商量，打算划出五座城给信陵君。信陵君得知这一消息，不免骄气凌人，表现出自恃功高的神色。有位门客劝告说："事物有不可忘记的，也有不可不忘记的。别人有德于公子，公子不可忘；公子有德于别人，希望公子忘记。况且假传魏王的命令，夺取晋鄙的军队，援救赵国，只是对赵国有功，对魏国不能说是忠臣。公子自恃有功而傲慢，我以为不足取。"信陵君听完立刻自责起来，感到无地自容。

在赵国的欢迎仪式上，赵孝成王亲自洒扫道路，迎接信陵君。信陵君侧身前行以示谦让，并且说自己有罪过，因为有负于魏国，对赵国又没有功劳。赵孝成王陪信陵君喝酒，直到傍晚，都不好开口说献出五座城的事情，因为信陵君太谦让了。不过，出自对信陵君的尊重，赵孝成王还是把鄗邑送给他作汤沐邑，魏安釐王仍保留着他的信陵封邑。

信陵君一直留在赵国。这一留就是十年，有人曾经批评信陵君，说他只有那点江湖义气，借助一帮强横之徒，干些杀人夺权的勾当。这实在是有失公允。照说信陵君为人处世，颇有值得称道之处。那就是为人重情重义，从不计较个人的得失；处事多谦恭，从不把自己看得高人一等，甚至知过即改，见善即从，都应该肯定。试想历代公子王孙，像信陵君这等风度，能有几人？

信陵君客居邯郸，听说赵国有两位隐士：毛公混迹于赌徒行列，薛公藏匿在卖酒人家，就想见到他们。可是，这两个人都隐藏起来，不肯见信陵君。信陵君打听到他们的住处，就私下去跟他们往来，彼此十分快乐。平原君得知这件事，对他的夫人说："当初我听说夫人的弟弟是天下无双的公子，而今听说他跟赌徒和卖酒的人来往，真是一个不安分的人啊！"他夫人把这些话转告信陵君，信陵君当即要离开赵国，于是向姐姐辞别说："当初我听说平原君贤明，所以背弃魏王来解救赵国，以满足他的心愿。哪知平原君和人来往，只是摆一摆阔气，不是为了求取士人。我原先在大梁，常听说这两个人贤明，到赵国还担心见不到他们。我这样跟他们来往，尚且怕他们不理睬，而今平原君却以为羞耻，可见他不值得来往。"他姐姐又把这些话转告平原君，平原君马上摘下帽子，来向信陵君道歉，执意挽留信陵君。平原君的门客听说了，有一半离开平原君来归附信陵君，天下士人纷纷投奔信陵君，信陵君以自己特有的风度，使平原君的门客对其倾心之至。

秦国君臣听说信陵君留在赵国，就加紧了对魏国的进攻。魏安釐王难以抵御，就派使者来请信陵君回国。信陵君担心魏安釐王还恼恨他，就告诉门客说："有胆敢替魏王使者通报的，一律处死。"那些门客都是背弃魏国而到赵国的人，没有谁敢劝信陵君回国。毛公、薛公听说后，一起来见信陵君说："公子之所以在赵国受到尊重，名声传遍诸侯各国，只是因为还有魏国。如今秦国攻打魏国，魏国危急而公子不顾。假如秦国攻破大梁，铲平先王的宗庙，公子还有何面目立于天下呢？"话没说完，信陵君立刻变了脸色，吩咐门客赶快备好车马，回去拯救魏国。

◇ 废置而终

公元前 247 年，信陵君出任魏国上将军，派使者把这件事遍告诸侯。各国诸侯听说信陵君回国统兵，分别派将军领兵援救魏国。信陵君统率魏、韩、赵、楚、燕五国的军队，大破秦军于河外，秦将蒙骜逃跑，信陵君又追击秦军到函谷关，逼得秦军不敢出战。此后信陵君更是威震天下。各国诸侯的宾客都进献兵法给信陵君，信陵君题上自己的名字，所以被称为《魏公子兵法》。

秦国君臣顾忌信陵君的威望，不惜花费上万斤黄金，在魏国寻求晋鄙的宾客，让他们在魏安釐王面前诽谤信陵君说："公子流亡在外十年，如今作为魏国上将军，各国将领归他统辖。诸侯只听说魏公子，而不知道魏王。公子想趁机南面称王。诸侯畏惧公子的声威，正想共同拥立他为魏王。"秦国还多次利用反间手段，假装祝贺信陵君成为魏王。魏安釐王时常听这些谗言，时间久也就相信了，后来果然派人代替信陵君统领军队。

这真是自毁长城啊！柏杨评论说："魏无忌先生忠义震天下，万众钦敬。何以只魏圉先生所听到的，全是谗言？这固然是秦国的银子厉害，也是魏无忌先生的一种错误。依他的权势和能力，足可以切断国王与外界的交通，至少可以在国王左右安置自己的亲信——像田单先生在国王田法章先生左右安置貂勃先生一样。然而魏无忌先生却没有这样做，他自认为跟国王是亲兄弟，如手如足，不可以待以心机，更不可以怀疑对方会心狠手辣。他缺少维护根本的行动，而终于使大局全非。"即便不是这样，魏安釐王也不宜责怪信陵君。

其实，魏安釐王对信陵君早有顾忌，还在窃符救赵之前，信陵君和魏安釐王下棋，而北部边境传来警报，说有赵国军队开过来，将进入魏国境内。魏安釐王放下棋子，想召集大臣商量对策，信陵君劝阻说："那是赵王出来打猎，不是来侵犯的。"说完继续下棋。魏安釐王有些担忧，心思不在棋上。过了不久，从北部边境传来报告，说是赵王在打猎，不是侵犯魏国。魏安釐王大惊，问信陵君是怎么知道的，信陵君说："我的门客能打听到赵王的私事，赵王有什么动向，那门客会马上报告，我由此知道这件事。"从此以后，魏安釐王畏惧信陵君的贤能，不敢把国家大事交给他处理。

信陵君被废置一旁后，也知道是受谗言所害，魏安釐王不会再信任他，于是称病不上朝，整天和门客一起饮酒作乐，终因过度饮酒而生病，于公元前243年逝世。魏国失去信陵君，是一个重大的损失。魏国日益衰败的情势，到这时也已经不可挽回。

谁想四十年过后，汉高祖刘邦即皇帝位，每次路过大梁，都去祭祀信陵君，甚至临终前还专门安置五户人家，看守信陵君的陵园，并且命令这些人家世代相传，每年按时奉祀信陵君。信陵君作为一代公子，一直活在人们的心里。

苦撑危局

公元前276年，魏安釐王魏圉即位。过了三十四年，魏安釐王去世，景湣王魏增继位。又过十五年，魏景湣王去世，魏王假继位。这前后半个世纪，魏国接连遭受秦国的打击，只有招架之功而无还手之力，因此大都是利用外交途径，化险为夷，转危为安，艰难地维持着统治地位。

◇须贾解围

公元前275年，秦相国魏冉率军攻打魏国，魏安釐王派暴鸢为主将，领兵前去迎战，被秦军斩杀四万人，暴鸢逃回大梁，魏国割让八座城以求和。哪知魏冉继续进军，逼迫魏相国芒卯逃走，尔后经过北宅（今河南郑州），进而围攻大梁。魏国再度陷入危急，朝廷上下一片惊慌。魏大夫须贾临危不惧，主动去见魏冉说：

> 我听魏国的一位长吏对魏王说："当初魏惠王讨伐赵国，战胜于三梁（今河北肥乡），十万大军攻克邯郸，而赵国没有割让土地，邯郸仍得以归还。齐国人进攻燕国，杀死子之，攻破燕国，而燕国没有割让土地，重新得到恢复。燕、赵两国之所以能保全国家，拥有强大的军队，而土地不被诸侯吞并，就在于他们忍受苦难，而重视土地的外流。相反，宋、中山两国屡次被征伐，屡次割让土地，就随之灭亡了。我认为燕、赵两国可以效法，而宋、中山两国可以借鉴。照说秦国贪婪凶残，

又没有亲近的国家。他们不断蚕食魏国，快把魏国的领土吞光了；刚刚打败暴子，就让我们割去八个县，可没等接收土地，就又出兵了。秦国怎会得到满足呢！现在逼迫芒卯出逃，进兵到北宅一带，这不只是攻取大梁，而且还要胁迫君王多割让土地，君王一定不会听从。眼下君王避开楚、赵两国去求和，楚、赵两国恼怒而同君王争着侍奉秦国，秦国必定接受。秦国挟持楚、赵两国的军队再来进攻，那么，魏国想不被灭亡，都不可能做到。希望君王一定不要同秦国讲和，假如要讲和的话，一定要少割让土地并得到秦国的质子，不这样就会被欺骗。"这是我在魏国听到的，希望您加以考虑。

《周书》上说："惟命不于常。"这是说侥幸并非常有的事情。照说打败暴鸢，割得八个县的土地，不是由于兵力精锐，也不是由于计谋高深，只不过靠运气罢了。现在又逼迫芒卯出逃，进入北宅一带，以围攻大梁，这是把运气当作常数，聪明人可不这么想。我听说魏王已经征发全国的军队来守卫大梁，总计不少于三十万人。用三十万人来守卫十仞高的城墙，我认为即使商汤、周武王复生，也不容易攻克。这样轻易背弃楚、赵两国的军队，逼近十仞高的城墙，以攻击三十万大军，而且志在必得，我以为自开天辟地以来，还不曾有过。进攻而不能取胜，秦军必定疲惫不堪，陶邑（魏冉的封地，在今山东定陶）就会被灭掉，那就是前功尽弃。现在魏王正在犹豫之中，可以让魏国少割一些土地。希望您趁楚、赵两国的军队尚未赶到大梁，赶快用少割土地的办法拉拢魏国。魏王正在犹豫之中，必定少割土地来讲和，那您的愿望就达到了。楚、赵两国恼恨魏国先同秦国讲和，必定争着侍奉秦国。这样合纵的局面就会被拆散，而您就能任意选择盟国了。况且您曾经割得魏国的土地，何必动用军队呢？不动用军队，而魏国献出绛（今山西侯马）、安邑，又替陶邑开辟两条道路，几乎吞并原本的宋国，卫国就必定会献出单父（今山东单县）。秦国军队可以保全，而您控制这些地方，期求什么不能得到呢？做什么不能成功呢？我希望您深思熟虑，不必去做危险的事情。

经过这么一说，魏冉似乎有所醒悟，就同意魏国割让温邑（今河南温县），尔后下令解除对大梁的围困。须贾仅凭一顿神侃的功夫，就使魏国再度摆脱了危机。当然，这种做法只能救一时之急，而无法阻止秦国再次进攻。

◇唐雎搬兵

公元前 273 年，赵、魏两国联合攻打韩国，韩国向秦国求援。秦相国魏冉借救援韩国的名义，再次出兵东下，大破魏军于华阳（今河南新郑），消灭魏军十三万人。魏大夫段干子请求魏安釐王割让南阳给秦国以求和。苏代不以为然，劝谏魏安釐王说："想得到秦国官印的是段干子，而想得到魏国土地的是秦。现在君王让想得到土地的执掌官印，让想得到官印的掌握土地，魏国的土地就要割让完了。照说用土地侍奉秦国，好比抱着柴草去救火，柴草不烧光，火就不会熄灭。"魏安釐王说："这样说有道理，但事情已经开始做，就不能改变。"苏代回答道："君王难道不晓得赌博吗？赌博的人之所以看好枭子，是因为方便时用它食子，不方便时就不食子。现在君王运用谋略，怎么比得上用枭子呢？"魏安釐王没有听从苏代的意见，把修武（今河南修武）割让给秦国，最终向秦国屈服，并协助秦国攻打楚国。

魏安釐王倒向秦国，激起齐、楚两国的强烈不满。没过多久，齐、楚两国联合攻打魏国，魏安釐王知道难以抵挡，急忙派使者向秦国求救。尽管魏国使者往来不绝，在路上可以看到彼此的车盖，但一直看不到秦国派出的救兵。魏国有个叫唐雎的人，已经过了耄耋之年，得知这一消息，毅然挺身而出，来见魏安釐王说："请让老臣去游说秦王，能叫秦军比老臣先出动。"魏安釐王大为感动，马上准备好车辆，送唐雎去秦国。

唐雎来到咸阳，受到秦昭襄王的接见。秦昭襄王说："老人家这么大年纪，从远方来到这里，太辛苦了！魏国求救有好多次，寡人知道情况很紧急。"唐雎接着说："大王既然知道魏国的情况紧急，却不肯派出救兵，必定是替大王出谋划策的臣子太无能。再说魏国是一个拥有战车万辆的大国，之所以向西侍奉秦国，每年春秋送来祭礼物品，是因为凭着秦国的强大，值得结成盟国。现在齐、楚两国的军队已经进抵魏都郊外，大王的救兵还没赶到。如果魏国的情况过于紧急，就会割让土地同齐、楚两国签约，大王即使想援救魏国，哪还来得及呢？这样就失去了一个自称为东方藩臣的魏国，而增强了跟秦国敌对的齐、楚两国，大王能得到什么好处呢？"

这段说辞立足于魏国的出路，却着眼于秦国的利益，强调魏国在秦国同齐、楚两国相持之下，作为第三者所具有的价值，同时暗示魏国得不到秦国的救援，就有可能背弃秦国而倒向齐、楚两国，到那时吃亏的只会是秦国。这情形对秦昭襄王来说，实在需要当机立断。因此，秦昭襄王听了唐雎的话，自是感叹不已，马上向魏国派出救兵，昼夜兼程赶赴大梁。齐、楚两国被迫撤兵而归，魏国转危为安。过了两百多年，刘向在编订这一事件时，赫然写下八个大字："魏氏复全，唐雎之说。"这是对唐雎搬兵救魏的极高赞誉。

◇舍地保国

魏景湣王继位时，魏国已经衰败不堪，秦相国吕不韦抓住时机，大举进攻魏国，一连攻下二十座城，为秦国设置东郡。这以后三四年间，吕不韦继续出兵东进，占领魏国朝歌、汲、垣、蒲阳等地。魏景湣王除步步退守之外，几乎找不出任何有效的手段来抵御秦国的进攻。

正在这时候，有位谋士进见魏景湣王说："舍弃土地不如利用土地容易，丧失土地不如舍弃土地容易。能舍弃土地，不能利用土地；能丧失土地，不能舍弃土地，这是人的大错。目前君王失去土地数百里，丧失城邑数十座，而国家的祸患未能解除，就是因为君王舍弃土地，而不是利用土地。当今秦国强大，天下无敌，而魏国弱小得很，君王由此招致秦国的进攻，又只能丧失土地，不能舍弃土地，这是严重的过错。现在君王能采用我的计谋，亏损土地不足以伤害国家，委屈四肢不足以辛苦身躯，由此解除祸患而报得冤仇。"

魏景湣王似乎听得进去，这位谋士接着说："秦国国内自执政大臣以下，直至擅长拉车的人，本来都在说：'秦王亲近嫪氏呢，还是亲近吕氏？'即使走在里巷的门口，或者在朝廷上，仍旧有这样的议论。现在君王割让土地去贿赂秦国，作为嫪毐的功劳，委屈自身以尊奉秦国，就能利用嫪毐。君王用国家帮助嫪毐，是因为嫪毐会获胜。君王用国家帮助嫪毐，秦太后就会感激君王，并且深入骨髓。君王得到的友谊是天下最上等的。秦、魏两国百次相互结交，百次相互欺骗。而今因为嫪毐同秦国亲善，结成天下最上等的交谊，天下诸侯谁不抛弃吕氏而依从嫪氏呢？天下诸侯抛弃吕氏而依从嫪氏，那么君王的冤仇就报了。"

这显然是丢卒保车、委曲求全的计谋。按照常理来说，从全局利益出发，以局部的损失谋取整体的利益，以较小的代价换得较大的收获，是一种走出困境的正确思路。但是由于秦、魏两国处在敌对状态，一方要实现天下一统，一方要谋求分裂割据，势必水火不相容。在双方力量极为悬殊的条件下，魏景湣王即使采用上述计谋，舍地也未必能保国，委曲也未必能求全，何况以拥戴嫪毐来排斥吕不韦的做法，在秦国朝廷上也很难奏效。

公元前225年，秦将王贲率军攻打魏国，引来河水淹大梁，大梁城终于被毁，魏王假投降被杀，魏国就算灭亡了。只剩下安陵（今河南鄢陵）一小块土地，还在安陵君的控制之下，同秦国进行着最后的抗争。

◇唐雎使秦

魏安陵君是魏襄王的弟弟，被封在安陵国。当初，魏信陵君想利用安陵人缩高，攻打韩国管邑（在今河南郑州），因为管邑由缩高之子守卫。安陵君考虑到父子大义，没有答应信陵君的要求。信陵君大为恼火，派特使去责备安陵君说："安陵的土地，也像魏国的领土一样。现在我攻打管邑而没攻下来，秦国军队就要威胁到我，国家就会危急。希望您把缩高捆着送过来。如果您不送过来，我将派出十万大军，踏破安陵城。"哪知安陵君不为所动，并且严词加以拒绝，而缩高为了保全父子的情义，又不违背人臣的职分，竟然赶到使者的住处，自刎而死。信陵君听到这个消息，也身穿孝服避舍而居，又派使者向安陵君道歉。

等到秦国攻破大梁后，秦王嬴政派使者来到安陵，对安陵君说："寡人想用五百里土地换取安陵，安陵君会答应吧？"安陵君回答："大王施舍恩惠，让我以小换大，那太好了。虽然如此，我从先王手上接受土地，因此愿意终生守护它，不敢交换。"使臣回去报告嬴政，嬴政很不高兴，但认为安陵君恪守道义，就没有再来要求交换土地。

安陵君知道事情尚未了结，当下派老臣唐雎出使秦国。嬴政接见唐雎时，板着面孔说："寡人用五百里土地交换安陵，安陵君不听从寡人，为什么呢？况且秦国吞灭韩、魏两国，而安陵君凭五十里土地保存下来，就在于安陵君是一位长者，所以没有加以理会。现在我用十倍的土地扩大他的地盘，而他却不顺从寡人，难道是轻视寡人吗？"唐雎回答说："不，不是这样。安陵君从先王那里接受土地，并且守护它，即使是千里土地也不敢交换，更何况五百里呢？"这一下子激怒了嬴政。

嬴政愤怒地问唐雎："你听说过天子发怒吗？"唐雎回答说："我未曾听说过。"嬴政接着说："天子发怒，就会横尸百万，血流千里。"唐雎听了，并没有被吓到，反而问嬴政："大王听说过百姓发怒吗？"嬴政回答说："百姓发怒，不过是摘下帽子光着脚，用头撞地罢了。"唐雎接着说："这是凡夫俗子发怒，并非勇士发怒。专诸刺杀王僚，彗星扫过月亮；聂政刺杀韩傀，白虹贯穿太阳；要离刺杀庆忌，苍鹰搏击于大殿上。这三个人都是百姓中的勇士，胸怀愤怒尚未发作，凶兆就从天而降，加上我将有四个人了。如果勇士发怒，就会横尸两具，流血五步，天下人都将穿起孝服，今天就会这样。"

唐雎一面说着，一面拔剑站起来。嬴政看到这架势，面露屈服的神色，直起腰向唐雎道歉说："先生请坐，怎么到了这种地步呢，寡人明白了。韩、魏两国灭亡，而安陵凭借五十里土地保存下来，只因为有先生啊！"

这是先秦谋略史上"以刚克刚"的范例，尽管整体之"刚"属于嬴政，但在特定的谋略场中失去了效用，唐雎仅凭一介使者的阳刚之气，陡然造就了局部之"刚"。嬴政吓唬唐雎："天子之怒，伏尸百万，流血千里。"那是将来可能发生的事情，而唐雎要挟嬴政："若士必怒，伏尸二人，流血五步。"则是眼前就要发生的事情。此情此境，嬴政纵然有天大的本领，又能怎么样呢？

"布衣之怒"终于战胜了"天子之怒"。

第
三
章

CHAPTER3

韩：四战恃谋

韩国处于天下的中心，东、北面和魏国接壤，南面和楚国相望，西面和秦国毗邻，正是所谓四战之地。在对外扩张的道路上，韩国始终没能走多远，反而把统治的重心，一直放在国家治理方面。从申不害到韩非，不断总结历史的经验，阐扬"君人南面之术"，建构法、术、势的有机统一体，把中国传统政治谋略理论推进到了一个巅峰状态。

韩昭侯与申不害

韩国是因"三家分晋"而建立的。自从开国以来，韩国君主为了扩大自身的利益，一直以邻近的郑国为打击对象。公元前423年，韩武子启章攻打郑国，杀死了郑幽公。公元前408年，韩景侯虔攻打郑国，占领了雍氏（今河南禹州）。公元前403年，韩景侯和赵烈侯、魏文侯一起，被周王室承认为诸侯。公元前385年，韩文侯攻打郑国，夺取了阳城（今河南登封），俘虏了宋休公。公元前375年，韩哀侯吞并郑国，把国都迁到新郑，从而结束了两国数十年的战争。

◇ 聂政刺韩傀

韩哀侯在位期间，虽然增强了韩国的实力，但因为对统治权力的争夺，朝廷内部的矛盾十分突出。相国韩傀和宠臣严遂积怨太深，竟然在朝廷上拔剑相拼。严遂迫于韩傀的权势，出逃到齐国，寻找可以替他报仇的人。有人对他说："轵地深井里的聂政，是一位勇士，因为躲避仇人，隐藏在屠夫之间。"严遂暗地里和聂政交往，故意对他很好。聂政问严遂："您想让我干什么？"严遂说："我能为您尽力的日子很短，而眼前事情又急迫，怎敢有所求呢？"于是准备好酒宴，为聂政母亲敬酒，又拿出黄金百镒，馈赠聂政的母亲。聂政有点吃惊，更认为严遂的厚待很奇怪，因此坚决辞谢他的盛情。

严遂有意而来，自然不肯退回，但聂政未知其意，还是辞谢说："我有老母亲，家里贫穷，流落他乡做一个屠夫，早晚可以得到一些美味，奉养老母亲，平时不缺少什么东西，实在不敢接受您的赏赐。"严遂避开周围的人，对聂政说："我有仇要报，寻访过不少地方，只是到了齐国，才听说您很讲义气，就直接送上百金，作为老夫人粗茶淡饭的花费，以博得您的欢心，怎敢有所求呢？"聂政说："我所以降志辱身，隐居在市井之中，只为奉养母亲，老母亲活着，我不敢以身事人。"因而始终不肯接受礼物。不过，严遂还是尽了宾主之礼，才离开聂政。

过了一段时间，聂政的母亲死了。等料理完丧事，聂政感慨地说："唉！我是一个市井平民，只会动刀杀牲畜，而严遂身为卿相，不远千里来和我结交，我对他太薄情了，没有大功可以称道，而他用百金为我母亲祝颂，我虽然没有接受，但他是理解我的。照说贤明的人心怀睚眦之仇，来亲近穷困僻远的人，我怎能独自心安理得、岿然不动呢？况且严遂以前请我，我只因为母亲还在拒绝了他。眼下母亲已尽享天年，我将为知己者报仇。"于是，聂政西行来到濮阳，见到严遂说："以前没有答应您，只因为老母亲还在，而今母亲已不幸去世。请问您要找谁报仇？"严遂告诉聂政："我的仇人是韩相国韩傀，韩傀又是国君的叔父，家族势力庞大，侍卫设置严密，我曾派人刺杀他，没能成功。现在有幸得到您的帮助，请让我增派车马、壮士作为您的随从。"聂政说："韩国和卫国相隔不远，现在去杀人家的相国，相国又是国君的亲属，在这种情势下不能多带人，人多不能保证不出差错，出差错就会泄露秘密，泄露秘密就会惹得韩国上下都与您为仇，那不就危险了吗？"因此，他不要车马随从，告别严遂，独自持剑来到韩国。

恰逢韩国在东孟（今河南延津）和别国举行会盟，韩哀侯和韩傀来到这里，有许多侍从手执武器，保护着他们。哪知聂政径直闯入，冲上台阶刺杀韩傀。韩傀见势不妙，慌忙跑去保护韩哀侯。聂政追上去用剑刺他，同时刺中了韩哀侯。整个场面一片混乱。聂政大声吼叫着，一连杀死数十人，而后自己刺破脸面，挖出眼珠，剖开肚子，很快死去。韩国把聂政的尸首丢在集市上，悬赏千金，来打听他的姓名，可是过了很久，都没人知道他究竟是谁。

聂政的姐姐聂嫈听说这件事，估计那死者是她弟弟，就对家人说："我的弟弟非常贤明，我不能吝惜自己的身躯而泯灭弟弟的名声，尽管这并不是弟弟的本意。"于是，她赶到韩国，找到聂政的尸首，极为悲愤地说："勇敢啊！这种浩气超过孟贲、夏育，高过成荆。现在弟弟死而无名，父母已经去世，又没有其他兄弟，弟弟这么做是为我着想。吝惜自己的身躯，而不能传扬弟弟的名声，我实在不忍心啊！"因而抱住聂政的尸首，哭喊着说："这是我的弟弟，轵地深井里的聂政。"然后当即自杀在聂政的尸首旁边。

姐弟俩静静地躺在血泊之中，他们不畏强暴、不怕牺牲的壮烈行为，确实令人惊诧。当时在韩、魏、齐、楚、卫等国，许多人听说这件事，都无不感慨地说："不单单聂政敢做敢当，他的姐姐也是一位刚烈女子。"如果说严遂找聂政替自己报仇，聂政选在会盟的日子刺杀韩傀，还费了一些心思的话，那么，聂嫈则完全是为了传扬弟弟的名声，压根不曾考虑到自己的生命。正是这样，刘向编辑这段故事时，明确地指出："聂政之所以名施于后世者，其姊不避菹醢之诛，以扬其名也。"这是说有聂嫈不怕牺牲的精神，聂政才得以名传后世。

◇韩昭侯驭下

公元前 362 年，韩昭侯韩武即位后，韩国承受着来自邻国的威胁，秦、宋、魏三国相继来犯，夺走了韩国一部分土地。恰在这时候，申不害来到韩都新郑，游说韩昭侯。韩昭侯赏识申不害的才能，任用他为相国，对内整饬政治教化，对外加强国际往来，使得韩国国治兵强，相继有十五年时间不再遭受别国的侵略。

韩昭侯统驭臣下，喜欢耍弄小聪明，在当时很有名。据《韩非子·内储说上》记述，韩昭侯派人去某县巡视，等那人回来报告时，韩昭侯就问："你看到了什么。"那人回答说："没有看到什么。"韩昭侯又问："虽然如此，你再想想看到了什么？"那人才说："城南门的外面，有一头小黄牛在路左边啃庄稼。"韩昭侯马上告诫那人，不准他把这番话泄露出去，随后下命令说："当庄稼生长的时候，禁止牛马走进农田，这本来就有规定，而县吏不把它当回事，以致许多牛马进入农田。赶快把损害庄稼的牛马数目报上来，否则将加重你们的罪责。"不久，城东门、西门、北门三处都报上来了，韩昭侯故意说:"还没有上报完。"那县吏认为韩昭侯能明察秋毫,不由得生出恐惧心情,于是谨守自己的职责,不敢为非作歹。

《韩非子·内储说下》还记述,韩昭侯在一次洗澡时,发现热水里有小石子,就问身边的侍从说:"负责我洗澡的人被免职,还有可以接替他的人吗?"侍从回答说:"有的。"韩昭侯让侍从把那人叫来。当着那人的面,韩昭侯责备道:"你为什么把小石子放到热水里呢?"那人回答说:"负责您洗澡的人被免职,我就可以代替他,因此把小石子放进热水里。"你看韩昭侯多精明。

公元前341年,申不害在相位上去世,韩国的国势开始逆转。特别是秦国经过商鞅变法,正全力投入对外扩张,给韩国带来了更大的威胁。公元前339年,秦国攻占了韩国宜阳(今河南宜阳)。次年,韩国发生旱灾,许多百姓挣扎在饥饿线上。在这种情况下,韩昭侯还大兴土木,在新郑修建了一座高大的宫门。楚大夫屈宜臼得知这件事,就告诉别人说:"韩昭侯不能走出这道门。"有人问他是什么原因,他解释说:"不合时宜。我所说的不合时宜,不是指修建宫门的时日。人本来就有顺利或不顺利的时候,韩昭侯有过顺利的时候,没有修建高大的宫门。前年秦国攻占了宜阳,去年韩国遭遇旱灾,百姓经受饥荒,不在这时体恤百姓的急事,反而更加奢侈,这就是所谓福运不会双至、祸害必定重来的道理。"等那座宫门建成后,韩昭侯猝然去世,果真没能走出那道门。

◇申不害言术

申不害是战国法家的一位代表,严格说来应该称为术家,是法家术派的顶尖人物。"法"和"术"有着很大的区别,依照《韩非子·定法》的解释,所谓"术",是指根据个人的能力,授予相应的官职,依照官职的名分,责求实际的功效,掌握生杀大权,考核臣下才能的一整套的政治谋略,即"人君南面之术"。

有关申不害的生平,汉代学者已难以说清楚。除前面谈到的那些情况外,在《韩非子》《战国策》里面,还记载着两件事情。公元前353年,魏惠王出兵进攻赵国，围困了赵都邯郸。赵成侯派人通过申不害的关系，向韩昭侯请求援助。申不害想把这件事说给韩昭侯听，又怕不一定符合韩昭侯的心意，引起韩昭侯的怀疑，会以为他背地和赵国做交易。因此，当韩昭侯问起该和哪个国家联合时，申不害回答说："这是社稷安危的关键，是国家的大事，我要深思熟虑一下，再提出建议。"随后，他私下对属僚赵卓、韩晁说："你们都是国家的辩士，照说臣下向国君进谏，不一定都被采纳，不过是尽忠而已。"于是赵卓、韩晁两人就处理赵、魏两国冲突的问题，各自向韩昭侯提出了具体意见。申不害暗中看到韩昭侯赞赏的主张，再把这种主张说给韩昭侯听，韩昭侯感到很高兴。

你看申不害多狡猾！他本来想答应赵国的请求，但不知道韩昭侯怎么想，就唆使赵卓、韩晁两人试探韩昭侯，因而"内则知昭侯之意，外则有得赵之功"。当他知道韩昭侯倾向于魏国后，就改变了自己的本意，一味地去迎合韩昭侯。他身为一国百官之长，这样没有主见而专门逢迎君主，实在令人不敢恭维。大概这件事过后，韩昭侯和申不害在一块谈起治理国家的问题，很有感慨地说："法治真不容易啊。"申不害说："实行法治，就是见到功劳再给予奖赏，根据才能来授予官职。如今君王没有法度，却听从左右侍从的求情，这是法治难以实行的原因。"韩昭侯说："从今以后，我知道怎样实行法治，怎样听取别人的意见。"后不久，申不害请求韩昭侯委任他的堂兄做官，韩昭侯没有答应，这让申不害感到难堪。韩昭侯对他说："这绝对不是从您那里学来的治国道理。是让我接受您的请求而废弃您的学说呢，还是推行您的法术而拒绝您的请求呢？您指点寡人，按照功劳大小，决定官位高低。现在您又这样请求，我该听从哪一种意见呢？"申不害自觉言之有失，立刻离席道歉说："您真是我理想中的有道明君啊！"由此可见，韩昭侯非常厉害，连擅长法术的申不害，在他面前也显得计谋不周。

申不害的说法和做法，在后人看来是不光彩的。郭沫若评论说："他嘴里尽可以讲些漂亮话，做起事来却是两样，这也正是所谓'术'了。言行一致，表里通彻，那里还有什么权变呢？假使果然是'因能授官'的话，则法家的主张是'内举不避亲，外举不避怨'的。只要申子的从兄是一位人才，申子尽可以据理力争，为什么一遭拒绝便要'辟舍请罪'？申子之所以如此，足见他自己心虚，也足见他的从兄不一定是什么了不起的人物，而申子只是徇私请谒，偷巧尝试。"若是依此说来，申不害言行不一，也不够光明磊落。

至于申不害的著述，司马迁说"申子之学本于黄老而主刑名。著书二篇，号曰《申子》"，《汉书·艺文志》著录六篇。唐朝初年，魏征编纂《群书治要》，选摘《申子》两篇。大体说来，申不害的术论以君主为本位，即所谓"明君如身，臣如手；君若号，臣若响；君设其本，臣操其末；君治其要，臣行其详；君操其柄，臣事其常"。这就把君主和臣下分割开来，划定各自的名分、地位和行为规范，以便维护君主的专制统治。

"人君南面之术"源于黄老学派，因而特受"无为"观念的影响。申不害告诫君主说："你的言论要谨慎，因为别人会了解你；你的行动要谨慎，因为别人会跟随你。你表现出足智多谋，别人会隐瞒真情欺骗你；你表现出愚昧无知，别人会想方设法算计你。你有智慧，别人会躲避你；你没有智慧，别人会出来伤害你。所以，你只有无所作为，才能约束臣下。"这表明申不害的统治术，因为强调谨言慎行，聪明要装作糊涂，有智慧要装作无知，要弄得别人莫名其妙，才能显得深不可测。

"无为而治"是君主治国的纲领，具体到每一件事情上来，申不害要求君主独断专行。按照他的说法，"能独自观察问题，叫作眼睛亮；能独自听取意见，叫作耳朵灵；能独自做出决断的，就可以成为天下的君主"。这是一种十足的君主专制主义。

傍秦以自救

韩昭侯去世后，韩国在多极竞争中的处境，一直没有什么改观。公元前323年，韩宣王应公孙衍的邀约，与魏、赵、燕、中山"五国相王"。这一举动引起秦国统治者的关注，导致秦国的不断进攻。韩国君臣每每疲于应付，只有招架之功而无还手之力，最终还是依傍着秦国，维持自身的生存利益。

◇ 公仲朋贿秦

公元前319年，秦惠王出兵攻打韩国，占领了鄢邑（今河南鄢城）。过了两年，秦国再度出兵，大败韩军于脩鱼（今河南原阳），斩杀八万人，继而挥师浊泽，俘虏了韩将鲠和申差。诸侯列国无不震惊，韩国君臣更是焦急不安。

韩相国公仲朋建议韩宣王说："本来结盟的国家，并不是真正靠得住。现在秦国要攻打楚国，为时已久。君王不如利用张仪，跟秦国讲和，只用一座名都贿赂秦国，尔后全国动员起来，同秦国联合攻打楚国。这是以一处损失换来两种好处的计谋。"韩宣王听了，觉得不错，就派公仲明准备赴秦国，与秦国订立和约。

这件事情传到楚国，楚怀王大为恐慌，召来陈轸商议对策。陈轸说："秦国想攻打楚国已经很久了，而今得到韩国的一座名都，与韩国联合进攻楚国，正是秦王所企求的，现在已经得到名都，进攻楚国就不可避免。君王赞同我的计谋，就在四境之内发布紧急动员令，开动军队，声称救助韩国。

让战车摆满道路，再派报信的使者，多带一些随行车辆和救助款项，足以使韩国相信君王会援救他们。纵然韩国不肯听从我们，韩王也会感激君王的恩德，不会像雁群那样列阵而来。因此，秦、韩两国就不会和睦，虽有军队进攻楚国，对楚国也不会构成大患。倘若韩国听从我们，跟秦国断绝往来，秦王必定恼怒不已，加重对韩国的怨恨，因而韩国就会结交楚国，而必定轻视秦国，这就可以避免楚国面临的祸患。"楚怀王表示赞同，随即紧急动员军队，宣称发兵救援韩国，并且把战车布满道路，派报信的使者携带大批随行车辆和援助款项，去告诉韩宣王说："我们楚国尽管很小，已经派出所有军队，希望贵国能按自己的意愿对付秦国，我们将以楚国的命运，来与贵国共存亡。"韩宣王听了，心里很高兴，就让公仲朋停止与秦国议和。

公仲朋估计楚国言而无信，又进劝韩宣王说："不能这样。以实力进攻我国的，是秦国；而以虚名援助我国的，是楚国。君王依仗楚国的虚名，轻易地断绝与秦国的交往，会被天下人耻笑。楚、韩两国不是兄弟国家，又没有共同的协定来联合进攻秦国。等到秦国联合韩国攻打楚国的形势出现之后，楚王才说发兵援助韩国，这必定是陈轸的计谋。况且君王已经派人通知秦国，现在又不去会谈，就是欺骗秦国。这样轻视和欺骗秦国，而听信楚国的谋臣，君王必定会后悔。"韩宣王听不进去，就断绝了和秦国的交往。秦惠文王闻讯大怒，马上增兵攻打韩国，而楚国并未出兵来援。

公元前314年，秦军大破韩军于岸门（今河南许昌），逼近韩都新郑。韩宣王不得不向秦国屈服，派太子仓到秦国做质子，秦惠文王才答应和韩国缔结和约。这表明韩国因为自身缺乏实力，又处于四战之地，要想维护本国的利益，不受他国的侵犯，是很难办到的，最终不能不依傍强者。

◇韩咎争国

韩襄王在位期间，由于太子韩婴早死，公子韩咎、公子虮虱两人相争，都想得到太子之位，在韩国内外惹起一场不小的风波。

当时，虮虱在楚国做质子，苏代拥护韩咎，向韩咎建议说："虮虱流亡在楚国，楚国很想让他回国当太子。目前，楚国十多万军队驻扎在方城山

（今河南叶县），公子何不让楚王在雍氏城边修筑一座万户都邑。这样一来，韩国必须出兵救助雍氏，公子就会被任命为将军。公子再利用韩、楚两国的军队，尊奉虮虱而接他回国，他将来对公子必定言听计从，并且受楚国的外部影响，韩王也会封赐公子。"韩咎采纳了这一计谋。

等到楚怀王出兵围攻雍氏时，韩国求救于秦国，秦昭襄王尚未派兵救援，先遣公孙昧为使者，来告知韩国君臣。韩相国公仲朋问："你以为秦国真会援救韩国吗？"公孙昧回答说："秦王这样说，他准备从南郑（今陕西南郑）、蓝田（今陕西蓝田）两路出兵，进逼楚国边境，以等待韩军，看来无法会合。"公仲朋心有疑虑，又问公孙昧："您以为真会这样吗？"公孙昧说："秦王肯定是搬弄张仪用过的计谋。当初，楚威王攻打魏国，张仪对秦王说：'我们秦国联合楚国，攻打魏国，魏国如果投入楚国的怀抱，加上韩国本是魏国的盟国，这样秦国就孤立了。不如出兵以增强魏国的声势，让魏、楚两国大战，秦国就能趁势夺取西河地区。'现在，秦国表面上跟韩国结盟，而暗中跟楚国交好。您等待秦军的到来，就会轻易地跟楚国交战。楚国暗中得知秦军不会为韩国效命，就容易跟您相对抗。您跟楚国打仗若能取胜，秦国就会趁楚国的失败，扬威于三川而归。如果您打不赢楚国，秦国自会阻塞三川而固守，而您就无法挽救。我私下为您感到忧虑。"

公仲朋经这么一说，不禁吃了一惊，再问公孙昧说："要真是这样，那该怎么办？"公孙昧回答："您要先找出韩国自救的办法，而后期望秦国的援助；先想好自己的对策，而后考虑怎样对付张仪那种计谋。您不如赶紧让韩国和齐、楚两国联合，齐、楚两国会全力支持您。您所厌恶的是张仪那种计谋，其实还不是目无秦国呀！"于是，韩国与楚国讲和，楚国解除了对雍氏的围困。

这时候，苏代谒见秦新城君芈戎说："韩襄王的儿子公叔、伯婴担心秦、楚两国拥立虮虱为韩太子，您为什么不替韩国请求楚国，放回在楚国做质子的虮虱呢？楚王若肯放虮虱回韩国，那么，公叔、伯婴就知道秦、楚两国并不是非立虮虱不可，必定让韩国跟秦、楚两国联合。秦、楚两国挟持韩国，压迫魏国，魏国就不敢跟齐国结盟，这样齐国就会孤立。您再替秦国请求楚国放回虮虱，改送虮虱到秦国做质子，楚国不肯答应，就会结怨于韩国。韩国凭借齐、魏两国，攻打楚国，楚国必定重视您。您凭借秦、楚两国的重视而积怨于韩国，公叔、伯婴就会厚待您。"由于这一番游说，虮虱终究不得回国，而韩襄王立了韩咎为太子。

公元前298年，韩国和齐、魏两国联合，一道进攻秦国，在函谷关驻扎下来。过了两年之后，秦昭襄王迫于诸侯列国的威胁，把先前攻取的武遂（今山西垣曲）还给韩国，把封陵（今山西永济）还给魏国，谋求和解。继襄王之后，韩咎登上王位，是为韩釐王。

◇ 陈筮搬兵

韩国借助齐、魏两国的力量，迫使秦国退还失地，并不能证明韩国的强大，不过是合纵攻秦的一时之效。公元前293年，韩釐王派公孙喜为主将，统领韩、周、魏三国军队攻打秦国，结果惨遭失败，公孙喜被秦军俘虏。过了两年，秦国出兵攻取韩国宛邑（今河南南阳），韩釐王割让武遂给秦国。公元前284年，韩釐王与秦昭襄王在西周会晤，表示愿意帮助秦国，向东进攻齐国。从此，韩国再度投入秦国的怀抱。

公元前273年，赵、魏两国联合攻打韩国，进逼新郑北面的华阳。韩釐王眼见情势危急，连忙派人去秦国，请求紧急救援，可秦昭襄王一直没发兵。韩相国知道不能拖延，就恳请陈筮说："目前国家处于危急关头，您虽然有病在身，但还是请去秦国一两天。"陈筮知道不好推辞，就接受了任务。

陈筮来到咸阳，进见秦相国魏冉，魏冉傲慢地说："是不是军情紧急呀？所以又派你来了。"陈筮说："并不紧急。"魏冉一听，有点恼火，责问陈筮说："真是那样的话，还要派你来做特使吗？贵国使者冠盖相望，都告诉我们说情势危急，只有你才说并不紧急，为什么呢？"陈筮解释说："韩国要是真的危急，就会转向依从别的国家。正因为情势并不危急，所以，又派我来请求援助了！"

这对答显然话中有话。陈筮给魏冉发出一个暗示：如果秦国不出兵救援韩国，韩国将会求救于别的国家，这就等于背弃了秦国。所以，魏冉听他这么一说，马上醒悟过来，对陈筮表态说："你不必再去见秦王，我立刻请求调发救兵。"于是，秦昭襄王派武安君白起、客卿胡阳率军援救韩国，急行军八天赶到华阳，在华阳城下大破魏军，斩杀十三万人，继而又与赵军交战，逼迫溺毙赵军两万人。

韩国由此得以拯救，而胜利更属于秦国。

无奈的抉择

韩国依傍秦国的肩头，并不能保障它自身的生存利益，恰恰相反，秦国要实现统一天下的大业，首先就把战争矛头对准了韩国。在韩国灭亡前三十年间，韩国统治者为了抗拒灭亡，真是千思万虑，煞费苦心，上演了一幕幕的谋略剧。

◇冯亭献地

公元前 264 年，秦武安君白起率军进攻韩国，一连攻克九座城，斩杀韩军五万人，并且在汾水旁的陉城筑城，作为继续进攻韩国的基地。没过多久，白起再次进攻韩国，占领了南阳（今河南济源），切断了韩国向西的道路。到公元前 262 年，白起继续向东进攻，攻占野王（今河南沁阳），切断了韩国通往上党的道路。上党变成韩国的一块飞地，同韩都新郑隔绝，处于自身难保的险境。

上党郡守冯亭鉴于处境艰险，召集当地官吏共作商议。他先谈了自己的想法："目前，我们通往首都的道路已经断绝。秦军正在一天天逼近，韩王不能解救我们，不如让上党郡归附赵国。赵国一旦接纳我们，秦国必定攻打赵国，赵国被秦国攻打，必定亲善韩国。韩、赵两国合在一起，就可以抵抗秦国。"这主张自是无奈的选择，着眼点在于维护韩国的生存利益，而以联合赵国为根本出路，说来有一定的道理，得到了与会者的赞同。

于是，冯亭派使者赶赴赵都邯郸，向赵孝成王请求说："韩国没有能力保住上党，只能让上党郡并入秦国，但是，上党的官吏和百姓都愿意归附赵国，不愿意并入秦国。这里有十七座城，敬请全部献给大王。"赵孝成王经过再三权衡，答应了冯亭的请求，派平原君赵胜前去接受上党郡，同时封冯亭为华阳君。冯亭流着眼泪，不肯接见平原君，说："我不愿处于三不义：为国君镇守土地，不能拼死坚守，这是第一条不义；国君要把上党并入秦国，不能听从国君的命令，这是第二条不义；出卖国君的土地，继续为官受禄，这是第三条不义。"于是赵国出兵占领了上党。

实际上，冯亭想坐享自己的封邑，也是不可能的事情。因为秦国绝不会把这片土地留给他。在冯亭献地一年之后，秦将王龁率军攻下上党。上党百姓逃奔赵国，被赵将廉颇安置在长平（今山西高平），承受着秦军的不断进攻。他们原先的设想显然落空了。

◇苏代行间

公元前259年，秦、赵长平之战后，秦军占领了整个上党地区，向东进逼赵都邯郸，不仅赵国上下一片恐慌，即使是韩、魏两国的统治者，也都惊慌不已。韩桓惠王约请魏安釐王，派苏代携带厚重的礼物，去秦国进行游说。

苏代来到咸阳，进见秦相国范雎，问道："武安君要去围攻邯郸吗？"范雎回答说："是。"苏代接着说："秦军一旦消灭赵国，秦王就会称帝于天下，武安君也将被封为三公。武安君为秦国攻取七十余城，南面平定鄢、郢和汉中，北面俘虏赵括的军队，即使周公、召公、太公的功业，也不能超过他。所以，在赵国灭亡、秦国称帝后，武安君必定被封为三公，您能屈居他的下位吗？到那时即使您不愿意屈居下位，只怕也做不了主。秦国曾经攻打韩国，围困邢丘、上党，上党的百姓都跑到赵国，天下人都不愿意做秦国的臣子，看来久已如此。假如现在灭掉赵国，北边的人跑到燕国，东边的人跑到齐国，南边的人跑到韩、魏两国，秦国能得到多少百姓呢？所以，不如趁武安君攻伐胜利之机，指使韩、赵两国割地求和，不要让功劳全归武安君。"

范雎听完这话，觉得有些道理，立即奏请秦昭襄王："秦军已经很疲劳了，请允许韩、赵两国割地求和，让士卒休整一下。"秦昭襄王接受了这个建议，同意韩国割让垣雍（今河南原阳），赵国割让六座城来议和，并下令撤回进攻赵国的军队。白起得到这道命令，只好离开军营，回到咸阳，从此与范雎结下了仇怨。

"历观古人之用间，其妙非一，即有间其君者，有间其亲者，有间其贤者，有间其能者，有间其助者，有间其邻好者，有间其左右者，有间其纵横者。"苏代在咸阳的离间活动，正是着眼于范雎的个人前途，利用他和白起的潜在矛盾，打乱白起的作战方略，阻止秦军继续向赵、韩两国进攻，并且由此激起白起的怨恨，使他再无用武之地。从谋略的实效来看，这一招还真是灵。常胜无敌的白起终被秦昭襄王赐死。谁能不说一条离间计可抵千万兵！

◇郑国开渠

战国时代，诸侯列国为了增强本国的经济实力，比较注重发展农业生产，因而兴修水利成为一件大事。那时最著名的水利工程要算都江堰和郑国渠。郑国渠是秦国在关中修建的一座引水灌溉工程，可就它最初的施工动议而言，包含着韩国统治者的一个政治阴谋。

原来，自长平之战以后，秦国已经拥有了非常强大的实力，与山东六国相比占有明显的优势，即将拉开统一战争的序幕。作为秦国的近邻，韩国受到秦国的威胁最大，因此，韩桓惠王为了消耗秦国的民力和财力，拖住秦国不再向东进兵，就抓住秦国君主注重发展农业生产的习惯，派遣水利专家郑国到秦国，劝说秦王嬴政大修水利工程。

公元前246年，郑国来到咸阳，说服嬴政调集大批民工，动用大量财力和物力，凿通泾水从山中到瓠口的一段，使之成为一条渠道，沿着北山向东注入洛水，用来灌溉农田。这条渠道长达三百多里。正当施工过半的时候，秦国统治者察觉出韩国君臣的企图，于是把郑国抓起来准备处死。郑国辩解说："当初我来秦国，的确是做间谍。但是，把这条渠道修好，会给秦国带来很大利益。"嬴政应允了郑国的请求，让他继续主持修渠事务。这条渠道修成之后，解决了关中地区水资源不足的问题，把数百里秦川变成了一片沃野。

郑国开渠作为一桩间谍案，反倒促成了秦国农业基本建设上的一项大工程。这对韩国统治者来说，真是"机关算尽太聪明，反误了卿卿性命"。无怪乎柏杨评论说："韩国当权派这种劣质头脑，也是世界一奇。苏秦先生打算教齐国没落，用的是使他们把国力浪费在堕落性的工程上，诸如盖皇宫宝殿，开辟御花园和动物园等，这样才能使齐国衰弱不振。郑国先生干的勾当，确是使敌国的财力人力，投入到建设性工程，诚不可思议。犹如一只老虎逼门，不想办法擦枪磨刀，却每天引它到五里路外去吃一条小羊，希望它跑得疲倦，不打屋里主意，却没有想到它会一天比一天更为雄壮。一个国家拥有这样智力商数的统治阶层，如果不亡，简直没有天理。"

在开挖郑国渠十三年后，秦、韩两国之间的斗争已经进入尾声。由于韩国面临更加严酷的形势，韩王安又派韩非出使秦国，劝说秦王嬴政先攻伐赵国，以阻挠秦国对韩国的兼并，可这被秦统治者视为维护韩国的利益，因而韩非被逼自杀。

公元前 230 年，秦王嬴政派内史腾率军东进，对韩国发起最后的攻势。韩国就像一头被不断宰割的困兽，终于沉重地仆倒在地，在诸侯列国之间成为秦国最先吞灭的国家。

韩非论权术

韩非是战国时期法家的代表人物，是法家政治理论的集大成者。照常理来说，像他这样难得的人才，既有一个幸运的开端，也当有一个美满的结局。然而，在那多灾多难的年月，韩非的整个生命历程却充满孤独和悲愤，又因受人陷害而以自杀告终。

◇命运多舛

韩非出身于韩国王室，平生爱好刑名之学，对治国兴邦颇有见地。他虽然天生口吃，不善于和人言谈，但写起文章来，笔锋犀利，说理透彻，让无数读者叹服。他师从当世名士荀况，又与李斯同窗攻读，学问博大精深，就连李斯也自愧不如。

大概出自强烈的忧患意识，韩非看到韩国的国势逐渐削弱，多次上书劝说韩王励精图治，但都没有受到韩王的重视。因此，他转向更深入的理论思考，指斥君主治国不讲求法制，不能用权势来统驭臣下，不能充分任用贤能的人，就不能促使国家强大。他通过对士人的分类考察，认为儒者常常玩弄文辞扰乱法术，而侠客常常利用武力违反禁忌，因为站在君主的立场上，法令宽松，就会宠信那些名誉之士；法令严格，又要重用那些甲胄之士。现在国家所培养的人，却不是所要任用的人才，而国家所要任用的人才，又都不是平时所培养的人。

韩非感慨那些清廉正直的臣子不被那些邪恶枉乱之徒所容，就总结历史的经验和教训，考察历代君主为政的得失，写出《孤愤》《五蠹》《内外储说》《说林》《说难》等五十六篇，共有十多万字。其中，《说难》一篇最使司马迁感动，被视为向君主进言的力作，甚至被全文收入《史记·老子韩非列传》，为读史的人提供借鉴。

与这位史学家不同的是，秦王嬴政更欣赏《孤愤》《五蠹》诸篇。当他读过这几篇文章，不禁感慨地说："唉！我要能看到这个人，并且跟他交往，死了也不觉得遗憾。"刚好李斯在他身边，就趁机解释说："这些文章都是韩非所作。"嬴政从李斯的言谈中，得知韩非是韩国的一位公子，就紧急发兵攻打韩国，期望得到韩非。

韩王安本来不信任韩非，但这时韩国的情势危急，于是就派韩非出使秦国，以谋求韩国的生存利益。韩非来到咸阳，上书给嬴政说："现在秦国方圆数千里，军队号称百万，法令统一，赏罚分明，天下各国都比不上。我冒死求见大王，是想进献用以破除诸侯合纵的大计。大王若能听我谈谈，采用我的主张，假如诸侯合纵不能破除，秦国不能攻下赵国，不能吞灭韩国，楚、魏两国不来臣服，齐、燕两国不来亲附，秦国王霸大业不能成功，四邻诸侯不来朝拜，就请大王把我斩首示众，以警示那些为大王谋划不忠的人。"嬴政看过韩非的上书，十分高兴。

就在这时，身为秦国廷尉的李斯，全然出于个人私利，不顾同窗情谊，和另一位大臣姚贾勾结起来，在嬴政面前进谗言说："韩非是韩国的公子。现在我们要兼并诸侯各国，韩非终究是为韩国打算，而不为秦国出力，这是人之常情。眼下大王不任用韩非，久久地把他留下，然后再放他回国，这是自遗祸患。不如依法把他诛杀了。"嬴政认为说得有理，就下令把韩非抓起来，交给刑狱官吏治罪。

韩非以一介使者，在异国他乡陷入囹圄，心中愤懑自不待言。谁想李斯又下了狠心，竟派人给韩非送来毒药，让他赶快自裁了断。韩非想亲自向嬴政陈述冤情，又无法见到嬴政。后来嬴政有所悔悟，派人去监狱赦免韩非，可是韩非已经死了。

对于韩非的冤死，司马迁抱有深深的同情，因而很感慨地说："余独悲韩子为《说难》而不能自脱耳。"这是说韩非能写出《说难》，明知游说君主的风险，却未能逃脱厄运，让人感到悲伤。但是，司马光评论说："臣闻君子亲其亲以及人之亲，爱其国以及人之国，是以功大名美而享有百福也。今非为秦画谋，而首欲覆其宗国以售其言，罪固不容于死矣，乌足愍哉！"这是说韩非为秦国出主意，本想灭掉自己的祖国，以便兜售个人的主张，本来就死有余辜，哪里值得怜悯呢！司马迁、司马光同是卓越的史学家，论及韩非之死，一个痛惜不已，一个大加挞伐，有谁能还以公道呢？

◇ 法、术、势

韩非子学说的基本结构，主要包括三个组成部分，即韩非本人确认的"法""术""势"。这一观点为大家所公认，现在要讨论的问题是：如何理解"法""术""势"以及三者的关系。

一般来说，韩非作为法家的集大成者，创立了"法""术""势"相结合的专制主义学说。"法""术""势"的含义及其相互关系，可以概括如下：一、"法"是君主治理国家，统治人民的成文法令，即所谓"法者，编著之图籍，设之于官府，而布之于百姓者也"。用"法"必须注意："法莫如一而固""以其所重，禁其所轻""法不阿贵"。二、"术"是君主驾驭臣下，考核臣下的主要手段，即所谓"术者，因任而授官，循名而责实，操生杀之柄，课群臣之能者也"。用"术"的要领在于："君无见其所欲""虚静无事，以暗见疵""群臣公举，下不相合"，循名责实，参验臣下。三、"势"是君主独揽的生杀予夺的权势，即所谓"势者，胜众之资也""人主之爪牙也"。用"势"的关键是：稳操"刑""德"二柄，不许臣下染指，禁止臣下结党营私，严格控制重臣的政治经济实力。四、这三者以"法"为核心。"法"是对传统政治具有规定性的东西，"术"是保证"法"顺利推行的手段，"势"是运用"法""术"的前提，三者相辅相成，缺一不可。

20世纪40年代，郭沫若通过研究《韩非子》认为，韩非属于法家的"术"派，在揭示韩非子学说之时，特别侧重于"术"的归纳总结。据称，《韩非子》一书有关"术"的陈述占全书内容的60%以上。"术"作为"运用之妙，存乎一心"的东西，有着一些重要的纲领：一、多设耳目，特种网罗；二、权势不可假人；三、深藏不露；四、把人当成坏蛋；五、毁坏一切伦理价值；六、厉行愚民政策；七、罚须严峻，赏须审慎；八、遇必要时不择手段。凡此八条，郭沫若都有详细的解释。

第一条，韩非宣扬的"以一国目视""以一国耳听"的多设耳目的方法，是从墨子那里沿袭过来的。多设耳目的目的，是让天下所有的人都同君主的意旨保持一致。在实际操作方面，除发动人民告密之外，君主还须得像一只蜘蛛。耳目网就是一面蜘蛛网，有它作为威势所凭借，君主如蜘蛛隐匿起来，等到有猎物的时候，则予以无情的宰割。

第二条，韩非是一位极权主义者，所谓"权势不可假人"，是从《老子》所谓"国之利器，不可以示人"引申而来的。在他心目中，"势"有自然之势，有人为之势。人为之势即权势，是君主独揽的，绝不能与臣下共享；与臣下共享，就是太阿倒持，必定为臣下所劫弑。

第三条，韩非继承《老子》倡导的虚静无为的"道"，把它发展为独裁自恃的一面，作为君主"深藏不露"的专利品，体道者就只限于君主一人，因而只有君主可以虚静无为，其实则是无为而无不为。相反，一切臣民都必须受君主驱使和奴役；凡有不愿受驱使和奴役者，都是该杀该死的。

第四条，韩非所持"君人南面之术"的一个秘诀，就是把所有人都看成坏蛋，所有人都不可信。"人主之患在于信人，信人则制于人。"在这个方面，韩非以极普通的常识为根据，道出人之所不能道、不敢道、不屑道。这一政治观点的提出，乍看起来锐不可当，其实很容易被驳倒，原因是总以变例为一般，充其量只能自圆其说而已。

第五条，在君臣关系问题上，韩非有两种基本看法：一是视为牧畜，一是看作买卖。前者是旧时代的观念，后者是新时代的观念。"无论看成牧畜，或看成买卖，总之是在打算盘，没有什么仁义道德可讲。"与这种蔑视仁义道德的思想相一致，韩非是主张"力"的人；"他的'力'就是理，利就是理，诡辩就是理"。

第六条，韩非从君主本位出发，根本上不把人当人看待，"事实上韩非所需要的人只有三种，一种是牛马，一种是豺狼，还有一种是猎犬。牛马以耕稼，豺狼以战阵，猎犬以告奸，如此而已"，这当然是为君主专制考虑的。

由此可见，愚民政策对君主专制来说，是绝对必要的。"明主之国，无书简之文，以法为教；无先王之语，以吏为师；无私剑之捍，以斩首为勇。是故境内之民，其言谈者必轨于法，动作者归之于功，为勇者尽之于军。"这就把人类的自由，统统禁绝了。

第七条，韩非认为，"人根本是坏东西，所以须得想方法来使他不得为恶。""人是贪生怕死的，好利恶害的，人主便应该根据这种情欲，立出刑赏之道。""赏以利诱，刑以禁害，赏大则诱大，刑重则禁重，因而便应当严刑重赏。"重刑可以不受限制，厚赏则要审慎而行。"重刑与厚赏虽然每每对待而言，而事实上重刑是主体，厚赏是陪衬。"这一主张的根本用意，"是要以严刑期于无刑，甚至是要以重罚期于无赏"。

第八条，韩非作为一位极端的功利主义者，坚持"一切都以功利为前提，而且是人主本位的功利。所以只要于人主有利，什么坏事都可以做，什么坏人都可以用"。这样一来，只要是代表着君主的利益，做事都可以不择手段，杀人也可以不讲理由。

以上是郭沫若对韩非子学说的概括论述。从这里我们可以得到如下启示：郭沫若对韩非子学说的研究，显然抓住了韩非非常重视"术"而又不轻视"法""势"的特点。韩非不轻视"法"，但他的"法"仅停留在理论层面，根本没有拟制出什么法案来。韩非不轻视"势"，但他的"势"是与"术"合起来讲的，撇开"术"也就不好再讲什么权势。因此，郭沫若写《韩非子的批判》，可以说是对韩非之"术"的批判。

这些启示促使我们对韩非子学说的内在结构必须有一个新的归结。大体上"术"是核心，是筋骨；"法"为"术"之据，"势"为"术"之恃，二者是辅弼，是血肉；"君主本位"则是灵魂，是精髓所在。因为有"法"，用"术"得以披上合理的外衣；因为有"势"，用"术"得以具备有利的条件。"法""术""势"三者，在"君主本位"的统率下，有机地结合在一起，构成韩非子学说的基本结构，在中国传统政治文化史上，成为不可或缺的一派学说。

◇君主驭臣

韩非是先秦法家学说的集大成者,《韩非子》一书是集中讨论政治权谋的代表作。这部著作对如何处理君主和臣下的关系,尤其是如何在社会政治活动中运用权谋的论述,最为系统且最为明快,可以说是"前不见古人,后不见来者"。韩非从强化专制主义的立场出发,坚持扬君抑臣的基本观点,构筑起一套"法""术""势"相结合的政治理论。其中,韩非所论之"术",首先是"帝王之具",即君主驭臣之术;只是在论君主驭臣之术的同时,也顺带揭露了臣下的弄君之术。这驭臣之术和弄君之术合在一块,既是对秦代以前政治生活的归纳总结,也对秦代以后政治生活具有一定的指导作用,因而不失为一套承前启后的政治权谋。

在中国传统政治时代,君主的极权统治是以臣下的无条件服从为前提的,而要臣下无条件地服从君主的意志,君主就必须采取具体而有效的督责手段。韩非通过列举大量的实例,集中讨论了这个问题,明确地提出了"主之所用"的七种权术:"一曰众端参观,二曰必罚明威,三曰信赏尽能,四曰一听责下,五曰疑诏诡使,六曰挟知而问,七曰倒言反事。"

"众端参观",是指君主要从多方面来验证臣下的言行。常言说"兼听则明,偏听则暗""当局者迷,旁观者清",正是这个意思。韩非认为,君主观听臣下的言行而不加以验证,或者偏信于一人,就会被臣下蒙蔽;只有广泛听取各方面的意见,参照比较,才能够做出正确的判断。

"必罚明威",是指君主要显示自己的威严,对于违犯法令者必须严惩不贷。韩非认为,君主对臣下应当兼用赏罚"二柄",但相比较而言,更应当注重用罚。君主太仁慈,就难以树立威严;君主威严不足,就要被臣下侵害。因此,君主树立威严和用罚坚定是相辅相成的两件事。

"信赏尽能",是指君主对有功者要及时行赏,使臣民竭尽所能。韩非认为,赏誉轻而又不兑现,臣民就不为君主所用;赏誉厚而又守信用,臣民就会拼命为君主效劳。因此,君主行赏必须做到"言必信,行必果"。他举例说,越王勾践以自焚宫室厚赏救火的行为,暗地里考察民心所向;李悝用射箭的命中率来决断诉讼的是非，以鼓励民众操练箭法；吴起用赏赐搬车辕的人，去动员民众攻夺秦国的边境设施；商鞅用"徙木立信"的方法，坚定民众对新法令的理解和信赖，都是"信赏尽能"在不同场合下的具体发挥。

"一听责下"，是指君主分别听取臣下的言论，督责他们的行动。韩非认为，君主能一一听取臣下的意见，愚钝者和有智者就不会混杂在一起；君主如果善于督责臣下，无能者就不敢混迹于贤能者之列。他举例说：

> 齐宣王喜欢听音乐，总要三百名乐工在一起吹竽。南郭处士来到王宫，请求吹竽，很快被齐宣王允准，因而也享受着宫室的待遇。等齐宣王死后，新继位的齐湣王喜欢听乐工单独吹竽，一个个地为他献艺。南郭处士本不懂吹竽，看到这一情形，只好偷偷地溜走了。

这就是"滥竽充数"的故事。南郭处士明明不会吹竽，却能够装模作样地混入王宫内的乐工班，其实是钻了齐宣王听音乐"必三百人"的空子。齐宣王每每要求三百名乐工一起吹竽，根本不可能分辨每位乐工的技艺，也许压根儿就没想到要分辨每位乐工的技艺。相比之下，齐湣王喜欢逐个地听乐工们吹竽，尽管不一定是考验每位乐工的技艺，却无意中堵塞了南郭处士的出路。这位南郭处士还有点自知之明，趁还没轮到自己吹竽就溜出了乐工班，否则一旦被发觉，就逃不掉"欺君罔上"的罪名。仔细地品味一下，这般君臣的表演不是很有趣吗？

"疑诏诡使"，是指君主不暴露自己的真实意图，故意传出可疑的诏令，使臣下在莫名其妙中感到君主无所不知，而不敢有所隐瞒。韩非认为，君主屡次召见一些人，使其久待身旁而又不加任用，那些奸邪分子就会感到害怕而逃散；君主派人做事后又通过别的途径去考查询问，被派去做事的人就不敢弄虚作假。

"挟知而问"，即明知故问，是指君主拿已经了解的事询问臣下，测试他们言行的真伪。韩非认为，带着自己已经知道的事再去问别人，那么自己不知道的事也知道了；深入了解一件事，许多不清楚的事都可以分辨清楚。

"倒言反事"，是指君主故意说与本意相反的话或做与实情相悖的事，来考察臣下是否忠诚。韩非认为，用说反话、做反事来刺探自己所怀疑的事，就能够了解到奸邪的情况。当然，在中国古代政治史上，也有君主不赞同滥用这类权谋。唐太宗就曾经说："君，源也；臣，流也。浊其源而求其流之清，不可得矣。君自为诈，何以责臣下之直乎！朕方以至诚治天下，见前世帝王好以权谲小数接其臣下者，常窃耻之。"这种"君源臣流"的认识和"以至诚治天下"的观点，较之"倒言反事"的权谋，实在有天壤之别。

◇臣下弄君

在传统政治生活中，君臣"上下一日百战"，作为权谋的两个方面，自然各有各的常用手腕。君主既有驭臣之术，臣下就有弄君之术。韩非通过大量的权谋故事，论证了臣下用以愚弄君主、危害君权的六种隐蔽手段："一曰权借在下，二曰利异外借，三曰托于似类，四曰利害有反，五曰参疑内争，六曰敌国废置。"

"权借在下"，是指臣下盗用君主的权势为自己谋取利益。韩非认为，"权势不可以借人"，君主失去一分权势，臣下就会当作百分权势去利用。所以臣下得到权势，力量就强大；臣下力量强大，就要操纵朝廷内外。这样君主就会受到蒙蔽。

"利异外借"，是指臣下由于跟君主的利益不一致，往往会借助于别的诸侯国的力量来谋取私利。韩非认为，君臣的利益是不同的，因而臣下不可能绝对忠于君主；他们得到一定的利益，君主就会失去一定的利益。有些臣下招引敌国的军队来除掉国内的政敌，用外交事务来迷惑君主，只要能满足他们的私欲，就不顾及国家的祸患。

"托于似类"，是指臣下假托类似的事欺骗君主以达到个人目的。韩非认为，那些似是而非的事，往往是使君主处罚不当，而臣下能够从中受益的原因。

"利害有反"，是指臣下通过暗害君主和他人来图谋私利。韩非认为，一件事发生后，如果有利可图，就应当去扶持它；如果有害，一定要从反面观察它。所以，聪明的君主考虑问题时，国家受害就要看谁从中得到好处，臣下受害就要看与他利害相反的人。

"参疑内争"，是指臣下等级名分不同而相互越位，从而引起权力的争夺，互相杀戮残害。韩非认为，等级名分混乱的局面，是产生祸乱的根源，所以君主应该慎重地对待它。

"敌国废置"，是指君主受蒙蔽，按照敌国的意图对待自己的官僚，结果为敌国所利用。韩非认为，敌国力求做到的，是使君主观察错乱而决策失误；君主不能明察，就会上敌国的当。

韩非子的学说虽然侧重于政治谋略的阐述，但它的实践意义远超政治领域。在中国传统社会里，人们最经常、最习惯运用的就是谋略，谋略存在于社会生活的每个角落。韩非站在君主本位的立场上，提出了一整套政治谋略，其本意非常清楚，无非是为强化君主专制，维护独裁统治。可是，经过韩非阐述的政治谋略，一旦在整个社会传播开来，就会成为各级官僚之间互相争斗以及他们奴役压迫人民的手段，甚至以其极大的实用性而为社会下层所接受。这样一来，在传统政治实践领域，韩非子的学说不仅为君主专制提供了数量充裕的谋略工具，而且为官僚政治找出了高度理智的运作手段，更进一层说，还为广泛的社会生活贡献了一套实用的行为方式。所以，韩非子的学说归根结底是对人和社会问题的一种冷静而执拗的思考和策划。

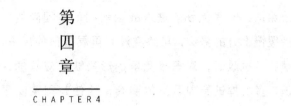

第
四
章

CHAPTER 4

楚：大国颓败

楚国在春秋时期是一等强国，曾经有过问鼎中原、饮马黄河的壮举，但由于国内政治腐败，统治集团矛盾重重，在对吴国的战争中，竟然一败涂地、元气大伤。进入战国前期，楚国尚能保持缓慢上升的势头，可终究没有再展昔日的风采。楚怀王执政时，对多极竞争的形势缺乏应有的认识，多次掉进秦国君臣的圈套，致使楚国蒙受了巨大的损失，整个国势由盛而衰。从此以后，历任君主大都胆识不足，治理国家无所建树，虽有春申君名扬诸侯列国，却因识人用人不当，反遭奸人暗害。一个泱泱大国久经颓败，最终退出了历史舞台。

从危亡到复兴

　　楚国进入战国前期，依靠自身的综合实力，还在继续向外扩张领土。楚惠王熊章先后灭陈、蔡、杞等国，楚简王熊中吞灭莒国，把楚国东部领土扩张到今江苏、山东交界地区，与宋、齐、鲁、越诸国杂错接壤。值得注意的是，楚悼王熊疑任用吴起，大力开展变法活动，楚国国势又有振兴，因而再度大肆扩张，联合赵国攻破魏国，向西进攻秦国，向南兼并蛮越，一直扩张到苍梧地区。

◇ 吴起变法

　　大约在公元前 383 年，吴起从魏国来到楚国。楚悼王听说过吴起的名声，任命他为宛（今河南南阳）守，负责保卫楚国北部的门户。

　　吴起担任宛守，拜访过当地名士屈宜臼，征求为政之道，这位名士没有回答。过了一年，楚悼王擢升吴起为令尹，掌管楚国朝廷事务。吴起又去见屈宜臼，询问如何治理楚国。屈宜臼反问吴起有什么打算，吴起回答说："我打算调整楚国的爵制，把官吏的俸禄扯平；减省那些浮余的人员，来补充不足的地方；大力改进武器装备，等待时机以争夺天下。"这寥寥几句话，表明了吴起治理楚国的方略。

　　谁知道屈宜臼很不赞同，反而教训吴起说："从前善于治理国家的人，不改变现成的制度，不更改正常的规矩。现在，你打算均衡楚国的爵位，把官吏的俸禄扯平，减省浮余的人员，去补充那不足的地方，这是改变现成的制度，更改正常的规矩。我听说军队是一种凶险的工具，战争是违背道德的事情。现在，你要策划战争，违背道德，倾向于动用军队，是人们所唾弃的，已经倒行逆施到极点。过分放纵的事情，做的人都会不利。我听说这么一句话：'非祸人不能成祸。'我本来就奇怪我们大王多次违背上天的旨意，到现在还没有发生灾祸。咦，原来是在等待你呀！"吴起听得有些吃惊，忙问："还可以更改吗？"屈宜臼说："不能。"吴起说："我将通过个人的谋划加以改变。"屈宜臼说："你属于已经定型的那类人，是不会改变的。你不如勤恳地处事，忠厚地做人。"

吴起在令尹任上，正是按照自己的设想，大胆地实行变法。变法的关键在于"损其有余而继其不足"。吴起认为，楚国的积贫积弱，是因为大臣权势太重，封君人数太多，这些大臣和封君对上逼迫君主，对下肆虐百姓，所以，他主张对封君实行承袭三世而收回爵禄的制度，精简那些无能无用或不急用的官吏，节省一批开支用来培养骨干力量。同时，他从楚国地广人稀的国情出发，针对旧贵族往往聚集在地少人多之处的弊端，迫使一部分旧贵族连同所属人员，一起迁移到那些较为荒凉的地区，从而有力地抑制了旧贵族势力。

吴起变法推动了楚国的振兴，但他个人的处境不幸被屈宜臼言中，变法真的惹出了一场灾祸。那些旧贵族不满于变法，凡是私人权利被新法所剥夺的，一个个都怒不可遏，打算合伙找吴起算账。恰在这时，楚悼王去世，吴起失去了靠山，一部分旧贵族以为这正是作乱的好时机，就勾结起来追杀吴起。吴起在郢都走投无路，只好跑到停放楚悼王尸体的寝宫，当情势非常紧迫时，他干脆把自己的身体紧贴在楚悼王的尸体旁，企图避开围攻者的射杀。哪知围上来的贵族不肯罢休，反而一起用弓箭朝吴起射来。吴起当场被射死，有不少箭还射在楚悼王的尸体上。等到安葬楚悼王之后，楚肃王熊臧即位，马上着手追查杀害吴起并箭射楚悼王尸体的那帮贵族，并将他们统统处斩。在这场宫廷暴乱事件中，因牵连而被诛灭的贵族，竟然达七十余家之多。吴起利用楚悼王的尸体，假借楚肃王的权威，也算给自己报了仇。

作为一位杰出的政治家，吴起为了振兴楚国而牺牲。后人赞赏他革新政治、变法图强的斗志，感叹他那临难机智、借尸报仇的敏捷。除此以外还能说些什么呢？司马迁感慨地说："吴起说武侯以形势不如德，然行之于楚，以刻暴少恩亡其躯。"这是说吴起与魏武侯谈论治国方略，认为与其依赖山河的险固，不如修明德政，可他一旦在楚国执政，却不注意修明德政，反而因为刻薄暴虐，缺少恩德，结果丧失了生命。该评论主要着眼于吴起变法对旧贵族势力的损害，没有从楚国的根本利益考虑问题；尽管找出了吴起对待国家的前后差异，却没有考虑到魏、楚两国的不同情势，显然有失公允。

◇ 楚宣王破魏

楚肃王在位期间，因为吴起变法的夭折，楚国国势没有多大起色。公元前 370 年，楚宣王熊良夫继位，再度开始向北方扩张，运用坐观魏、赵两国交战而收取渔人之利的谋略，争得了不少实际利益。

公元前 354 年，魏国出兵攻打赵都邯郸，赵成侯求救于齐、楚两国。楚宣王召集群臣，讨论是否出兵援助赵国。令尹昭奚恤说："君王不如不援助赵国，而使魏国保持强大的力量。魏国力量强大，就会要求赵国割让更多的土地。赵国不答应魏国的要求，必定坚守城邑。这样就能使他们两败俱伤。"楚大夫景舍听了，对楚宣王说："不能这样。昭奚恤的想法不够明智。魏国攻打赵国，最害怕楚国从后面进攻。现在，君王不援助赵国，赵国就有灭亡的危险，而魏国就不担心楚国的进攻。这意味着楚、魏两国共同攻打赵国，对赵国的危害更为深重。凭什么说是两败俱伤呢？况且魏国已经割取了赵国的不少土地，赵国君臣面临灭亡的危险，一旦得不到楚国的援助，就会同魏国联合起来，反过来图谋楚国。所以，君王不如少派一些军队，作为援助赵国的力量。赵国依仗楚国强大的国力，就会与魏国决一死战。魏国恼怒于赵国的顽强抵抗，又不担心楚国的援助，就不肯停止进攻赵国。赵、魏两国拼得两败俱伤，而齐、秦两国响应楚国的行动，那就可以打败魏国。"

这段议论表明，楚国君臣对参与中原事务较为谨慎，非常注重谋略的运用。无论是昭奚恤还是景舍，都想削弱楚国北方的近邻，他们处理问题的差异在于，是按兵不动，坐观"两弊"，还是主动出击，乘虚破魏。就当时情况来看，齐、秦两国已经出兵援救赵国，魏国正处于三面受敌的不利境地，景舍所言有理。因此，楚宣王命令景舍率军北进，在援救赵国的名义下，一举夺取了魏国睢水、濊水之间的大片土地。

◇狐假虎威

在中国传统政治领域，国家的强大会抬高权臣的威望，权臣的专横会引发国君的不满。楚宣王在位时，昭奚恤担任令尹，手握重兵，威震三晋，照说是楚国强大的结果，却惹得楚宣王的猜疑。

楚宣王问群臣："我听说北方各国都害怕昭奚恤，真是这样吗？"群臣哑口无言，只有江乙站起来说："老虎寻找各种野兽吃，捉住了一只狐狸。狐狸说：'你不敢吃我啊！上天派我来做所有野兽的首领，现在你要是吃了我，就是违抗上天的命令。你如果认为我的话不可靠，我就走在你的前面，你跟随在我的后头，看看各种野兽见到我，是否有敢不逃跑的？'老虎认为狐狸说得有道理，就跟它一道行走，各种野兽见到它们都立刻逃跑了。老虎不知道野兽是害怕自己，还以为是畏惧狐狸呢。现在君王的国土方圆五千里，拥有甲兵上百万，而这些专归昭奚恤掌管。所以，北方各国诸侯害怕昭奚恤，其实是害怕君王的军队，这就像各种野兽害怕老虎一样啊！"

这则寓言故事叫作"狐假虎威"。江乙有针对性的讲述，所展现的外在形象和揭示的内在意义，真是遥相呼应，一目了然。"狐狸"和昭奚恤，"各种野兽"和北方诸侯，"老虎"和楚军，两两相对，让人心领神会。这表明江乙对问的高超技巧。不过，更引人注意的，还是那只狐狸的临场表演：狡猾的狐狸凭借老虎的威风，去吓唬别的野兽，尔后又用骗得的荣誉，再来欺骗老虎。老虎威震百兽，但在狐狸面前，却变成了戏弄的对象。人们常说"拉大旗，作虎皮"，也是从这则寓言故事受到的启发。

话说回来，透过江乙的生动对答，正好可以看出楚国军事力量的增强，以及对中原各国的影响。楚国的声威此后仍有提高。在楚威王熊商当政时，不仅攻破齐国于徐州（今山东滕县东南），而且出兵灭掉了越国，大大扩张了楚国的势力，使得"楚地西有黔中、巫郡，东有夏州、海阳，南有洞庭、苍梧，北有汾陉之塞、郁阳，地方五千里，带甲百万，车千乘，骑万匹，粟支十年"，成为山东六国中最强大的国家。

令人遗憾的是，楚国中兴的局面没能维持多久，等到楚威王去世，楚怀王熊槐继位之后，楚国遭到诸侯列国的轮番打击，强盛的国势一落千丈。

楚怀王误国

楚怀王继承父祖基业，本来可以利用强劲的军事实力推进楚国的对外扩张。但是，这位贪婪昏庸、缺乏谋略的君主，既不能摆正自己在诸侯列国中的位置，又不能妥善处理与秦国的关系。自公元前 313 年至前 297 年，楚怀王一再受到秦国君臣的欺弄，楚国军队一再遭受秦国的打击，楚国领土也一再被秦、齐等国掠夺，这个泱泱大国开始急剧衰落。

◇受欺绝齐

公元前 318 年，山东六国合纵攻秦，楚怀王被推举为纵长，结果遭到失败。诸侯列国经过重新组合，形成秦、魏、韩三国连横集团与齐、楚合纵集团相对抗的格局。秦、齐两国"争长"天下，则是诸侯列国之间的头等大事。秦惠王想要削弱齐国，却由于齐国与楚国相互亲善，一时拿不出什么好主意，就和张仪一起策划，张仪想出了诓楚绝齐的计谋。

张仪作为秦国的使臣，来到郢都，跟楚怀王会晤。楚怀王听张仪说，楚国与齐国断绝往来而与秦国加强联系，就可以在北方驱使齐国，在西方受惠于秦国，轻易获得商於之地，心里非常高兴，就基本上同意了张仪的说法，急切地在朝廷上宣布："我已经得到商於之地，方圆共有六百里。"群臣听到这个消息，立刻表示祝贺。只有陈轸最迟见到楚怀王，唯独他没有庆贺，反而表示伤心。楚怀王看到陈轸的样子，有些不高兴，就责问他："我不烦劳一兵，不损伤一卒，就得到商於六百里土地，我自以为不错的。诸位大夫都来向我祝贺，唯独你不肯道贺，这是为什么呢？"陈轸回答说："我觉得商於之地是得不到的，而这么做会招致祸患，所以不敢道贺。"

楚怀王问是什么原因，陈轸解释说："那秦王看重君王，是因为君王和齐国亲善。现在土地还没有得到，却先与齐国断绝关系，这会使楚国陷入孤立，秦国怎会看中一个孤立的国家呢？可是，要想秦国先交出土地，然后再与齐国断绝往来，秦国肯定不会这么做。假如我们先与齐国断绝关系，再去向秦国索取土地，肯定会受到张仪的欺骗。一旦受到张仪的欺骗，君王就会万分懊悔。这样一来，在西面引发秦国的祸患，在北面与齐国反目成仇，秦、齐两国的军队就会朝我们开来。"

陈轸的话说得很明白，可终究没能说动楚怀王。楚怀王听不进不同的意见，因而愤愤地对陈轸说："我做出的决定很好，请你不要再多说了，等我来处理这件事。"于是，楚怀王按照张仪的要求，马上派使者去齐国，表明楚国的外交立场。还没有等到使者回报，楚怀王又急切地派使者去齐国，宣布同齐国断绝关系。这真的把事情做绝了。

张仪从楚国回去后，把楚怀王的决定报告给秦惠文王，秦惠文王当即派人出使齐国，同齐国私下结交。楚怀王根据张仪的承诺，让一位将军作为使者，去秦国接受土地。经过几番交涉，这位将军才知道上了张仪的当。无奈在异国他乡受欺骗，也没有讲理的地方，只好回国向楚怀王报命。

楚怀王得到报告，十分恼怒，转而想出兵讨伐秦国。陈轸又出面劝阻说："现在讨伐秦国，不是什么好办法，君王不如送给秦国一块土地，与秦国一起讨伐齐国。这样我们丢掉一块土地给秦国，却可以从齐国取回另一块土地。眼下既然已经同齐国断绝往来，又要谴责秦国的欺骗行径，这会使齐、秦两国联合起来，我们将要大受损失。"楚怀王还是听不进去，当下发兵讨伐秦国，企图挽回外交上的损失。

这是楚怀王受欺绝齐的事迹，在本书最后一章另有论述。其中也许有一些被人夸饰的地方，但大体上还可以相信。商於之地在丹江中下游一带，是秦国与楚国毗邻的地区。张仪在楚怀王面前只是说："大王如果能封闭关卡，与齐国断绝往来，我就请秦王献出商於之地，方圆有六百里。"这句话明显地带有不确定的语气，最后的定夺还要看秦惠文王。可楚怀王一听能轻易得到商於之地，就高兴得不得了，不但答应马上与齐国断绝关系，还赶忙拿出相印授予张仪，同时送上丰厚的礼物。这能说不是利令智昏吗？至于张仪返回秦国，秦国没有把商於之地割给楚国，主要有两种可能：一是楚国和齐国断绝关系之前，张仪和秦惠文王为诓骗楚怀王，故意设下这一外交圈套；二是楚国和齐国断绝关系之后，张仪没有说通秦惠文王按他的承诺让出商於之地，给楚国以回报。要说哪一种可能性更大，都不过是推测而已。

其实，在诸侯列国之间，既没有永久的朋友，也没有永久的敌人。外交往来不过唯利是图，根本谈不上什么道义。一味地要求恪守道义的人，如果自己不是傻瓜，就是把对方当成傻瓜。楚怀王昏庸失智，不只反映在受外国使臣的诓骗，还表现在受后宫嫔妃的哄骗。有这样一位昏庸的君主，真可说是楚国的不幸。

✦ 借刀劓妃

楚怀王遭受张仪的诓骗，撇开秦国君臣的诡诈手段不谈，还与他本人的贪婪密切相关。如果不是他贪图眼前的好处，缺乏谋略的头脑，怎会一遇上诱饵，就兴高采烈地吞钩呢？而在楚怀王身边，他的夫人郑袖借刀劓妃，又从另一个侧面表明，楚怀王为人处世是多么昏庸。

原来，魏襄王给楚怀王进献了一位美女，深受楚怀王的宠爱。楚怀王的夫人郑袖很嫉恨，却装出喜欢魏女的样子：凡是穿的衣服和玩的东西，都选魏女喜爱的；住的房间、用的卧具，也都挑选魏女喜爱的，看上去她比楚怀王还要偏爱这位美人。楚怀王感慨地说："妻子用来侍奉丈夫的是自己的美色，而为别人的美色产生嫉妒之心，又是女人的常情。如今郑袖知道我宠爱新来的魏女，她比我更爱这位美人。这跟孝子侍奉父母，忠臣侍奉君主，属于同一种感情啊！"

郑袖听他这么一说，知道楚怀王认为她没有嫉妒，就找机会对魏女说："君王喜欢你的美貌，却讨厌你的鼻子。你再见着君王，最好捂住自己的鼻子。"魏女信以为真，就照郑袖说的去做。楚怀王有点奇怪，询问郑袖说："那位新人见到我，就捂住她的鼻子，这是为什么呀？"郑袖回答道："我知道是怎么回事。"楚怀王连忙说："即使是再不中听的话，也一定要说给我听。"郑袖这才说："他好像讨厌君王身上的味道。"楚怀王一听，恼羞成怒，当即下令割去魏女的鼻子，不准别人违抗命令。

在这段故事里，郑袖的阴狠歹毒和楚怀王的昏庸残暴，暴露得十分清楚。特别是郑袖耍弄明暗两手，真是极为"出色"。她起初表面上喜欢魏女，无论什么都随魏女的心意去做，实际上是做给楚怀王看，要他相信自己不是那种喜欢嫉妒的女人。这一阴谋得逞之后，她又装出极为关心的模样，劝魏女捂住鼻子见楚怀王，实际上是利用楚怀王身上有狐臭而怕揭短的心理，假借他的命令对魏女下毒手。可怜魏女任人摆弄，不知不觉地掉入了郑袖的圈套，做出类似厌恶狐臭的样子，给楚怀王大发淫威提供了口实。

楚怀王如此容易受后妃的欺骗，要与智谋过人的张仪之辈打交道，上当吃亏也就不足为奇。虽然当朝有陈轸、屈原等人，反对绝齐联秦的做法，然而楚怀王不听他们的忠告，一意孤行，到头来只能咎由自取。

◇再度受欺

楚怀王遭到张仪的诓骗，禁不住满腔的怒火，当即发兵进攻秦国，直取商於之地。秦惠文王得到报告，马上下令出兵反击，与楚军大战于丹阳（今河南淅川东南），斩杀楚军八万人，俘虏大将屈匄、副将逢侯丑等七十多人，夺取了楚国汉中六百里土地。

在丹阳之战后，楚怀王不甘心攻秦失利，又调集军队向秦国进攻，与秦军激战于蓝田（今陕西蓝田），再次遭到沉重的打击。韩、魏两国作为秦国的盟邦，也趁机南来袭击楚国，一直攻到邓城（今湖北襄阳）。秦国夺取了汉中地区，使本土和巴蜀地区连成一片，更加剧了对楚国的威胁，而楚国由于丧失汉中地区，两次兵败于秦国，国势由盛急剧转衰。

相较之下，秦国统治者在楚怀王手上占尽了便宜，可他们还想把楚国绑在自己的战车上。公元前311年，秦惠文王为了捞取楚国黔中地区，又派使者来见楚怀王，表示愿意分出汉中的一半土地，与楚国交换黔中地区，进而恢复两国的友好关系。楚怀王对张仪的诓骗耿耿于怀，竟然提出建议："我想得到张仪，而不愿得到土地。"张仪听说这话，马上向秦惠文王请求去楚国，秦惠文王就派他再次出使楚国。

张仪来到楚都郢城，楚怀王念及往日的怨恨，下令把他拘押起来。楚大夫靳尚本来和张仪私交很好，因而出面替张仪求情，对楚怀王说："现在拘留张仪，秦王必定恼怒，又会轻视楚国。"楚怀王听不进去。靳尚又去找楚王夫人郑袖，故作神秘地说："你知道你将被君王鄙弃的原因吗？"郑袖有点莫名其妙，忙问是怎么回事。靳尚解释说："张仪是秦王偏爱的大臣，而今被君王拘押起来。秦王为了把张仪接回去，打算将上庸六县赠给楚国，选送美女给君王，并且以宫中擅长歌舞的女子作陪嫁。君王看重土地，又受声色迷惑，必定亲近秦女而把你忘记，你就会更加被轻视。"郑袖问该怎么办，靳尚说："你不如赶快去说服君王，放出张仪。张仪若被释放回国，永远会感激你的恩德，秦女就不会嫁到楚国。这样，你在国内独占高贵的地位，在国外与秦国结下私交，有张仪为你所用，你的儿子就会成为太子，可见这不是一般的好处。"

郑袖听完靳尚的话，马上去劝楚怀王说："作为臣下的人，各为君主所用。现在还没把土地交给秦国，秦王就派张仪来，这可算是尊重君王。君王不但没有回礼，反而要杀害张仪，秦王必定大怒，发兵攻打楚国。请让我母子搬到江南去住，以免被秦国宰割啊！"楚怀王有些后悔，就下令释放了张仪。张仪趁机劝说楚怀王，背弃合纵的盟约，与秦国结成友好关系。楚怀王不愿割让黔中给秦国，就想答应张仪的建议。楚大夫屈原回想往事，进劝楚怀王说："过去君王被张仪欺骗，这次张仪来楚国，我以为君王会烹杀他。眼下却把他放出来，还听从他的邪说。真不能这么做呀！"楚怀王却说："答应张仪的建议，再得回黔中地区，是一件有利的事。先前答应把黔中给人家，而今违背自己的诺言，这是不可以的。"因此，楚怀王最终接受了张仪的建议，与秦国结成了友好关系。

◇楚怀王之死

楚怀王与秦国打交道，经受两次欺骗之后，也得到了一点实惠。公元前

304 年，秦昭襄王和楚怀王相会于黄棘（今河南新野），秦国把过去侵占的上庸之地还给楚国，秦、楚两国的关系得到了改善。

黄棘会晤之后，楚怀王派太子熊横到秦国为人质，以换取秦昭襄王的信任。可是没过多久，熊横在咸阳打死了秦昭襄王的一位侍臣，尔后逃回楚国。秦昭襄王非常气愤，发兵攻打楚国，占领了八座城，作为对楚国的报复。楚怀王又派熊横到齐国做质子，请求同齐国恢复友好关系，使秦楚关系发生了重大的转折。

公元前 299 年，秦昭襄王致信楚怀王，邀约他相会于武关（在今陕西丹凤），以促进两国关系的正常发展。这时候，秦国在山东六国有"虎狼之国"的称号，楚怀王接到书信之后，十分忧虑，又怕惹恼秦昭襄王，因而召集群臣商议。令尹昭雎劝阻说："君王不必前往，只需发兵防备就行。秦国是像虎狼一样的国家，有吞并诸侯各国的野心，实在不可以相信。"楚怀王的儿子子兰却认为，不应该失掉秦王的欢心，因而劝楚怀王前去赴会。楚怀王听从子兰的意见，前往武关会见秦昭襄王。

这次会晤确实是一个圈套，秦昭襄王没有来到武关，只派了一名将军假装为秦王，在武关设下埋伏，等楚怀王一行人到来，马上封闭了关门，挟持楚怀王西行，径直进入咸阳。秦昭襄王在章台接见楚怀王，采用接见藩臣的礼仪。楚怀王以年迈之躯遭受这般捉弄，心中大为恼怒，后悔没听昭雎的劝说。秦昭襄王要挟楚怀王交出黔中地区，声称只有先得到土地，再同楚怀王订立盟约。楚怀王对这一无理要求，自是愤怒不已，断然加以拒绝，因而被软禁起来。

这一消息传回楚国，楚国群臣十分惊慌，连忙召开紧急会议，共同商议对策。群臣一致认为："我们的君王在秦国不能回来，秦王以割让土地相要挟，而太子在齐国做质子，假如秦、齐两国共同谋划我们，那楚国就要灭亡。"有些大臣建议拥立在国内的王子为王，令尹昭雎却说："君王和太子都困在他国，眼下又违背君王的命令，拥立那庶出的儿子，这么做不妥当。"于是派人出使齐国，谎称楚怀王已经死去，请求熊横回国继承王位。

齐湣王召集群臣商议，有人建议扣住楚太子，用他来交换楚国的淮北地区；齐相国反对这么做，认为楚国一旦拥立新王，就等于扣住一个没价值的人质，反而落得不仁不义的恶名。结果，齐国把熊横放回楚国，熊横继位，是为顷襄王。楚国从此背弃秦国，再度站到齐国一边。秦昭襄王闻讯大怒，立刻发兵出武关攻打楚国，斩杀楚军五万人，攻占楚地十五座城，楚国再度遭受严重损失。

公元前 297 年，楚怀王趁楚、齐、魏、韩联合攻秦的机会，企图潜逃回国，但被秦国人察觉，又因为回国的道路被封锁，就抄便道逃往赵国。这时候，赵惠文王刚继位，担心秦国发兵问罪，不敢接纳楚怀王。楚怀王又想投奔魏国，却被追上来的秦兵捉了回去。秦昭襄王得知楚国另立新君，不再理会楚怀王。楚怀王忧郁成疾，最终死在咸阳。

楚怀王客死秦国，是一件重大的事情。秦国把楚怀王的灵柩送还楚国，楚国百姓非常爱怜怀王，好像失去亲戚一样悲伤，各国诸侯都不满于秦国的霸道行径。其实，正如柏杨所说，"西洋有句谚语：'第一次被骗，错在对方，第二次再被骗，错在自己。'"楚怀王真是一个脓包，头脑像一个糨糊罐，被张仪、秦昭襄王之辈玩得团团转。这种糨糊型的君主，中国历史上车载斗量，一切都是咎由自取。可是死伤的那些士卒和百姓，却又何辜？唯一的原因是有一个"糨糊罐"，高高在上地掌握国家大权。楚怀王的灵柩送回国内，楚国人民悲不自胜，这是人民的厚道，却忘了所有的苦难都来自他一人。

尽管秦国君臣的所作所为被天下诸侯认为是不正道的，但这前后楚怀王为自己的贪婪而付出的沉重代价，却使楚国陷入艰难的困境。

春申君的胆识

春申君黄歇作为战国四公子之一，与孟尝君田文、信陵君魏无忌和平原君赵胜相比较，并非出自诸侯王室，而是因为早年出外游学，能够博闻强记，才受到楚顷襄王的赏识，一步步地走上楚国的政治舞台。

◇上书饵兵

楚顷襄王即位之后，照理说对秦国的粗暴行为应做出强烈的谴责，可是因为畏惧秦国的威势，反而表现得十分软弱。公元前 293 年，秦昭襄王致信楚顷襄王，其中写道："楚国背叛秦国，秦国将要率领各国诸侯，讨伐楚国，希望你整治军队，我们来一场决战。"楚顷襄王见信很忧虑，只好决定与秦国和好，派人前去迎娶秦女，同秦国达成政治联姻。这被司马光视为"忍其父而婚其仇"，狠狠地鞭挞了一顿。

秦、楚两国关系的正常化，大体维持了十多年时间，等到秦国利用这个时机，进一步削弱韩、魏两国之后，再度转向进攻楚国，楚国面临的形势就更为不利。

公元前 280 年，秦昭襄王出兵攻打楚国，楚顷襄王因作战失败，被迫割让汉水以北和上庸地区。在这之后，秦将白起相继攻占鄢（今湖北宜城）、郢都（今湖北荆州）等地，焚烧了楚国先王坟墓夷陵。鉴于江汉腹地全部沦陷，楚顷襄王把楚都向东北迁到陈城（今河南淮阳）。楚国至此丢失了半壁江山。

公元前 276 年，楚顷襄王纠集东部各地的军队，共计十多万人，转向西部进行反攻，收复了长江沿岸十五座城。秦国正忙于对魏国用兵，无暇对付楚国。公元前 273 年，秦魏华阳之战结束，韩、魏两国被迫屈服于秦国，秦昭襄王又把眼光转向楚国，准备派白起会合韩、魏两国的军队，一同进攻楚国。就在秦军开拔之前，黄歇以楚国使者的身份来到咸阳，听说秦国联合韩、魏两国攻打楚国的消息，害怕这次会灭掉楚国，就上书秦昭襄王说：

天下最强盛的国家，莫过于秦、楚两国。现在听说大王要攻伐楚国，这就好比两只猛虎相互争斗。两只猛虎相互争斗，那小狗就会承受其弊，因而不如善待楚国。

我听说事物发展到极点会走向反面，冬夏交替就是这样；积累到顶点会出现危险，摞棋子就是这样。现在秦国的土地，周遍天下而占有两边，这是自有人类以来，一个拥有战车万辆的大国不曾有过的。秦国先王惠文王、武王到大王，三代都不忘把秦国的领地和齐国相接，以断绝合纵的中腰，现在大王派盛桥把守韩国，盛桥把韩国的土地并入秦国，这是大王不用甲兵，不施展威力，就得到了方圆百里的土地，可以说大王很高明。大王又发兵攻伐魏国，堵塞大梁的门户，占领河内地区，攻克燕、酸枣、虚、桃等城邑，进入邢丘，魏军徘徊而动，不敢前来救援。大王的功绩真多啊！接下来，大王休整军队，两年后再出动，兼并蒲、衍、首垣，进抵仁、平丘，黄、济阳被围困，魏国表示屈服。大王又割取濮、历以北的土地，连接齐、秦两国的中腰，断绝楚、赵两国的脊梁，天下诸侯纷纷约合，却不敢相救。大王的威势达到了极点！

大王若能保全功业，守住威势，抑止攻伐进取的心思，在占领区内广施仁义，以免发生后患，那么，三王不愁没有第四人，五霸不愁没有第六人。假如大王自恃人多势众，依仗武器装备精良，乘借摧毁魏国的余威，用武力来使天下诸侯臣服，我担心会有后患。《诗经》上说："靡不有初，鲜克有终。"《易经》上说："狐濡其尾。"这是说做事情开头容易，而要圆满结束很难。怎么知道会这样呢？从前，吴王相信楚国，才去攻伐齐国，在艾陵已经战胜齐国，回师时在三渚水边被越王活捉；智氏相信韩、魏两家，才去攻伐赵氏，围攻晋阳，当胜利在望时却因为韩、魏两家的背叛，而被杀死在凿台之下。这两个国家并不是没有大功，只因为先前被利益冲昏了头脑，尔后才换来一场大灾难。现在，大王忌恨楚国没有毁灭，却忘了毁灭楚国会使韩、魏两国强大，我为大王设想而不赞成这种做法。

《诗经》上说："军队不应该跋涉太远去攻伐他国。"照此说来，楚国是秦国的后援，其余邻国是秦国的敌人。大王相信韩、魏两国的亲善，正像吴王相信越国那样。我听说敌人不可宽恕，时机不可失去，恐怕韩、魏两国用谦卑的言辞以消除自身的祸患，其实是欺骗大国吧！为什么这样说呢？大王对韩、魏两国没有累世的恩德，却有累世的积怨，韩、魏两国父子兄弟相继死于秦国的，至今也有很多代。他们的国家残破，社稷败坏，宗庙毁灭，人们被剖腹断肠，砍去头颅，身首分离，尸骸暴露在荒野，头颅抛弃在路途，几乎到处可见。他们的鬼魂难免孤独哀伤，得不到亲人的祭奠。百姓更是无法生活，以致家族流离四散，到各处沦为奴仆。所以，韩、魏两国不灭亡，实在是秦国的忧患。现在，大王帮助他们攻伐楚国，不是错误的吗？况且大王攻伐楚国，又将怎样出兵呢？大王打算向韩、魏两国借道吗？等到出兵的时候，大王会担心秦军不能回来，这无异于用军队帮助韩、魏两国。大王如果不向韩、魏两国借路，就必须攻下随水以西的地区。随水以西全是辽阔的山川、大河、山林和溪谷等不可耕种的土地。大王纵然夺得这一地区，也不算是得到土地。这样，大王有毁灭楚国的名声，却没有得到实际的利益。

何况大王攻伐楚国的时候，齐、赵、韩、魏四国会起兵响应大王。秦、楚两国军队交战不休，魏国就将出兵进攻留、方与、铚、砀、萧、相等地，原先宋国的领地会被魏国吞并。齐国向南进攻楚国，必定攻占泗水流域。这些地区都是四通八达的平原和肥沃的土地，而让齐、魏两国分别占领，大王攻破楚国，在中原增添韩、魏两国的土地，壮大齐国的势力。仅韩、魏两国的强盛，足以同秦国为敌。齐国南面以泗水为国境，东面背靠大海，依傍黄河，而没有后患。天下各国没有比齐、魏两国强大的。齐、魏两国得到这些土地，充分利用土地的效力，仔细地规划治理，一年以后虽不能称帝，也有足够的力量阻止大王称帝。

按说以大王土地的辽阔，人口的众多，武器装备的精良，一举兵就与楚国结下仇怨，而让韩、魏两国把帝号送给齐国，这是大王的失策啊！我为大王考虑，不如亲善楚国。秦、楚两国联合起来进逼韩国，韩国就会束手无策。大王再利用东山的险阻，加上黄河蜿蜒带来的便利，就能把韩国变成一个关内侯。果真如此，大王调遣十万大军戍守新郑，魏国就会心惊胆寒，许、鄢陵两座城遭到围困，楚国的上蔡、召陵无法和魏国往来，魏国也就成为一个关内侯。大王一旦亲善楚国，韩、魏两国马上降服，而秦国的土地连接齐国，齐国西部的土地就能轻易取得。大王的领地从西海到东海，像腰带一样约束着天下，燕、赵两国无法联合齐、楚两国，齐、楚两国也无法联合燕、赵两国。然后，大王再威逼燕、赵两国，胁迫齐、楚两国，这四个国家不等到遭受攻伐，就自动降服了。

这封信表达的中心内容，正如同所谓"绥靖主义"的思想。黄歇面对秦国的大肆扩张，采取迁就姑息和纵容的态度，用牺牲韩、魏两国的生存利益，去满足秦国君臣的王霸野心，以换取楚国暂时的和平稳定。就当时的具体情形来说，秦国虽然屡次打败韩、魏两国，迫使两国统治者屈服，但尚未确立对山东六国的绝对优势，即形成"一国独胜"的有利局面，因而不能舍近求远，越过韩、魏两国去攻打楚国。楚国既然在过去遭到秦国的严重削弱，又不可避免地受着韩、魏两国的威胁，现在促使秦国继续对韩、魏两国用兵，其实不仅争得一个和平安全的环境，而且有利于减轻自身的外部压力。从上述两方面看，这是秦、楚两国都愿意接受的一项建议。因此，秦昭襄王读罢奏书，认为这项建议很好，马上命令白起停止出兵，让黄歇赶快返回楚国，同时派使者携带厚礼进见楚顷襄王，与楚国结成了友好关系。

在秦、楚两国之间，一场即将到来的大规模战争，按照黄歇个人的意愿，由此画上了一个休止符。

◇设计脱秦

　　随着秦楚两国关系的改善，黄歇被楚顷襄王任命为左徒，开始参与朝廷事务。公元前 272 年，楚顷襄王把太子熊完派往秦国做质子，让黄歇随从至咸阳辅佐。这一去有近十年时间，就现存的文献资料而言，不知道黄歇究竟做了些什么。

　　公元前 263 年，楚顷襄王身患重病，无法料理朝政，王位继承问题被提上议程。熊完在咸阳得知这一消息，想回国探望一下顷襄王的病情，却未得到秦昭襄王的准许。黄歇知道熊完和秦相国范雎交好，就去向范雎解释说："楚王的病情恐怕不会好转，秦国不如放回太子。楚太子回国继承王位，必定对秦国以厚礼相待，对相国感恩戴德。这是亲善楚国，而得以同大国为友的唯一做法。假如楚太子不能回国，那他在咸阳不过是一介平民，楚国若另立太子，就不会再服侍秦国。这样轻易地丧失同盟国，并且同大国断绝友好关系，实在不是好计谋！请相国考虑一下。"范雎把黄歇的话转告给了秦昭襄王，秦昭襄王回答说："让楚太子的师傅先回去，探望一下楚王的病情，等回来以后再做商量。"那意思是不愿意放熊完回国。

　　黄歇对楚王室的情形十分了解，担心顷襄王一旦去世，熊完不在国内就无法继位，因而私下和熊完商议说："秦国之所以羁留太子，无非是想要更换太子，向楚国求得好处。眼下太子力不能及，我为此非常担忧。可是，阳文君（楚顷襄王之弟）有两个儿子在宫中，一旦君王驾崩，太子不能回国，他们就会继承王位，这样太子就不能承奉宗庙。以我之见，太子不如私下离开秦国，跟所有的侍从一起先走，我留下来应付变故，大不了一死了之。"于是，熊完改换服装，打扮成替楚使者驾马的车夫，与他身边的侍从一道混出了秦国的关卡。

　　在咸阳楚太子馆舍中，黄歇独自日夜守候。有人前来拜访熊完，他就以熊完生病为理由，加以谢绝。估计熊完已经走远，秦兵追赶不上了，黄歇才去觐见秦昭襄王，向他谢罪说："楚太子已经回国，现在想追也追不上。我知道该当死罪，请大王赐我死吧！"秦昭襄王听罢大怒，想让黄歇自裁了断，范雎劝阻说："黄歇为人臣子，出生入死地捍卫主人，楚太子能立为王，必定重用他，所以不如不加罪于他，放他回楚国，以表示亲善楚国。"秦昭襄王听了这一劝说，把黄歇遣送回国。

大约过了三个月，楚顷襄王去世，熊完继位，是为考烈王，任用黄歇为令尹，总理朝廷事务，同时封他为春申君，以淮北十二县为食邑。嗣后，过了十五年，黄歇为了巩固食邑，对楚考烈王说："淮北地区靠近齐国，往往会发生急切的变故，请把这一地区划为郡来治理，那就方便多了。"他还借着这个机会，把淮北十二县奉献出来，请求改封于江东。楚考烈王答应了这一请求，春申君就在吴国的旧都吴（今江苏苏州）筑城，作为自己的都邑。

春申君在令尹任上，颇能礼贤下士，广招天下宾客，在他的门下聚集了三千多人。他曾经率军北上，帮助赵国解除邯郸之围，又在公元前256年，一举吞并鲁国，并且任用荀况为兰陵（今山东兰陵）令。这对壮大楚国的势力，张扬楚国的声威，都起到了不小的作用。

楚国的覆灭

　　楚国最后百年的历史，读来令人感到暮气沉沉，乃至萎靡不振。这种日渐颓败的局势，究其原因主要有二：一是权贵大臣腐化堕落，二是奸佞小人专横跋扈。前者从庄辛评议时政能够概知全貌，后者从李园篡夺朝政可以窥见一斑。楚国因为自身的败坏，再加上天下形势的剧变，也就无法摆脱覆灭的噩运。

◇庄辛议政

　　早在楚都郢城陷落之前，庄辛作为楚庄王的后裔，有鉴于朝廷政治腐败、四大宠臣专权的弊端，就告诫楚顷襄王说："君王左边有州侯，右边有夏侯，车后跟着鄢陵君和寿陵君，过着荒淫、放荡、奢侈、糜烂的生活，不关心国家大事，郢都必定危险啊！"楚顷襄王不以为然，随口责问道："先生是老糊涂了呢，还是把我看成楚国的不祥征兆呢？"庄辛回答说："我确实看到了这种行为的后果，但不敢把它说成是楚国的不祥征兆。君王若仍旧宠幸这四个人，楚国就会灭亡。我请求到赵国躲避一下，看一看事情的变化。"于是庄辛离开郢都去赵国，在赵国住了五个月。庄辛离开之后，秦国攻占了鄢、郢等地，楚顷襄王被迫逃亡城阳（今河南信阳），而后迁都于陈城。

　　楚顷襄王后悔没听庄辛的话，派出特使到赵国召回庄辛。庄辛回到楚国，楚顷襄王抱歉地说："我没听先生的话，把事情弄到这种地步，眼下该怎么办呢？"庄辛回答说：

　　我听得俗话说："见兔而顾犬，未为晚也；亡羊而补牢，未为迟也。"从前商汤王、周武王凭借方圆百里的地方兴盛起来，夏桀王、商纣王拥有天下而归于灭亡。如今楚国虽然小了，可是截长补短，还有数千里土地，岂止方圆百里呢？

　　君王难道没有见过蜻蜓吗？它有六只脚和四只翅膀，飞翔在天地之间，低头捕捉蚊虻吃，抬头承接甘露喝，自以为没有祸患，跟人没有什么争端。哪知道五尺童子，正在调和黏汁涂抹丝线，将举过二十八尺高度，沾到它身上，而落地成为蝼蚁的食物。蜻蜓算是小的，黄雀也是这样。它低头啄食米粒，抬头栖息在树枝上，鼓动翅膀奋力飞翔，自以为没有祸患，跟人没有什么争端。哪知道公子王孙，左手操起弹弓，右手捏着弹丸，将射过七十尺高度，打到它身上，转眼它就落在他们的手中。

　　那黄雀算是小的，天鹅也是这样。它飞翔在大江大海，栖息在沼泽湖泊，低头捕食鲇鱼鲤鱼，抬头啄咬菱角杜蘅，奋起翅膀，驾着清风，在高空自由翔翔，自以为没有祸患，跟人没有什么争端。哪知道射猎的人，正在修整箭头和黑弓，将射过七百尺高度，射到它身上，它很快会带着锋利的箭头，拖着细长的丝线，从清风中坠落下来。天鹅白天在江河飞翔，晚上就被炖成肉汤。

　　那天鹅算是小的，蔡圣侯的事情也是这样。他往南游玩高陂，往北登揽巫山，喝茹溪的水，吃湘江的鱼，左手抱着年轻的美妾，右手搂着宠爱的侍女，和她们一起在国内尽情享乐，却不把国家放在心上。哪知道楚将子发，正在接受宣王的命令，将用红色的绳索把他捆上，押过来朝见宣王。

　　蔡圣侯的事情算是小的，君王的事情也是这样。您左边有州侯，右边有夏侯，车后跟着鄢陵君和寿陵君，吃着四方供送的粮食，带着国库贮存的金钱，与他们一起在云梦尽情游玩，却不把天下放在心上。哪知道秦相穰侯，正在接受秦王的命令，将要出兵黾塞以南，把您驱逐到黾塞以北。

本来，揭露朝廷政治的腐败，是一件不容易的事情，而庄辛直斥楚顷襄王的短处，就更加难能可贵。楚国统治者腐化堕落，能给楚国带来好运吗？那自然是不可能的。当庄辛第一次进谏时，开门见山地提出问题，指出这样下去的后果，楚顷襄王还以为他大放厥词，耸人听闻，因而不理不睬。等到郢城陷落之后，庄辛再一次议政，虽然说话的目的和前一次相同，却讲究了进谏的技巧。你听他从蜻蜓说到黄雀，从黄雀说到天鹅，从天鹅说到蔡圣侯，从蔡圣侯说到楚顷襄王，这样从小到大，由远及近，层层深入，步步逼近，怎能不折服人呢？因此，楚顷襄王听完这番话，吓得脸色大变，浑身哆嗦，当即封庄辛为阳陵君，参与朝廷事务。

令人遗憾的是，这种正视现实、改过自新的超常举动，好似一片落叶随风而去，顷刻便没了下文。接下来看到的却是，李园之流耍弄移花接木的手段，篡夺朝廷大权的丑恶行径。

◇移花接木

春申君因为操持王位更迭，得到楚考烈王的高度信任，担任令尹达二十五年。但这并不表示他和楚考烈王从来没有任何芥蒂。恰恰相反，因为王权和相权的矛盾，他们过去的亲密关系日渐淡化。公元前 241 年，楚、赵、魏、韩、卫五国诸侯联合起来，进攻秦国，由楚考烈王担任纵长，春申君负责具体事务。诸侯联军攻克寿陵（今河南洛宁），直逼函谷关，可等到秦军开关迎战，竟然不战自溃，一哄而散。楚考烈王将其归咎于春申君，春申君就更被疏远了。

在春申君的门下，有一位宾客叫朱英，他分析了楚国面临的形势，进劝春申君说："人们以为楚国本来很强大，可用您做令尹反而衰弱。这在我看来是不对的。前代君王在位时亲善秦国，而秦国二十年没有攻打楚国。这是什么原因呢？是因为秦国越过险塞来进攻楚国，很不方便；向东周、西周两国借道，背对韩、魏两国来进攻楚国，又不可能。现在就不是这样，魏国危在旦夕，无法保护许、鄢陵两城，并且答应把这两座城割给秦国。这样一来，秦军距离陈就只有一百六十里路，我所看到的就是秦、楚两国不停地交战。"于是，春申君征得楚考烈王的同意，把楚都从陈迁到寿春（今安徽寿州），而他自己就封地于吴，继续尽他令尹的职责。

王位更迭是一个国家的大事。可是楚考烈王即位以来，一直没能生育后嗣。春申君为此十分忧虑，曾经挑选不少适龄女子，进献给楚考烈王，结果还是没能生育。赵国人李园想把妹妹李环进献给楚考烈王，听说楚考烈王不能生育，恐怕妹妹入宫后得不到宠爱，就设法先到春申君府中做舍人。没过多久，李园向春申君请假回赵国一趟，故意延误日期返回。春申君问他为什么没有按时回来，他回答说："齐王派使者来聘娶我的妹妹，我和使者在一起喝酒叙话，所以延误了日期。"春申君要见一下李环，李园就把李环献给春申君，并且得到了春申君的宠幸。

等到李环怀孕之后，李园和妹妹谋划了一番，李环趁着一个好机会，劝告春申君说："楚王非常敬重您，就是亲兄弟也比不上。如今您执掌楚国二十多年，而楚王还没有儿子，一旦楚王去世，就会传位给他的兄弟。那新王必定重用自己亲近的人，您还能享受恩宠吗？不仅如此，您辅政时间很长，对楚王的兄弟多有失礼之处，等到楚王的兄弟接过王位，就可能给您引来杀身之祸，怎能保住相印和江东封邑呢？眼下只有我知道怀孕在身，而没有别人知道。我受您的宠爱并不太久，如果以您尊贵的身份，把我进献给楚王，楚王必定宠幸我。我靠上天的保佑生得一个男孩，将是您的儿子当楚王。楚国尽可得到手，这同身遭不测之罪相比，哪样好呢？"春申君十分赞同，便把李环进献给楚考烈王，楚考烈王很宠爱李环。后来，李环生下了一个男孩，就是太子熊悍。李环随之成为王后，李园也受到楚考烈王重用，开始参与朝廷事务。

"移花接木"是"三十六计"以外较有典型性的一种权谋。它的本意是把带花的枝条嫁接到别的树木上，而通常比喻暗地里更换人或改变事物。谋略主体运用这一手段，既要按"移""接"的程序去做，又要切实掩盖真正意图。在楚国宫廷内玩弄这把戏，李氏兄妹的丑恶表演，实在是权欲熏心所致，为人所不齿，可他们毕竟成功了。春申君本为国家前途担忧，到头来与李氏兄妹沆瀣一气，做出那样下流的事情，实在有辱"四大封君"的称号。更令人惊奇的是，这一权谋的运用并非独此一件。在这之前吕不韦因为"奇货可居"而施展手脚，使秦王嬴政的身世至今仍是一个难解的谜；在这之后一场"狸猫换太子"，又使乾隆皇帝的身世在民间传为一桩悬案。这些说来有点耸人听闻，可有谁能道出其中的真假呢？

◇春申君之死

李园借着春申君的特殊地位，实现了参与朝政的梦想。可等到李环当了王后，他既担心春申君泄露秘密，又总想取代春申君的权势，就暗地里收养敢死之士，准备杀掉春申君以灭口。当时有许多人都知道这动向，而春申君一直没有什么警觉。

公元前238年，楚考烈王卧病不起，朱英预料后事，提醒春申君说："世上有意想不到的福分，也有意想不到的祸害。您处在捉摸不定的世道，侍奉捉摸不定的君主，怎会没有意想不到的人呢？"春申君问："什么叫作意想不到的福分？"朱英解释说："您执掌楚国二十多年，名义上是相国，其实就是君王。眼下楚王发病，早晚将会死去，而您辅佐少主，将代替他处理朝政，如同周公、伊尹那样。等少主长大成人，再把政权还给他，或者自己南面称王，据有整个楚国。这就是意想不到的福分。"春申君又问："什么叫意想不到的祸害？"朱英解释说："李园不治理国政，却是您的仇人；不执掌军队，却收养敢死之士，这已经很久了。一旦楚王去世，李园必定抢先入宫，把持朝廷大权，杀害您以便灭口。这就是意想不到的祸害。"春申君又问："什么叫意想不到的人？"朱英回答说："您任命我为郎中，一旦楚王去世，李园抢先入宫，我替您杀死他，这就是意想不到的人。"

春申君听完朱英的话，心想李园为人性情懦弱，不会干出谋杀的勾当，就没有领受朱英的一片苦心，只是漫不经心地说："先生不要再提这些事。李园是软弱的人，我对他很好，怎么会走到这一步？"朱英见春申君不愿接受他的意见，恐怕祸及自身，就离开春申君逃走了。

过了十七天，楚考烈王病逝，李园抢先入宫，在棘门设下埋伏。当春申君走出棘门时，那帮敢死之士一哄而起，当场杀死了春申君，并砍下他的头颅，扔到棘门外面，李园还派出官吏，将春申君家族满门抄斩。

　　可怜春申君，名在"四大封君"之列，聪明一世，糊涂一时，不能听取忠直之言，到头来遭奸佞小人的暗算，落得个家破人亡的悲剧下场。司马迁对这个悲剧，不无感慨地说："初，春申君之说秦昭王，及出身遣楚太子归，何其智之明也！后制于李园，旄矣。语曰：'当断不断，反受其乱。'"这是说春申君从劝说秦昭襄王，到豁出性命保护楚太子，是何等明智；而后受制于李园，却如此老朽昏庸。这也是春申君不听朱英劝告的结果。

　　两千多年过去，柏杨评论说："战国时代所谓'四大公子'，魏无忌先生应属第一，田文先生次之，赵胜先生又次之，至于黄歇先生，阴差阳错，造成他的高位，该高位不是他的小聪明能够承当得住。这从他率领六国联军在函谷关外，没有交锋就告溃败可得到证明。不过，请注意李园先生，他是一位典型的'腻人'。他要跟你交朋友时，连漂亮的妹妹都送上，那种忠心温暖，以及和善体贴，使你无法拒绝。可是翻脸时疾如闪电，而回报的酷烈，更使人发抖。"这评论够犀利的，只是对春申君稍显不公允，还不及司马迁所倡前、后半生"五五"开，说得分明。

　　我们可以说，春申君的遇害，不仅是他本人和家族的不幸，而且是整个楚国的不幸。因为靠李园一类的奸佞小人来操持楚国军政大计，不会有什么好结果，当然不能比春申君强。公元前228年，楚幽王熊悍病死，他的同母弟熊犹继位，估计也是李园一手操纵。没过多久，楚顷襄王的庶子负刍发动政变上台，诛杀了李园一家。但到这时候，楚国已经岌岌可危，伴随秦统一战争的步伐，韩、赵、燕、魏诸国破亡，楚国显得格外势单力薄。

　　公元前223年，秦国大军攻占楚都寿春，俘虏了楚王负刍，进而平定了楚国各地，一个泱泱大国最终覆灭。

第
五
章

CHAPTER5

齐：东方称雄

在战国诸侯列国中间，齐国是田氏通过夺权斗争，取代姜氏而建立的。它在齐威王的统治下，政治清明，实力大振，声名远播，成为当时最强盛的国家。这种强盛的局面维持了半个多世纪，涌现出孙膑、邹忌、孟尝君等一流的风云人物。可是齐湣王的强暴作为，招致燕、赵、魏、秦、韩五国的联合进攻。齐国一度濒临灭亡的边缘，幸得田单主持即墨保卫战，充分运用各种谋略，打垮占据优势的敌人，为国家收复了所有失地。不过，齐国从此元气大伤，再没有恢复过来，加上末代君臣目光短浅，自毁藩篱，齐国也堕入了亡国的深渊。

田氏代齐

田氏代齐，作为一个完整的君权嬗替过程，从田釐子乞专政开始，经历田成子常操纵废立，至太公田和列为诸侯，呈现出一系列政治权谋，为后代臣下夺位改朝，提供了一个成功的范例。

◇田乞专政

田乞，是田氏始祖田完的四世孙，早年以贵族子弟的身份，担任齐国大夫。他向人们征收赋税时，用小斗来称粮食，而借贷粮食给别人时，又用大斗来量，暗中广布私德，以收取民心。因此，田氏得到了民众的拥戴，宗族势力愈益强大。当朝重臣晏婴看到这情形，劝说齐景公正视眼前的忧患，不要姑息养奸，可齐景公听不进去。后来，晏婴出访晋国，与晋大夫叔向私下谈道："齐国的政务，最终会被田氏独揽。"

公元前493年，晋国范、中行两家大夫反叛公室，遭到晋定公的猛烈打击。范吉射、中行寅逃往朝歌，坚守城邑，向齐国请求接济军粮。田乞本来想篡权夺位，要在诸侯中树立威信，于是进劝齐景公说："范氏、中行氏对齐国有恩德，齐国不能不解救他们。"于是齐景公让田乞给范、中行两家大夫输送军粮。范吉射、中行寅终究立足不稳，被迫投奔了齐国。

齐景公去世之后，齐相国国惠子夏、高昭子张拥立太子荼继位，是为晏孺子。田乞对此很不满，因为他平素和公子阳生相好，想改立阳生。但阳生在晏孺子即位后，已经逃往鲁国。于是，田乞假意奉承国夏、高张，每次上朝都跟在他们的身边，趁机告诉他们说："本来，诸大夫不想拥立晏孺子，而晏孺子即位后，你们又是他的相国，诸大夫人人自危，正在商议作乱。"等退朝以后，田乞欺骗诸大夫说："高昭子有阴谋，想加害于大家，大家要在他未动手前，先发制人。"诸大夫都被说服了。田乞随即和鲍牧一起，召集诸大夫行动，领兵进入宫廷，攻打高张。高张闻讯后，与国夏设法营救晏孺子，未能成功，被迫逃离国都。田乞命部众追击国夏，国夏逃到莒邑，回头就把高张杀了。

田乞派人去鲁国迎回阳生，把他安置在自己的家中，随后邀请诸大夫说："我内人祭祀后，留有一些粗糙的酒食，希望诸位不要嫌弃，到舍下一起喝酒。"诸大夫应邀前来赴宴。田乞把阳生装入囊中，放在宴席中央的座位上。等到众人酒意正浓，田乞解囊放出阳生，对大家说："他才是齐国的君主啊！"诸大夫看到这光景，赶忙伏身作拜，当即订立盟约。田乞又哄骗众人说："我是和鲍牧合谋改立阳生的。"哪知鲍牧一听，十分恼怒地说："大家难道忘了景公的遗命吗？"诸大夫又想反悔。阳生就地叩头说："诸位看我能做国君，就立我，不能做国君，也就算了。"鲍牧害怕惹祸，连忙改口说："都是景公的儿子，有什么不可以的。"于是在田乞的家中，拥立阳生为国君，是为齐悼公。然后，田乞派人把晏孺子放逐到骀，而在半路上把他杀了。

齐悼公即位之后，以田乞为相国。田乞操持权柄，专擅齐国政务，为田氏代齐奠定了基础。

◇田恒杀君

田恒是田乞的儿子，在田乞死后继任相国，是为田成子。齐简公即位后，他与监止分别担任左、右相国。监止受齐简公的宠幸，实际上操持国政。田恒心里畏惧监止，却没有力量把他赶走，就重操父亲的故技，用大斗把粮食借给别人，再用小斗收回粮食。齐国百姓歌颂他说："老婆婆采芑菜啊！都送给田成子啦！"御官田鞅上朝时，劝谏齐简公说："田氏和监氏势不两立，国君要从中选择一人辅政。"齐简公未予理会。

公元前 481 年，监止在处理政务时正好遇上田逆杀人，就下令把他抓进狱中。田氏家族相处和睦，于是让田逆在狱中装病，再借家人探视的机会，送酒给狱卒，把狱卒灌醉杀死，使田逆逃脱出来。监止得知这一消息，害怕和田氏家族结仇，就与田氏族长订盟谈和。田氏家族中有一人叫田豹，后来给监止做家臣，颇受监止信任。监止对田豹说："我想把田氏全部赶走，让你做田氏族长好吗？"田豹回答说："我只是田氏的旁枝子孙，不服从你的不过三五个人，何必把他们都赶走呢？"之后，田豹把监止的图谋转告给了田氏家族，田逆觉得："监止深受国君的宠幸，不先下手除掉他，就会祸及田氏家族。"

这年五月十三日，田恒兄弟四人驾车入宫，准备借上朝的机会，先下手杀掉监止。监止眼见来势不妙，连忙关上宫门，命宦官拼死抵抗。齐简公正在檀台和妻妾饮酒作乐，当即被田恒带回寝宫。齐简公拿起戈来刺田恒，太史子余规劝说："田恒不敢作乱，只是为君除害。"这才使齐简公作罢。田恒出宫住进武库，听说齐简公还在生气，就打算逃离国都。田逆拔剑劝阻说："迟疑不决是最害事的。参与起事的人，谁不是田氏家族的？你如果要逃亡，我不杀掉你，就不配做田氏族人。"田恒只好打消逃意，率领部众攻击公室。监止召集徒众反击，但没能取得胜利，只好挟持齐简公逃往外地。田恒的部众追赶过去，捕杀了监止，俘虏了齐简公。齐简公身为阶下囚，不禁感慨地说："我若早听从田鞅的话，就不会沦落到这个地步。"

到了这时，田恒下定决心，指使部下杀死齐简公，另立简公的弟弟骜，是为齐平公。他仍作为齐相国执掌国政。为了避免各国诸侯的讨伐，田恒把从鲁国、卫国侵占的土地全部退还，西边与晋国韩氏、赵氏、魏氏订约，南方与吴国、越国互通使节，在国内修治武功，论功行赏，尽力安抚百姓，齐国重新稳定下来。

在齐国政局稳定后，田恒告诉齐平公说："恩德，人人都想得到，该由君主来施予；刑罚，人人都很讨厌，请让臣下来执行。"齐平公不知权谋，答应了田恒的请求。这样经过五年时间，齐国政务都归田恒主持。田恒依仗手中的权力，把齐国贵族鲍氏、晏氏、监氏和公族中强大的人，都逐个予以铲除，而把安平（今山东临淄）到琅琊（今山东诸城）一带作为自己的封地，这比齐平公的食邑还要大。

◇田和立国

田和是田成子恒的曾孙，田襄子盘的孙子，田庄子白的儿子。田盘继田恒任相国，放手起用田氏家族成员，让他们担任齐国重要城邑的大夫，并与韩、赵、魏三国继续通使往来，基本上拥有了齐国的政权。田和接替田白任相国，辅佐齐宣公的时候，已经把矛头转向对外扩张，出兵进攻邻近的鲁、卫两国。

公元前405年，齐宣公去世，康公继立。齐康公在位时，贪恋酒色，不听政务，大权落入田和的手里。公元前391年，田和把齐康公放逐到海滨，用一座城作为食邑，以奉祀齐公室的祖先。

公元前387年，田和与魏文侯相会于浊泽，希望通过魏国居中斡旋，争取周王室承认他为诸侯。魏文侯派使者通告周安王和其他诸侯，请求册封田和为诸侯，得到周安王的应允。

公元前386年，周安王正式承认田和为诸侯，田氏终于取代姜氏的名位，在齐国历史上揭开了新的一页。

齐威王的南面术

"人君南面术"，作为中国传统政治谋略的一个代名词，说起来令人并不愉快。人们往往把它当作历史的垃圾，全盘地加以否定。但在战国诸子那里，针对"人君南面术"的诠释取得了不少理论成果，并在政治实践中被付诸实行。各国统治者运用南面术，既有高尚和卑劣的分别，又有成功和失败的差异。齐威王注重运用政治谋略，是促进齐国强盛的重要因素。

◇一鸣惊人

齐威王即位初，一味沉湎于淫乐酒色，从不过问政事，把政事托付卿大夫处理，而卿大夫们上行下效，大多都是骄奢淫逸，致使朝廷政治败坏，加上魏、赵、鲁、卫诸国都来侵略，齐国日渐颓败下去。

人们把这些看在眼里，却不敢向齐威王进谏。只有淳于髡，为人滑稽而有辩才，独自来见齐威王，用隐语进谏说："都城里有一只大鸟，落在君王的朝堂，它三年不飞不叫，请问这是什么鸟？"齐威王也喜欢隐语，知道淳于髡的意思，马上回答说："这只鸟不飞则已，一飞就冲上云霄；不叫则已，一叫就使人惊异。"这句话从正面说，就是等着瞧吧，好戏还在后头。

戏幕拉开了。齐威王端坐在朝堂上，召见即墨（今山东平度）大夫，夸赞他说："自从你到即墨上任，每天都有人说你的坏话。可是我派人去即墨考察，田野不断被开垦，百姓丰衣足食，官府不误公事，地方赖以安宁。这是因为先生一意务实，不巴结我的左右近臣来求得美誉吧！"于是封即墨大夫一万户食邑。

接着，齐威王召见阿（今山东阳谷）大夫，严厉指责他说："自从你接管阿邑以来，每天都有人赞美你。但是我派使者到阿邑考察，田野没有开垦，百姓生活困苦。以往赵国攻占鄄城，你不去解救；卫国攻占薛陵，你也不知道。这是因为你肯挪用钱财，贿赂我的左右近臣来求得美誉吧！"就在当天，齐威王下令烹死阿大夫，他的左右近臣曾经赞美阿大夫的，也一并被烹杀。

这真是出手不凡！原来，齐威王过去不过问政事，并非不留心政事，否则，他怎么会熟悉地方政情呢？治理国家从整肃吏治入手，整肃吏治从狠抓典型开头，对正、反两方面的典型人物，厉行重奖重罚，以促进国家机器的正常运转，提高地方政府的行政效率。齐威王的这一政治谋略，迅速收到了显著的效果，由此形成"群臣悚惧，莫敢饰诈，务尽其情，齐国大治"的局面。

在这种形势下，齐威王出兵向西攻打赵、卫两国，又在浊泽打败魏国，迫使魏惠王献出观城（今山东莘县观城镇），向齐国求和。赵肃侯得知这件事，也把先前攻占的长城归还给齐国。诸侯列国鉴于齐威王的声威，有二十多年不敢进犯齐国。

◇从谏如流

齐威王治理国家，注重发挥个人的智慧，广泛听取臣下的意见，像邹忌、淳于髡等，都以讽谏得到了齐威王的信任。

当齐威王亲理国事后，邹忌以弹琴的技艺前来谒见，受到齐威王的赏识，被安排在上舍居住。齐威王自己弹琴时，邹忌推门而入，高声称赞琴弹得好。齐威王有些恼火，当即放下琴说："先生连我弹琴的样子都没见着，怎么会晓得弹得好呢？"邹忌回答说："大弦弹得如春风般温和，可以象征君主；小弦的声音明快而清晰，可以比作相国；手把琴弦抓得紧，又很舒缓地放开，可以象征政令；和谐的音调，大小相辅相成，婉转而不干扰，可以比作四时，所以我知道弹得好。"

经这么一说，齐威王转怒为喜，对邹忌说："好哇！那就谈谈音乐吧！"谁知邹忌却说："为什么只谈音乐呢？治理国家、安抚百姓的道理，都在其中啊！"齐威王又有些恼火，急切地说："倘若只谈五音的技艺，相信没有人能超过你，但像治理国家、安抚百姓之事，与弹琴有什么关系呢？"邹忌回答说："大弦弹得如春风般温和，象征君主；小弦的声音明快而清晰，象征相国；手把琴弦抓得紧，又很舒缓地放开，可以象征政令；和谐的音调，大小相辅相成，婉转而不干扰，可以比作四时。声音往复不乱，是因为政治昌明；声音连绵不绝，是因为保存了亡国。所以，能把琴音调理好，天下就能大治。治理国家，安抚百姓，没有比五音的技艺更明白的。"齐威王表示赞同，就任命邹忌为相国。

邹忌长得仪表堂堂，他的妻妾、客人们都说他比城北徐公长得美，可他自以为比徐公的容貌差得远，晚上躺在床上反复思忖，终于悟出一个道理："我妻子说我美的原因，是偏爱我；妾说我美的原因，是害怕我；客人说我美的原因，是有求于我。"于是入朝拜见齐威王说："臣下知道不如徐公美，可是臣下的妻子偏爱臣，臣下的妾害怕臣，臣下的客人有求于臣，都说臣下比徐公美。眼下齐国土地方圆千里，有一百二十座城邑，宫中侍女、左右近臣没有谁不偏爱君王，朝廷大臣没有谁不害怕君王，四境之内没有谁不对君王有所求。由此说来，君王会受到很大的蒙蔽。"齐威王连连称善，当即发布命令："群臣、官吏和百姓，能当面指出寡人的过失，给予上等奖励；上书劝谏寡人，给予中等奖励；能在市井中评议而传到寡人耳朵里，给予下等奖励。"这道命令刚发下去，群臣都来进谏，宫门外像市场一样拥挤。几个月过后，隔一些时候才有人进谏。一年以后，即使有人想说，也没有什么可进谏的了。

还须谈到，齐威王有一个嗜好：喜欢通宵饮酒。他曾经在后宫摆酒席，召请淳于髡陪酒，席间问淳于髡说："先生喝多少酒会醉？"淳于髡回答说："我喝一斗也醉，一石也醉。"齐威王追问："先生喝一斗就醉了，怎么能喝一石呢？你把这道理说一说。"淳于髡解释说："当着大王的面前，赏酒给我喝，执法官员站在旁边，记事御史立于背后，我很害怕地低头喝酒，喝不了一斗就会醉。若是家父邀约贵客，我卷起袖子，弯着身子，手捧酒杯，在席前侍奉酒饭，客人时常把剩下的酒给我喝，我再一次次举杯敬酒，喝不到二斗就会醉。若是老朋友很久不曾见面，忽然聚在一起，高兴地谈一些往事，扯一些私情，喝上五六斗才会醉。若是乡间聚会，男女杂处，巡行酌酒劝饮，久久流连不去，再做六博、投壶游戏，配对比赛，握手不受罚，眉目传情不禁止，眼前有坠下的耳环，背后有失落的头簪。我会感到很快乐，喝七八斗会有二三分醉意。倘若继续喝到黄昏时分，一部分人离席而去，男女在一块促膝而坐，鞋子到处乱丢，杯盘凌乱不堪，堂上灯烛熄灭，女人解开衣襟，隐约能闻到香气。这时我心里最快活，能喝一石酒。所以说，酒喝得太多就容易生乱，欢乐到极点就容易生悲。所有的事情都是这样，做起来都不可过分，过分就要衰败。"齐威王听过这番话，连忙夸赞淳于髡："你说得好！"于是就停止了通宵饮酒的做法，让淳于髡来主管外交事务。

齐威王这般从谏如流，不仅树立了自己的形象，而且提高了齐国的威望。齐威王是善于纳谏的君主，而邹忌、淳于髡则是善于讽谏的大臣。有这般配合默契的君臣，齐国的政治能不清明吗？赵、魏、韩、燕诸国听说之后，都来朝拜齐威王。刘向编纂《战国策》，谈到这段故事时说，这就叫作"战胜于朝廷"。

◇将臣比宝

公元前355年，齐威王邀约魏惠王在临淄郊外打猎。魏惠王问道："齐国可有宝物吗？"齐威王说没有。魏惠王又说："我的国家虽然小，还有直径一寸的夜明珠十颗，那珠光能照亮前后十二辆车，而像齐国这样拥有上万辆战车的大国，怎么可能没有宝物呢？"这话说得有点噎人。

哪知齐威王听了，接着回答说："我珍爱的宝物，实在与大王不同。我有臣子叫檀子，让他镇守南城（在今山东费县），楚人就不敢来侵犯，泗水流域十二个诸侯就都来朝见。我有臣子叫盼子，让他镇守高唐（在今山东禹城），赵国人就不敢往东到黄河上捕鱼。我有臣子叫黔夫，让他镇守徐州（在今山东滕县东南），燕国人就在北门祭祀，赵国人就在西门祭祀，恳求神明保佑不受攻击，而从两国迁来徐州的有七千多家。我有臣子叫种首，让他负责防备盗贼，可以做到路不拾遗，社会风气大变。这四位臣子的功绩，可以照耀千里，哪里只是十二辆车子呢！"

齐威王的一席话，是否有夸张的成分，可以权且不论。他把臣下比作珠宝，让他们身居重要职位，其中重视人才的思想境界，自然要比魏惠王高。因此，魏惠王听罢这番话，不禁露出惭愧的神色，快快不乐地离开了齐国。

这以后十四年间，齐国以强大的军事实力，加上卓越的战争指导，曾经两度打败魏国，成为天下最强盛的国家。

孙膑神机妙算

孙膑，是战国中期的一位军事家。他的名字同一种古老的刑罚连在一起。司马迁明确指出："左丘失明，厥有《国语》；孙子膑脚，而论兵法。""膑脚"是指砍去人的膝盖骨，把"膑脚"和"论兵法"连在一起，足以使人想到孙膑成名以前所遭遇的磨难。

◇装疯脱险

孙膑早年和庞涓一起，跟随鬼谷先生研习兵法。庞涓出山投奔到魏国，颇受魏惠王的赏识，一直爬到将军的职位。庞涓自以为才能不及孙膑，就暗中派人将他骗来。孙膑来到魏国不久，因为庞涓的陷害，被魏惠王处以膑刑。孙膑遭受酷刑以后，本以为是庞涓救了他，就想把他熟悉的兵法写出来，送给庞涓。庞涓派来的侍者看到孙膑的诚实，以及他所蒙受的不白之冤，深为同情，就把庞涓的卑鄙行径告诉了孙膑。孙膑得知实际情形，顿时如梦初醒，认清了庞涓的丑恶嘴脸，开始想办法摆脱眼前的处境。他故意装疯卖傻，整天大喊大叫，把屎尿涂抹到身上，还烧毁了已经写好的兵书。庞涓看到这种情景，以为孙膑真的疯了，也就不再留心他。没过多久，有位齐国的使者来魏国访问，孙膑抓住时机，跟这位使者说了自己的愿望，这位使者感念孙膑本为齐国人，又对他的才能非常钦佩，就悄悄地把他接回了齐国。

在特殊的环境中，有些谋略家收敛锋芒，隐藏才能行迹，或掩饰雄心壮志，以麻痹对方的警觉，等待合适的时机，实现预期的目的，这就叫作"韬光养晦"。"韬光养晦"在具体实践上，可以从隐藏或掩饰生理、感情、才能和志向诸多方面加以运用。孙膑装疯脱险，是从生理方面进行掩饰的实例。在社会生活中，无论什么人，有谁愿意同一个疯子仔细计较呢？庞涓尽管阴险毒辣，为了满足个人的私欲，不惜陷害自己的同窗，但是，当他看到孙膑这般疯癫模样，在心满意足之余，总该有一点怜悯之情吧。孙膑身处牢笼，却能够摆脱被折磨致死的噩运，正是因为装疯卖傻，使得庞涓感到他已经毫无用处，从而放松警觉，不加提防。孙膑若不是头脑敏睿，机智灵活，在遭遇那场凶险的磨难时，想出装疯脱险的计谋，也许就不能脱离虎口而有后来的军师生涯。

◇田忌赛马

孙膑回到齐国，真好比釜底游鱼归大海，笼中飞鸟入山林，终于得到了施展才能的机会。齐将田忌赏识孙膑的才能，以上宾的礼遇待他，经常在一起谈论兵法。

当时，赛马作为一种博弈活动，在齐国都城临淄盛行。田忌和齐王室诸公子赛马，通常设下很大的赌注。孙膑看到双方所用的马，脚力相差不大，都分为上中下三等，比赛规则又是三局两胜，就对田忌说："贤弟尽管多下赌注，我保证你取胜。"田忌听了这话，就和齐威王、诸公子下千金赌注进行比赛。临到比赛之前，孙膑对田忌说："今天要用你的下等马和他们的上等马比赛，用你的上等马和他们的中等马比赛，用你的中等马和他们的下等马比赛。"三场比赛结束，田忌取得了一败两胜的成绩，赢得了齐威王的千金。

这是以局部之失换取整体之得的典范。在对待局部利益和整体利益时，统筹兼顾，一箭双雕，当然最为理想。但在许多情况下，局部和整体不能两全，不舍弃一定的局部利益，就无法维持整体利益。兵法上常说以强击弱，但竞赛双方的马都分为上中下三等，所以，没有局部的以弱击强，就没有整体的以强击弱。换句话说，若要夺取整体之得，必须付出局部之失。

孙膑用这种博弈方法，帮助田忌赢得了赛马的胜利，田忌由此看到孙膑的才能，把他推荐给了齐威王。齐威王重视整理兵法，时常和孙膑在一起谈论兵法，对孙膑的军事才能十分钦佩，就任命他为军师。孙膑以一介残疾之躯，从此走上了战争舞台。

◇ 围魏救赵

公元前 353 年，魏惠王派庞涓率领八万军队进攻赵国，围困了赵都邯郸，赵成侯派人向齐国求救。齐威王打算救助赵国，任用孙膑为主将，孙膑当即推辞，认为自己是受过肉刑、肢体不全的人，不可以担任主将。齐威王就任命田忌为主将，让孙膑为军师，乘坐有篷盖的辎重车，参与指挥作战。田忌想领兵直趋邯郸，与赵国联合行动。孙膑认为不能这样做，对田忌分析说："凡是想解开杂乱纠纷的东西，不可以攥拳头猛击，而要解救相互斗殴的人，也不可以直接动手搏斗，必须抓住对方的要害，直捣空虚的地方，这样形势有所改观，那斗殴的人就会自行解散。现在，魏国的精锐部队集中在邯郸城外，老弱士卒守在国内。我们如果直捣魏都大梁，占据它的交通要道，实施广泛的袭击行动，魏军必定放弃对邯郸的围困，回师自救。这时，我们可乘魏军疲惫之机，以逸待劳，半途截击魏军，就能取得胜利。"

根据孙膑的建议，田忌派出轻锐部队，直趋魏都大梁，大肆扩张声势，以调动庞涓回援，而将齐军主力集结在伺机地域，准备截击魏军。庞涓得知齐军进攻大梁的消息，因为国都的安全所系，急忙下令放弃围攻邯郸，昼夜兼程回救大梁。当魏军赶到桂陵（在今山东菏泽）时，遭到先期埋伏的齐军截击。魏军由于长期攻打赵国，兵力消耗较大，再加上轻装兼程，给养不足，士兵疲惫，几乎被齐军全部歼灭。

这就是围魏救赵的计谋。《孙子兵法·虚实篇》说："我欲战，敌虽高垒深沟，不得不与我战者，攻其所必救也。"在桂陵之战中，孙膑以"攻其必救"为指导思想，迫使魏军处于被动挨打的地位。大梁作为魏国的政治、经济中心，无疑是庞涓必救的要害。魏国围攻邯郸，精锐部队全部出动，大梁相对空虚，给齐军留下了可乘之机。齐军直趋大梁，必然调动魏军回救，使其士卒疲于奔命，战斗力大大削弱。孙膑暗中把作战地域选在桂陵，截击魏军于半途，实在出乎庞涓之所料。齐军主力以逸待劳，调动魏军于行军中突然予以攻击，所以能一举获胜。这一具有典型性的军事谋略，成为历代军事家转换战场局势的常用良策，并在此基础上衍生出"围城打援""围点打援"等一系列战法。

◇ 增兵减灶

公元前341年，魏惠王派庞涓进攻韩国，韩国难以抵挡，就向齐国求援。齐威王召集大臣商议该不该救援韩国。成侯邹忌建议不出兵救援。田忌认为："不去救援韩国，韩国就会屈服于魏国，所以不如早去救援为好。"孙膑则说："韩、魏两国军队作战还未疲惫，我们就去救援韩国，等于代替韩国承受魏军的打击，反而要服从韩国的指挥。况且魏国有攻破韩国的决心，韩国看到败亡的危难，就会告诉齐国，我们可以和韩国结交亲善，同时等到魏军疲惫时，再出兵救援韩国，这样能获得很大的利益，并且得到很好的名声。"齐威王赞同孙膑的想法，当即对韩国表示救援之意，以坚定韩国的抗御决心，但没有马上出兵。

当韩、魏两国军队多次交锋、精疲力竭时，齐威王派田忌、田婴统领军队，以孙膑为军师，前去救援韩国。齐军直趋魏都大梁，庞涓被迫班师回国。魏惠王调集十万大军，由太子申、庞涓统领，前来迎战齐军。孙膑抓住庞涓骄兵轻敌，迷信兵法中所谓"百里而趣利者蹶上将，五十里而趣利者军半至"的教条，给田忌授计说："现在，我们已经进入魏国境内，应当示弱以引诱魏军。为了达到这一目的，请下令全军今天先挖十万个炊灶，明天减为七万个，后天减为五万个。这样一来，魏军必定以为我们怯战逃亡，因而昼夜兼程来追击我军。等魏军追得疲惫不堪时，我们就能设计制胜。"

田忌按照孙膑的建议，指挥齐军行动。庞涓追击齐军三天，看到炊灶减少了一半，高兴地说："我本来就知道齐军怯懦，他们进入魏国只有三天，士卒逃亡已超过半数。"于是留下所有步兵，只带领一支轻装部队，急速地追赶齐军。孙膑推算庞涓的行程，在马陵山道设下埋伏，并使部下在路旁削去树皮，写上一行大字："庞涓将死在这棵树下。"齐军上万名弓弩手，都在狭道两旁埋伏，约定傍晚有人举火，就一齐放箭。果然不出孙膑所料，庞涓在天黑时进入齐军的埋伏圈。当他用火把照看树上那行字时，齐军万箭齐发，魏军迅速被击溃。庞涓自知性命难保，拔剑自刎而死，还悻悻地说："让孙膑这小子成名了！"齐军乘胜大败魏军，俘虏了魏太子申。

这次战役，孙膑指挥作战的出色表现是：减灶示弱，诱敌入伏。孙膑和庞涓本来同学兵法，对他的骄横态度和指挥才能都有较深入的了解。他抓住魏军一向轻视齐军以及庞涓求胜心切的弱点，运用"能而示之不能，用而示之不用"的方法，不过早地与魏军决战，避开魏军的锐气，主动向后撤退，继而利用减灶的方法，形成军心动摇、逃亡严重的假象，把魏军精锐部队诱入易于设伏的地域，变不利因素为有利因素，为打败魏军创造条件。马陵山区道路狭窄，地形险要，并且靠近齐国一侧，便于粮饷补给，还利于封锁消息，所以能充分收到出奇制胜的效果。当然，孙膑能精确地计算我退敌进的行程，正确地判断魏军在天黑时进入马陵山道，也使齐军能在有利的时间和地点，突然向魏军发起攻击，达到了歼灭敌人的目的。

孙膑以马陵之战扬名天下，但在此后的行迹已不可考。大概是田忌在朝廷受到排斥，被迫流亡到楚国，孙膑与田忌关系密切，因而主动辞去军师的职位，过上了隐居的生活。孙膑虽然再未指挥作战，但继承和发展了前人的兵学成就，总结当时的战争经验，为后人留下了一部兵学巨著。

孟尝君的私智

孟尝君田文，是齐威王的孙子、齐宣王的侄儿。他的父亲靖郭君田婴，是齐威王的小儿子、齐宣王的异母弟，做过十一年的齐相国，齐湣王时受封于薛邑。据说田婴的孩子有四十多个，其中真正有所作为者，不过孟尝君一人而已。

◇田文劝父

田文是田婴的妾所生，又偏偏生在五月初五，依照当时的习俗，这既低贱又不吉利。所以，当田文呱呱坠地时，田婴不打算养活他。但出于母亲的难舍之情，田文才被偷偷地抚养下来。

田文长大以后，跟他的兄弟们一起去见父亲。田婴看到小儿子，不但不感到高兴，还责怪田文的母亲说："我教你不要养这孩子，你为什么还抚养他？"田文在一旁听了，忙向父亲磕头，问为什么不愿养五月节生的孩子。田婴回答说："五月节生的孩子，长大后跟门户一般高，男孩子妨害父亲，女孩子妨害母亲。"田文又问："一个人降生于世，到底是受命于天呢，还是受命于门户呢？"田婴一时答不上来。田文接着说："如果是受命于天的话，您就不用忧虑；要是受命于门户的话，那很简单，只要把门户加高，谁还能跟它一般高呢？"田婴听了，心情有所好转，开始注意到田文。

过了一些时候，田文找到一个合适的机会，故意向父亲询问："儿子的儿子叫作什么？"田婴说叫作孙子。田文又问："孙子的孙子叫作什么？"田婴说叫作玄孙。田文又问："玄孙的玄孙，叫作什么？"田婴答不上来。田文接着说："您在齐国做相国，历经三位君王，齐国的疆域未见拓展，您的私有财产积有万金之多，而幕僚中没有一个贤人。我听说：'将门出将，相门出相。'现在，您的宫人身穿绮纱细绫，而一般士人连粗服都穿不起；您的仆妾有剩余的饭粱肉食，而一般士人连糟糠都吃不饱。您还尽力积蓄钱财，想把它留给说不清楚的后世子孙，却忘记了国家的政事日益败坏。我觉得很奇怪。"田婴听完这番话，幡然动容，尽弃前嫌，开始喜欢田文，让他主持家事，接待宾客。

田婴想大建薛邑，有些门客来劝谏。田婴起初听不进去，叮嘱侍者说："不要再为进谏的门客通报了。"谁知还有门客请求谒见，对侍者说："我进去只讲三个字，多一个字，甘愿受烹。"田婴就接见了这位门客。门客快步进去说："海、大、鱼。"说完扭头就走。田婴想听下去，连忙招呼说："你等一等，可以说下去，我赦你无罪。"门客接着说："您没有听说过大鱼吗？用网不能捞，用钩不能钓，可是它一旦脱离大海，就可能被蝼蚁咬掉。当今的齐国，就像您的大海，您的依托在于齐国的福荫。为什么要把立足点放到薛邑呢？一旦丧失齐国的福荫，即使薛邑高入云端，也是毫无价值。"田婴连连称好，马上取消了扩建薛邑的计划。

这件事情表明，田婴能够接纳别人的意见，而在其门下有聪慧的宾客，这跟田文有很大的关系。当时各国诸侯得知田文的名声，都纷纷派人来请求田婴，立田文为继承人，田婴就答应了。等田婴去世后，田文在薛邑继位，号称孟尝君。

◇亲善待客

孟尝君在薛邑的时候，广泛地招揽天下的宾客，包括一些犯罪逃亡的人。为了给这些人以优厚的待遇，他花光了所有钱财。天下的士人非常仰慕他，很快就有数千人来到薛邑。孟尝君对所有宾客，不分尊卑贵贱，一律平等相待。他在跟宾客会谈的时候，总是使人坐在屏风后面，记下谈话的内容，如宾客有什么亲戚之类。当宾客离去之后，他常派人到宾客的亲戚家问候，赠送一定数量的礼品。因此，他的宾客都觉得很幸运，"人人各自以为孟尝君亲己"。

有一次，孟尝君和宾客一起吃晚饭，有一个人遮住了灯光，有位宾客不明就里，误以为自己的饭菜比田文的差，就很生气，放下筷子，立刻辞去。孟尝君连忙站起来，拿着自己的饭菜，与那位宾客的相比较。那位宾客看到没有两样，感到十分羞愧，当即拔剑自刭，向孟尝君谢罪。这说明孟尝君确实能善待宾客，而宾客们非常敬服孟尝君。天下的士人听说这件事，纷纷奔走相告，都争着投入孟尝君的门下。

秦昭襄王听说孟尝君的贤能，先派胞弟泾阳君来齐国做人质，以求孟尝君到秦国任职。孟尝君表示同意，正准备去秦国，有人劝他不要轻率行事，可他主意已定，不听别人的意见。这时，苏代出来劝他说："今天早上，我从外面回来，看见木偶和泥偶交谈。木偶说：'天下雨的话，你就难保了。'泥偶反驳说：'我生于泥土，被雨淋坏了，也不过回归泥土。可是你却不同，天下起雨来，一旦把你冲走，不知会漂到哪里。'当今强秦如虎狼一般，而您坚持要去秦国，如果不能回来，那不是要被泥偶笑话吗？"孟尝君听了这番话，恍然大悟。

◇鸡鸣狗盗

公元前 299 年，孟尝君受齐湣王指派，带着一部分门客去秦国，秦昭襄王拜他为相国。可没过多久，有人向秦昭襄王游说："孟尝君是一位贤人，又出自齐国的王室。现在他当相国，无疑会先为齐国的利益着想，而后才轮到秦国。这样一来，秦国就危险了！"于是，秦昭襄王免去孟尝君的相位，把他囚禁起来，准备处死。

在这性命攸关之际，孟尝君派人向秦昭襄王宠爱的樊姬求情，樊姬提出条件说："我想要孟尝君那件白狐裘。"原来，孟尝君有一件白狐裘，价值千金，世上绝无仅有。但到秦国之后，孟尝君已经把它献给了秦昭襄王。这让孟尝君感到为难，就向所有宾客询求对策，大家都不知道怎么办。这时，有位处在下座的门客，平常擅于偷鸡摸狗，自告奋勇说："我能为您偷回那件白狐裘。"到了夜晚，这位门客打扮成狗的模样，混入秦宫的府库，偷出了那件白狐裘。孟尝君派人把它送给了樊姬，樊姬在秦昭襄王面前为孟尝君说尽好话，秦昭襄王释放了孟尝君。

孟尝君死里逃生，急忙让门客收拾行装，离开咸阳。他们更改姓名，调换驿券，当天夜半时分，赶到了函谷关。秦昭襄王后悔释放了孟尝君，让人再去召他入朝，当得知孟尝君已经溜走，就马上派人乘驿车去追赶。孟尝君来到函谷关，看着紧闭的关门很焦急，因为按出入边关的规定，要等到鸡鸣才放行。在这一节骨眼上，有位处在末座的门客，平常练就了鸡鸣之技，当即使劲叫过几声，周围的鸡跟着叫起来。关吏误以为已到鸡鸣时分，就打开关门让人通行。孟尝君一行人遂得出关而去。大约过了一顿饭工夫，秦昭襄王指派的人才赶到函谷关，眼见没法追上孟尝君，就只好回去复命。

谁知当初，孟尝君收留这鸡鸣、狗盗两位门客，惹起许多宾客的不满，大家都觉得是一种耻辱。等孟尝君从秦国脱险回国后，所有门客无不佩服孟尝君识人的能力。这件事过去一千多年后，王安石批评说："嗟乎！孟尝君特鸡鸣狗盗之雄耳，岂足以言得士？不然，擅齐之强，得一士焉，宜可以南面而制秦，尚何取鸡鸣狗盗之力哉？"从历史实际来看，王安石的批评有一定的道理。然而，在当时特殊的情况下，孟尝君想从秦国逃出，没有鸡鸣、狗盗的救助，恐怕会碰到更多的麻烦。常言说得好："竹头木屑，皆为有用之物。"这鸡鸣狗盗之徒，偷来皮裘，叫开关门，不亦大有裨于孟尝君吗？所以，冯梦龙评议这件事情，又反驳王安石说："因材任能，盗皆作使。俗儒以鸡鸣狗盗之雄笑田文，不知尔时舍鸡鸣狗盗都用不着也。"

◇弃债取义

公元前298年，孟尝君逃离秦国，回到齐国都城临淄。齐湣王因派孟尝君去秦国而感到非常内疚，就任命他为相国。

孟尝君做相国期间，门下有宾客三千人，因为薛邑的收入难以供养，就以高利贷的方式，把现有的家财贷给薛邑的百姓。然而一年以后，借贷的人家收成不好，没法交还利息，因而产生了债务问题。孟尝君询问左右的人说："有谁可以被派去薛邑收债？"舍监回答说："有位姓冯的食客，没有什么技能，但是相貌堂堂，能言善道，看起来像一位长者，让他去收取债款，应该不成问题。"孟尝君马上召见冯谖，跟他交代说："天下的士人，不以为我没有才能，投奔我的有三千多人。我的封地每年的收入，不够奉养大家，所以贷款给薛邑百姓，可以收一些利息。没想到今年薛邑收成不好，百姓还不上利息。眼下难以维持大家的生活，希望你能收回一些债款。"

冯谖接受任务，马上准备车辆，办置行装，临行前问孟尝君说："债款收完以后，买一些什么东西回来？"孟尝君说："看我家里缺什么，买一些就行了。"冯谖驱车赶到薛邑，召集那些富裕的贷款人，收取利款十万钱，继而买下许多好酒和几头牛，再告诉所有的贷款户说："能偿还利息的都来，不能偿还利息的也来，都要拿借据来核对。"等那些贷款人聚集在一起，冯谖让人杀牛进酒，请大家大吃大喝。正当众人酒酣耳热时，冯谖拿出账簿到前面核对，凡是能偿还利息的，给他们一个期限；穷得没法偿还利息的，则要回借据烧掉，随后向大家宣布："孟尝君贷款的原因，是为了让缺少资本的人，能够借此经营自己的产业；而今跟大家要利息的原因，是为了奉养门下的宾客。现在有钱的人家，定下偿还利息的期限，而贫困的人家都烧了借据，那笔债款一律免除。大家尽情喝个痛快！有这样一位主人，怎能违背他呢？"所有人都站起来拜谢，顿时欢呼起来。

冯谖办完债务，当天驱车赶回临淄，次日清早去见孟尝君。孟尝君有点吃惊，忙问冯谖："债款都收完了？怎么回来得这么快？"冯谖说把债款收完了。孟尝君又问："用债款买了什么东西？"冯谖回答说："您说'看我家里缺什么'。我私下考虑，您家里珍奇宝物堆满库房，良种犬马挤满外厩，美貌女子站满府中，所缺少的只是'义'罢了，所以为您买回了'义'。"孟尝君听了，有些不高兴，因而责备说："我为着门下三千宾客，才贷款给薛邑百姓。薛邑的收入本来就少，还不能按期收取利息。我担心难以奉养宾客，才让你去收回债款。谁知你收过债以后，买那么多牛和酒，还烧掉许多借据，这是怎么回事？"

冯谖回答说："事情是这样的，不多办置一些牛、酒，就不容易把大家召集起来，也就没法了解哪些人有钱，哪些人贫穷。有钱的人家，定了还债的期限，而对贫穷的人家，即使再等十年，也要不到债款，加上利息越来越多，再去逼迫他们，他们就会逃走。这样一来，大家会说您作为主人，贪图钱财而不爱百姓，而那些逃亡的人家也落得赖账的坏名声。这不是鼓励百姓、彰扬您的声誉所该有的。现在烧掉毫无价值的借据，免除不能收回的债款，正是为了让薛邑的百姓亲近您，从而彰扬您美好的声誉。您有什么好怀疑呢？"孟尝君听了很高兴，连忙拍手叫好，对冯谖答谢不已。

过了一年，齐湣王听信谗言，要免去孟尝君的相位，就对孟尝君说："寡人不敢把先王的大臣作为自己的大臣。"孟尝君深知内情，只好返回薛邑。薛邑的百姓听说孟尝君要回来，都扶老携幼，倾家出动，到百里以外的路上迎接。孟尝君看到这一场面，很高兴地对冯谖说："先生为我买的'义'，今天终于见到了。"

◇狡兔三窟

俗话说："树倒猢狲散。"孟尝君罢相之后，有些门客就离他而去了。孟尝君回到薛邑，看到买"义"的效果，不住地夸赞冯谖，冯谖却说："这又何足挂齿！如今您能安居的地方，就这么一个薛邑。俗话说'狡兔三窟'，您至少要有三个安居的地方，心里才能踏实。您若给我一辆马车，让我到秦国走一趟，我准能让齐王再重用您。到那时候，薛邑、咸阳、临淄三窟既成，您就可以高枕无忧了。"孟尝君欣然同意，当即为冯谖准备马车，置办送给秦昭襄王的礼物，让他到秦国去游说。

冯谖来到咸阳，进见秦昭襄王说："当今天下有才智的人，不来秦国，就去齐国。到秦国来的人，都想让秦国强而齐国弱，而到齐国去的人，则想让齐国强而秦国弱。可见，秦、齐两国势不两立，不是秦国得天下，就是齐国得天下。"秦昭襄王听了，觉得有道理，就问冯谖怎样使秦国强大。冯谖反问道："大王想必知道孟尝君被免职的消息吧？"秦昭襄王说知道。冯谖接着说："齐国之所以能自强于诸侯之林，完全依赖于孟尝君，这是天下有目共睹的。而今齐王听信谗言，黜免孟尝君的相位，孟尝君很怨恨齐王。假若大王趁机把孟尝君请来，孟尝君必定为秦国出力；齐国失去孟尝君，还能不日渐衰微，归附秦国吗？请大王赶快备好礼物，派人到薛邑去请孟尝君，否则，齐王一旦觉悟，重新起用孟尝君，那齐国又要同秦国争高低、决雌雄了。"秦昭襄王听罢大喜，马上派人带车马十辆、黄金一百镒，去迎接孟尝君。

　　冯谖说服秦昭襄王后，就先期赶回临淄，又去劝齐湣王说："当今天下有才智的人，不来齐国，就去秦国。到齐国来的人，都想让齐国强而秦国弱，而到秦国去的人，则想让秦国强而齐国弱。可见，齐、秦两国势不两立，要是秦国强盛的话，那齐国就会衰弱。眼下，我听说秦王秘密派遣十辆车马，准备黄金一百镒，来迎接孟尝君。孟尝君不去秦国则已，假若去了秦国，天下人就可能归向他，那秦国就要称雄，而齐国只好作雌。一旦齐国作雌，临淄、即墨就会危急。君王何不趁秦国使者赶到薛邑之前，恢复孟尝君的相位，增加他的封地，向他表示歉意。这样，孟尝君就会高兴地接受君王的任命，秦国怎好聘请别国的相国呢？只要破坏了秦国的阴谋，就可能断绝他称霸天下的梦想。"齐湣王听了，不禁高声称赞，当即派人去窥探秦国的使者。当秦国使者的车队驰入齐国边境，那伙人赶忙回去报告齐湣王，证明冯谖的话没错。齐湣王听到这些情况，连忙派太傅送去黄金一千斤、彩车两辆、佩剑一把，并且致函孟尝君说："寡人不善，遭遇祖宗降下的灾祸，被谄媚逢迎的奸臣迷惑，得罪于您。希望您顾念先王的宗庙，权且回朝治理百姓。"冯谖告诫孟尝君说："还要求得祭祀先王的礼器，在薛邑建立宗庙。"等宗庙建成之后，冯谖向孟尝君报告说："三个洞窟已经凿成，您姑且高枕而卧，过快乐的日子吧。"

　　这就是狡兔三窟的真相。从孟尝君罢官返回薛邑、薛邑百姓出迎的场景可以看出：除非孟尝君谋反不轨，被削去封地，否则薛邑一窟必定坚牢无虞。然而，冯谖高瞻远瞩，居安尚能思危，退处犹在谋进，及时争得孟尝君的支持，接连凿下咸阳、临淄两窟。虽说咸阳一窟并非安身立命之所，仍有后顾之忧，无法跟薛邑一窟等量齐观，但既已凿成咸阳一窟，作为成就临淄一窟的前提条件，也使薛邑一窟更加巩固。反观冯谖说服秦昭襄王之后，转而提前向齐湣王传递消息，促使齐湣王恢复孟尝君的相位，不使孟尝君西入秦国，莫非冯谖就是这样想的？

◇薛邑中立

孟尝君担任相国,操纵齐国大权,弄得天下人"闻齐之有田文,不闻其有王也"。这自然加深了齐统治集团内部的矛盾。公元前 294 年,齐国贵族田甲发动暴乱,劫持齐湣王,很快遭到失败。齐湣王怀疑孟尝君是幕后指使者,因而孟尝君被迫逃出临淄。有位曾受惠于孟尝君的士人听到这个消息,就上书说孟尝君并未参与暴乱,并且以自己的生命作证,随后来到宫门前自杀,以表明孟尝君的无辜。齐湣王对这位士人的死谏感到非常震惊,立即追查验证这次谋反的经过,发现孟尝君确实没有参与暴乱,就再度召回孟尝君。孟尝君返回临淄后,借病向齐湣王请求到薛邑养老,得到齐湣王的允准。

这时候,秦国逃将吕礼出任齐相国,并想把苏代置于困境。苏代本是孟尝君的门客,拜见孟尝君说:"周最对齐国最忠诚,却被齐湣王驱逐出境。目前齐王听信亲弗,任用吕礼为相国,是想取信于秦国。齐、秦两国一旦结盟,亲弗、吕礼两人就会备受重用。他们一旦被重用,齐、秦两国君主就会轻视您。所以,您不如派人到北方催促赵国去撮合秦、魏两国;把周最找回来,既可以显示您的厚道,又可以挽回齐王的信任,还可以防止天下情势的变动。齐国不会联合秦国,天下就会转向齐国。这样,亲弗一伙势必被逼走,齐王除非和您一起执掌国政,否则还有谁能这么做呢?"

孟尝君接受了苏代的计谋,却惹起吕礼的怨恨。为了把吕礼逐出齐国,孟尝君写信给秦相魏冉说:"我听说秦国想以吕礼和齐国结盟。齐国是当今天下的一等强国,假若和秦国结盟以对付韩、赵、魏三国的话,那么,吕礼一定会做齐、秦两国的相国,而齐国因为和秦国结盟,免于韩、赵、魏三国的攻击,吕礼就高居功劳,更加憎恨您。与其这样,您不如劝秦王攻打齐国,如果攻破齐国,我保证向齐湣王请求把秦军攻占的地方划为您的封邑;如果秦国担心韩、赵、魏三国的强大势力,一定会重用您跟它们结盟,韩、赵、魏三国过去害怕秦国,所以会听信您来结盟。这样一来,您既可以有攻破齐国的功劳,并且挟韩、赵、魏三国以自重;又可以在齐国得到封邑,秦和韩、赵、魏三国交相推崇您。相反，齐国不被攻破，吕礼一直受重用，那您就会走上穷途末路。"魏冉看过这封信，立刻劝秦昭襄王出兵攻打齐国，结果吕礼逃离了齐国。

公元前286年，齐湣王因吞灭宋国，自是骄横不已，很想摈斥孟尝君。孟尝君深感惶恐，不敢再待在齐国，就出奔到魏国。魏昭王敬重孟尝君的名声，当即拜他为相国。也许出自对齐湣王的恼恨，孟尝君在魏相国任上，不但没有考虑齐国的利益，反而联合秦、赵两国，与燕国一道出兵，把偌大的齐国打垮了。

这种援引敌国、灭自己国家的做法，给孟尝君的政治生涯涂上了一层不光彩的阴影。孟尝君的处境变得很尴尬。等齐襄王即位后，孟尝君仍旧以薛邑为地盘，中立于诸侯列国之间，不属于哪个国家。齐襄王刚即位，心里还害怕孟尝君，不得已摆出亲近和拉拢的姿态。但在孟尝君去世后，他的儿子们互相争位，引致齐、魏两国的联合进攻，薛邑作为一支割据势力，最终被消灭了。

从极盛到溃败

　　齐国国势的扩张，在齐湣王执政时期达到了巅峰的状态，继而一下子跌入深谷，处于亡国的边缘。这种富有戏剧性的演变，与齐湣王经国伐谋、触怒天下诸侯密切相关。

◇乘乱伐燕

　　公元前 314 年，燕国发生了争夺王位的暴乱，整个国家遭受了深重的灾难。这对觊觎已久的齐湣王来说，无疑是一个令人兴奋的事件。齐湣王趁机出兵燕国，迅速攻克了燕都蓟城。燕王哙和相国子之都被杀害，燕国陷入混乱。

　　齐国是否要占领燕国呢？齐湣王就此询问孟轲："有人劝我不要攻占燕国，有人要我攻占燕国。以有战车万辆的大国去攻伐另一个有战车万辆的大国，五十天就取得了胜利，单靠人力无法做到，一定是天意的安排啊！不占领燕国，就会受到上天的惩罚。我们占领燕国怎么样？"孟轲回答说："占领燕国而燕国人民高兴，那就应该占领，古代人有这么做的，周武王就是这样。占领燕国而燕国人民不高兴，那就不要占领，古代人也有这么做的，周文王就是这样。以有战车万辆的大国去攻伐另一个有战车万辆的大国，人们用筐盛着饭食，用壶装着酒浆，来迎接攻伐的军队，难道还有别的目的吗？他们不过是为了躲避水深火热的生活。假若水更深而火更热，他们只有转向别的国家。"

　　当时，诸侯各国正在合谋拯救燕国，以阻止齐国吞并燕国的企图。齐湣王考虑到形势的复杂性，又询问孟轲："诸侯各国都在合谋攻打我国，该怎么应付这件事呢？"孟轲回答说："我听说以方圆七十里的土地而能在天下推行政令，是商汤的作为；没有听说有方圆千里的土地还害怕别人的啊。《尚书》上说：'等待我们的君王到来，君王到了就可以复活。'现在燕国君主虐待他的百姓，大王发兵前去征讨，燕国百姓想到自己将从水深火热中被拯救出来，就用筐盛着饭食，用壶装着酒浆，来迎接大王的军队。若是杀死他们的父兄，绑走他们的子弟，捣毁他们的宗庙，搬走他们的宝器，那怎么可以呀！诸侯各国本来就害怕齐国强大，而今齐国扩张一倍的土地，又不实行仁政，这不可能不引来各国的军队。大王要是赶快下命令，送回掳掠的燕国百姓，停止搬迁燕国的宝器，跟燕国百姓一起商议，确立燕国新的君主，然后迅速撤离燕国，那么，还来得及阻止诸侯各国拯救燕国的行动。"齐湣王没有听取孟轲的意见。

没过多久，燕国百姓奋起抗击齐国的入侵，齐湣王料知事态将急转直下，不禁叹息说："真是愧对孟轲啊！"陈贾劝齐湣王不必忧虑，随后去质问孟轲说："从前周公派管叔去监督商朝的遗民，管叔却占据商地叛乱，周公是预测他将要叛乱，才派他前往商地的吗？"孟轲说："周公不知道他会叛乱。"陈贾又问："那圣人也有过错吗？"孟轲说："周公是弟弟，管叔是哥哥。对于哥哥的过失，弟弟不应该负责。况且古代的君子有过失就改正，而现在的君子有过失就隐瞒。古代的君子不隐瞒过失，人们都能看得见，到他改正过失之后，大家又很敬仰他。现在的君子有过失，岂止会继续做下去，还有人跟着给他说好话呢！"

不知齐湣王听了这话，作何感想，又有什么作为？后代统治者能从中悟出什么道理？且看柏杨的评议："孟轲先生的言论，说明儒家学派所以在战国时代，始终被排斥的原因。苏秦先生、张仪先生的身价，比孟轲先生低得多，苏秦先生和张仪先生不过一介贫苦知识分子，孟轲先生却是大富之辈。但苏秦先生和张仪先生提出的是一项可以执行的方案，而孟轲先生只能诉诸原则性的概念。像燕国人民高兴不高兴，如何分辨？如何培养？尤其是，人民虽然高兴，手握杀人大权的统治集团却不高兴，又该怎么办？所举的两个例子，更混淆视听，姬发先生之取代受辛先生，不仅仅只是商王朝人民高兴，而是经过一番苦战。姬昌先生之没有取代受辛先生，不仅仅只是商王朝人民不高兴，而是他那时还没有力量，商王朝人民早就盼望有人解救他们了。教条派的学者，往往把复杂的社会现象，强塞在一个固定的模式里，化成简单的轨道。然而孟轲先生对于'死不认错'的痛心指责，两千年之后的今天，读起来并不陌生。孟轲先生时代，人们死不认错，不过把过失说成美德。现在，除了把过失说成美德外，如果你逼得紧啦，拿出真凭实据，证明他确是过失，他不但不会改正，反而恼羞成怒、张牙舞爪反扑。"这评论说得很有见地，并带有鲜明的现代性。

✧苏代谏称帝

公元前 288 年，秦昭襄王自称西帝，派使者尊奉齐湣王为东帝，企图借此和齐国相约，共同攻伐赵国。这实际上是一项由秦国主导，东西方两大强国联合行动，瓜分其他诸侯国的谋略。

苏代听到这个消息，急忙从燕国赶到齐都临淄，谒见齐湣王。齐湣王问道："秦国派使者把帝号送给寡人，你以为如何呀？"苏代说："大王问得有点唐突，而祸害总是从细微处产生，希望大王接受秦国的意见，但是先不要忙着称帝。秦王称帝以后，天下都不反对，大王再称帝不迟。况且谦让地称帝号，也不会有什么影响。如果秦王称帝以后，天下都厌恶秦国，大王就不要称帝，以便收取天下人心，这是一大本钱啊！何况天下出现东西两帝，大王以为天下人是尊崇齐国，还是尊崇秦国呢？"齐湣王说："尊崇秦国。"苏代又问："如果大王放弃称帝，天下人会敬重齐国，还是敬重秦国呢？"齐湣王说："一定敬重齐国而憎恶秦国。"苏代又问："东西二帝订立盟约，攻伐赵国还是攻伐宋国，哪一个对齐国较有利呢？"齐湣王说："攻伐宋国有利。"

苏代问过这些问题，郑重告诫齐湣王说："齐、秦约好同时称帝，则天下独尊秦国而轻视齐国；大王放弃称帝，则天下敬重齐国而憎恶秦国；攻伐赵国不如攻伐宋国有利。大王既然已经明白，就应该放弃称帝来收取天下人心，摒弃秦国而不争天下尊名。大王趁机攻伐宋国，一旦占领宋国，卫国的阳城（今河南登封）就会紧急；一旦拥有济水西岸，赵国的河东地区就会有危险；一旦拥有淮水北岸，楚国的东部就受到威胁；一旦拥有定陶（今山东定陶）和平陆（今山东汶上），魏国向东的通道就会被阻塞。放弃称帝而攻伐宋国，国家受到敬重，声誉受到尊崇，燕、楚两国在这种形势下也得臣服，天下没有人敢不听从大王的吩咐。这就是当年商汤和周武王的义举啊！遵从秦国称帝的虚名，让天下人都感到厌恶，这是以卑为尊的举动，希望大王慎重考虑。"于是，齐湣王听从苏代的意见，刚称帝两天就改回称王。

由于齐湣王放弃帝号，秦昭襄王继续称帝已经没有多大意义，甚至会成为众矢之的，因而也废除帝号，恢复王位。那份企图瓜分别国的用心，随之陡然落空。

◇ 恃强灭宗

一个国家要生存，就必须保持稳定的环境；而要向外发展，又不能不进行扩张活动。如何处理稳定和扩张的关系，是齐国统治者面临的重要问题。齐湣王没有认清天下形势，仅从开拓疆域着眼，贸然出兵吞并宋国，大肆向西扩张势力，结果招致诸侯列国的怨恨，使齐国陷入孤立的境地。

公元前 286 年，齐湣王出兵攻打宋国。秦昭襄王得知这一消息，十分恼怒，对到访的苏代说："我喜欢宋国和喜欢韩国的新城（今河南洛阳）、卫国的阳晋（今山东郓城）一样。齐国谋士韩聂是我的朋友，却要攻打我喜欢的国家，这是为什么呀？"苏代解释说："韩聂要攻打宋国，也是为大王着想。因为齐国本身强大，再夺取宋国，就如虎添翼，楚国和卫国必定畏惧齐国，转向西来侍奉秦国。这是一条让大王不必费心，不伤一兵一卒，就使魏国割让安邑的妙计。"秦昭襄王又问："我担心齐国人居心叵测，时而合纵反对我，时而连横巴结我，这怎么说？"苏代接着说："天下形势可以从齐国知道啊！就拿齐国攻打宋国来说，他知道侍奉秦国，会得到有战车万辆的大国佐助；倘若不侍奉秦国，攻取宋国也得不到安定。那些年迈白头的游说者，想要挑拨齐、秦两国的关系，驱车向西来到秦国，没有一个人说秦国的好处。为什么会这样呢？就在于他们不愿意齐、秦两国联合起来。为什么晋、楚那样明智而齐、秦却难以理解呢？晋、楚两国联合，就会商议侵略齐、秦；

齐、秦两国联合，也要图谋攻打晋、楚。请就这一点加以考虑。"秦昭襄王表示赞同。

在经过和秦国斡旋之后，齐湣王下令向宋国迅速推进，攻克宋都睢阳，占领了宋国大部分土地，并且乘胜向南扩张，割取楚国淮河以北的领土，向西进攻赵、韩、魏三国，企图吞并周王室，以便自立为天子。这样一来，泗水流域的诸侯，如邹、鲁等国的君主，都被迫向齐国称臣。诸侯列国担心齐国继续扩张，开始酝酿反击齐国。

◇齐湣王之死

公元前 284 年，燕、赵、魏、秦、韩五国联合行动，大举进攻齐国。齐湣王发动全国奋起抗战，仍无法遏制多国军队的猛烈攻势。燕将乐毅率军长驱直入，迅速攻占了齐都临淄，沉重地打击了齐国。

当临淄沦陷之际，齐湣王逃离齐国，来到卫国。卫嗣君让出宫室给他居住，并向他称臣，按时送上酒食，提供所有用品。可是，齐湣王架子很大，仍旧傲慢无礼，卫国人看不惯，就驱逐他离境。齐湣王又投奔邹国、鲁国，也因为不够谦逊，惹得这两国君主都不愿接纳他。齐湣王在外无处安身，最后返回莒邑（今山东莒县）。

这时候，楚顷襄王派淖齿为将，率军救援齐国。齐湣王任命淖齿为相国。谁知淖齿另有图谋，想跟燕国瓜分齐国，就逮捕了齐湣王，当面数落他说："千乘（今山东高青）、博昌（今山东博兴）之间方圆几百里内，天降血雨淋湿了人们的衣服，你知道吗？"齐湣王说知道。淖齿又问："嬴邑（今山东莱芜）、博昌之间方圆几百里内，大地爆裂直到泉水涌出的深处，你知道吗？"齐湣王说知道。淖齿又问："有人对着阙门哭泣，当人们去阙门寻找他时却看不到，而离开阙门时又听到他的哭声，你知道吗？"齐湣王说知道。淖齿问到这里，愤怒地说："天降血雨淋湿人们的衣服，是天给你的警告；大地迸裂直至泉水涌出的深处，是地给你的警告；有人对着阙门哭泣，是人给你的警告。天、地、人都警告你，你还不知道自我约束，有所鉴戒，怎能不诛杀你呢！"于是就在鼓里（莒邑辖地）处死了齐湣王。

荀子作为一代大儒，得知这件事情之后，作出如下评论：

国家为天下的利益和权势所在，治理有方就有安定和荣耀，成为积聚幸福的源泉；治理无方就有危险和麻烦，拥有国家的大权还不如没有，一旦身陷绝境，想做一个匹夫都不可得。齐湣王、宋康王就是这样。所以，治理国家的人，能够倡导礼义，就可以称王；能够树立信誉，就可以称霸；单纯依靠权谋，就非灭亡不可。

治理国家强调功利，不理会礼义，不讲究信誉，唯利是图。国内欺诈百姓，索取一点小利；国外欺诈盟国，谋取一些大利。对已拥有的不加珍惜，却贪图别人的东西。像这样，臣下、百姓不得不用诡诈的手段来对付自己的君主，上级欺骗下级，下级欺骗上级，上下自然离心离德。像这样，敌国就会轻视，盟国也会怀疑，权谋日益盛行，国家难免危险，直至最终灭亡，齐湣王、薛公正是如此。所以，治理强大的齐国，不以礼义为基础，不以政教为根本，不朝着统一天下的目标迈进，却把精力浪费在结党营私、对外扩张上面。看起来齐国强大无比，向南攻破楚国，向西挫败秦国，向北打垮燕国，在中原消灭宋国。可是，等到燕、赵两国起兵反击，齐国就像摇落的枯叶一样，身死国破，成为天下人共同诛伐的对象，后世谈到罪恶的君主时，总拿他作为例子。这没有别的原因，只因为他不倡导礼仪而专用权谋。

这两段评论出自《荀子·王霸》，主要论点可以概括为：王道建基于礼义，"义立而王"；霸道立足于信誉，"信立而霸"；亡国全在于权谋，"权谋立而亡"。读起来会让人觉得，迂阔而不切合实际，空疏而略有些片面。仅就治理国家而言，固然需要倡导礼义，树立信誉，但恐怕也不能不注重谋略，讲究功利。荀子谈论王霸政治，往往是成见在胸，难免失之偏颇。特别是把权谋与礼义、信誉决然对立起来，视若水火不容，那就十分片面了。相反，齐湣王的身败名裂，除去个人素质、国内事务的缺陷之外，一味穷兵黩武，四面扩张，弄得天下人怨愤，最终被极度孤立，应该是最重要的原因。

田单出奇复国

齐湣王被处死之后，他的儿子田法章改名换姓，逃到莒太史敫家做佣人。太史敫的女儿见田法章相貌奇特，认为他不是一般平民，就很怜悯他，常常送给他一些衣食，因而萌生了私情。当时在莒邑，王孙贾一直随侍齐湣王，后来也不知道齐湣王的去向，他的母亲说："你早上出去，晚上回来，我倚着大门等候。你晚上出去，早上回来，我站在巷口等候。你现在侍奉齐王，齐王忽然不见了，你却不知道他在哪里，还回来干什么呀！"王孙贾当即来到大街上，高声呼喊道："淖齿扰乱我们国家，杀害我们大王，凡愿意跟我一起去除掉淖齿的，请袒露右臂。"顷刻之间，跟从王孙贾的就有四百多人。他们发起突然袭击，一举诛杀了淖齿。于是，那些流亡的大臣相互联络，四处寻找田法章，想拥立他为国君。田法章起初担心自己会遭不测，过了一段时间才亮明身份，而后继承王位。这时候，齐国绝大部分的领土已经被燕军占领，只有莒、即墨两地尚未沦陷。正是在这不绝如缕的关头，田单成为保卫齐国的英雄，闪亮地登上了历史舞台。

◇临危受命

田单原是齐国王族的远支，齐湣王在位时任临淄市掾，负责管理市场，一直没有受到重用。当燕将乐毅率军长驱直入，齐湣王逃离国都时，田单带领本族离开临淄，向南逃往安平（今山东益都）。他让族人把露在车轮外的轴头截掉，再在外面裹上铁皮。没过多久，燕军攻陷安平，城中人争先恐后，夺路逃难，但因彼此突出的轴头相互冲撞而轴断车毁，无法赶路，都被燕军俘虏。只有田单的族人，因为轴头较短，又有铁皮罩护，得以顺利地逃走，他们向东来到了即墨。

燕军听说齐湣王逃居莒邑，就倾其全力向莒邑进攻。淖齿杀死齐湣王之后，燕军因久攻莒邑不下，只好转去围攻即墨。即墨大夫出城迎战，不幸战败身亡，形势极为险恶。城中人认为田单懂得兵法，就公推田单为将军。于是，田单依靠即墨的百姓，抵抗着燕军的进攻。

根据燕、齐双方力量的对比，无论谁想保住齐国，进而收复失地，都不是一件容易的事情。田单深知这种不利形势，在即墨保卫战之初，就首先考虑到分化和瓦解燕军的力量。恰逢燕昭王去世，新即位的燕惠王和乐毅不和。田单听到这一消息，立刻派人去燕国进行离间活动，四处散布谣言："齐王早就死了，齐国没有被攻占的，只剩下两座城邑。乐毅害怕燕王加害于他，因而不敢回国。他是以攻打齐国做幌子，暗中和齐国军队联合，企图做齐国的君主。由于齐国的民心还没有归顺，他才这样拖延战事，以便找机会南面称王。现在齐国上下最担心的，是燕王改派别的将领来指挥作战。果真如此，即墨城就必垮无疑。"

这一招离间计还真顶用！燕惠王听到这般谣言，自以为有道理，就派亲信骑劫赶到即墨，来接替乐毅的职位。乐毅对此极为愤慨，却又不能违抗君命，无奈投奔赵国而去。燕军上下议论纷纷，大多数人愤愤不平。也许只有田单一帮人，在那里开怀大笑。

✪借敌励众

伴随燕军士气的挫伤，田单开始致力于稳定即墨百姓的情绪。他命令城中居民，在每顿饭之前，一定要到庭院祭祀祖先。鸟儿见撒在地上的祭物，都飞下来争食。城外的燕军看到这情景，不知道是什么缘故，都觉得很奇怪。田单趁机制造舆论说："鸟儿争食祭物，是神人向我们赐教的征兆，一定会有神人来传授天机。"并且告诉城中的人，还会有神人来当军师。有位士卒来见田单说："我可以做军师吗？"说完扬长而去。田单急忙起身，把他拉回来，请他坐了上座，当即拜他为军师。那位士卒说："我是瞎说的，其实什么都不懂。"田单要他什么都别说。从此，田单每次发布命令，都说是传达神人的旨意。这种带有欺骗性的做法，因为带有高尚的动机，又有谁会刻意指责呢？

在即墨百姓的情绪稳定后，田单想利用燕军的野蛮行径，激发他们打败燕军的斗志。他暗中派人到处宣称："即墨人最怕燕军把俘虏的齐人的鼻子割掉，把他们排列在队伍的前头，用以强行攻城，这样即墨就非垮不可。"燕军将士听了，果然就照说的去做。城中人看到那些被俘的齐人都被割掉鼻子，心中异常愤怒，从而断绝了投降的念头，唯恐被燕军俘虏。接着，田单又派间谍到燕军中散播传言："即墨人最怕别人挖掘他们在城外的祖坟，污辱他们祖宗的尸骨，那会让他们伤心沮丧。"燕军将士听了，又把所有的坟墓全都挖开，任意烧掉那些尸骨。即墨人从城头上望见这情景，禁不住失声痛哭，要求出城决一死战。

田单知道这是反攻燕军的最佳时机，于是亲自带着版筑、铁锹，与大家一起修筑防御工事，又把所有家人都编在队伍中，还拿出所有的食物犒赏士卒，只等最后下反攻命令。

◇火牛阵

为了迷惑燕军将领，使燕军放松戒备，田单在发动反攻之前，命令城中的精锐部队按地不动，只派那些老弱妇孺站在城头上，担当防守城墙的任务，同时派使者去和燕将洽谈。燕军听说即墨人来约降，高呼万岁不已。另一方面，田单紧急召集城中百姓，凑得黄金一千镒作礼品，让最有名望的富豪为代表，送给燕军主将，顺便请求说："即墨就要投降了，希望贵军进城之后，不要掠夺我们的妻妾和财产，让我们像往常一样生活。"燕军主将接受了礼品，高兴地答应下来。因此，燕军的戒备越发松懈。

这时候，田单收集城中所有的牛，选择其中一千多头，给它们披上绘有五彩龙纹的红绸，在牛角顶部绑上利刀，把灌满油脂的芦苇扎在牛尾巴上。一切装束停当，田单派人趁着黑夜，在城墙根凿开几十个洞口，点燃牛尾巴上的芦苇，放牛从洞口出去，让五千名壮士随牛出城。那被灼烧的牛怒性大发，朝着燕军营地猛冲，把燕军陡然惊醒了。牛尾巴上的烈火，又把牛身照得通明，燕军将士定神一看，那成排的火牛驮着火龙，像风一样狂奔过来，只要被它们撞上，全都非死即伤。那五千名壮士随牛进攻，他们后面跟进的是擂鼓呐喊的人群。那些老弱妇孺站在城头上，敲着手中的铜器，同城外的呐喊声一起，汇成惊天动地的声浪。燕军遭受突然袭击，一个个丢魂失魄，不战而逃，主将骑劫惊慌失措，临阵毙命。

趁着燕军的溃逃，田单发起了总反攻。齐军所过之处，人们纷纷背弃燕国而归附田单。田单的势力迅速壮大，并且向整个齐国扩展。燕军的力量日渐削弱，一直退到黄河边上。没过多久，田单收复了沦陷的七十多座城邑，再到莒邑迎接齐襄王，返回国都临淄。齐襄王即位之后，封田单为安平君。

田单反攻复国的胜利，固然有多方面的原因，但正确的作战指挥是根本因素。在反攻开始之前，田单针对燕将警惕性不高，燕军上下希望早日结束战争的心理，以诈降、利诱手段造成敌人的错觉，使之麻痹松懈。反攻开始之后，田单巧借火牛阵的威力，一下子摧垮了燕军的斗志，配合五千名壮士迅猛地击破燕军，打好反攻初期的关键一仗。这样瓦解敌人的士气，增强自己的斗志，以出其不意的战术造就反攻的突然性，是田单指挥作战的基本特点。

司马迁为田单立传，没有详细地写出田单的生平，只是着重描述了这几则谋略故事，并且参照《孙子兵法》的观点，最后评论说："兵以正合，以奇胜。善之者，出奇无穷。奇正还相生，如环之无端。夫始如处女，敌人开户；后如脱兔，敌不及距。其田单之谓邪！"这一评论也表明：田单深谙《孙子兵法》。

◇出将入相

田单以反攻复国的功勋出任齐襄王的相国，实际上执掌齐国大权。有一次，田单在淄水边，见一位老人因涉水受冻，到岸边不能走动，就脱下自己的皮袍给老人穿上。齐襄王听说后，很不高兴地说："田单这样施恩于人，是不是想取代我的位置，不早点加以防备，恐怕日后会有变乱。"他看左右没有人，唯独殿堂下有位串珍珠的人，就大声问道："你听见我说的话了吗？"那人说听见了。齐襄王又问："你认为怎么样？"那人回答说："大王不如把田单的善行作为自己的善行。可以下令说：'我担心百姓挨饿，田单就拿出食物给他们吃；我担心百姓受冻，田单就脱下皮袍给他们穿；我担心百姓劳苦，田单也为此忧虑。田单的行为很合我的心意。'田单有这些善行，大王及时给予嘉奖，那就是大王的善行。"齐襄王连连称赞，当下赏赐田单许多牛酒。过了几天，那位串珍珠的人又来见齐襄王说："大王应该在朝见群臣时，召田单到殿堂拱手行礼，亲自给予慰问，同时下令安顿受饥寒的百姓，予以抚恤供养。"在这之后，齐襄王派人到街坊里巷打听情况，不少大夫在一起议论说："田单爱护百姓，原来是齐王的教诲！"

齐襄王有九位宠臣，他们都很嫉恨田单。田单向齐襄王保荐貂勃，他们对齐襄王说："燕国侵略我国的时候，楚王出兵一万人来救援。现在国家已经安定，怎么不派使者向楚王致谢呀？"齐襄王问："哪位大臣可以出使楚国？"他们就举荐貂勃。貂勃奉命出使楚国，楚顷襄王接受齐襄王的感谢，对貂勃优礼有加。过了几个月，貂勃还没有返回齐国。这帮宠臣又对齐襄王说："一位使者让大国的君主出面挽留，还不是仗着安平君权大势重吗？况且安平君和大王之间，君臣没有什么差异，上下没有什么分别。安平君心怀不良的动机，对内安抚百姓，对外怀柔戎狄，善待天下贤士，实在是别有图谋，但愿大王明察。"这几位宠臣要把田单置之死地。

又过了些日子，齐襄王召见田单，田单也许有所风闻，头不戴冠，脚不着履，袒胸露臂进来，退出时还请赐死罪。齐襄王过后说："你对我没有什么罪过，不过你行你的臣子礼，我行我的君主礼罢了。"貂勃从楚国回来，齐襄王赐宴款待，正当酒酣之时，齐襄王说："召唤相国单来。"貂勃连忙离开席位，叩头问道："君王和时代久远的周文王相比怎么样？"齐襄王说："我比不上周文王。"貂勃又问："是的，我知道君王比不上周文王，那您和时代稍近的齐桓公相比怎么样？"齐襄王说："我比不上齐桓公。"貂勃接着说："是的，我知道君王比不上齐桓公。可是，周文王得到吕尚尊为太公，齐桓公得到管仲尊为仲父，而今君王得到安平君，却只称呼他为'单'。哪能用这亡国的话语呢！况且从开天辟地有人类开始，做臣下立功的，有谁能跟安平君相比呢？君王不能守卫社稷，遭受燕国的攻击，被迫逃往城阳山中。安平君在即墨，只有周长三里的内城，方圆五里的外城，以及疲惫不堪的七千人，最后擒获燕军司马，收复千里失地。这是安平君的功劳啊！这时候，安平君如果舍弃城阳，自立为王，天下没有谁能制止。但是，安平君从道德着眼，以仁义为本，认为不能那样做，所以架设栈道，修造太阁，去城阳迎接君王和王后，君王才能返回国都，治理百姓。现在国家已经稳定，百姓已经安居，君王竟说出'单'，即使婴儿也不会这样。君王赶快杀掉那九位佞臣，向安平君致歉，不然的话，国家就要危险了！"齐襄王于是诛杀了那九位宠臣，并且驱逐了他们的家人，把掖邑加封给田单。

田单的生平事迹，往后再没有记载。究竟他的结局如何，就只能用心推测了。

自毁藩篱

公元前 265 年，齐襄王去世，他的儿子田建继位，由王太后（即太史敫之女）执掌国事。齐王太后贤惠能干，对外侍奉秦国，与邻国和睦相处，加上齐国远在东方，秦国不断进攻魏、韩、赵、楚、燕国，这五国竭力自救，无暇东顾。因此，田建在位四十四年间，齐国几乎没有遭受战争的祸害。

公元前 260 年，正当秦、赵两国大战长平之际，齐、楚两国应赵国的请求，准备出兵救援赵国。秦国君臣得知这一消息，秘密商议后决定："齐、楚两国救援赵国，倘若与赵国亲密合作，就命令秦军撤退；倘若与赵国不合作，就趁机攻打他们。"赵国因粮饷供应不足，请求齐国紧急调拨一部分粮食，支援前线的赵军作战。哪知田建做出决定，拒绝给予赵国任何援助。

这种自我孤立、缺乏远见的做法，遭到一些明眼人的质疑。有位人称周子的谋士，觐见田建说："不如答应赵国的请求，迫使秦国撤兵；不答应赵国的请求，秦国就不会撤兵。这不是让秦国的图谋得逞，齐、楚两国救援赵国的计划落空吗？何况在地理形势上，赵国是齐、楚两国对抗秦国的屏障，就像嘴唇和牙齿的关系一样，没有了嘴唇，牙齿就会受到风寒。倘若赵国今天灭亡，明天祸害就会延及齐、楚两国。况且救援赵国，如同捧着漏水的坛子去救烧焦的饭锅那样，非常紧急。救援赵国，是崇高的道义；迫使秦国撤兵，是显赫的声威。以道义救援赵国，以声威迫使秦国撤兵，不专心做好这件事，而偏偏爱惜那点粮食，实在是错误的决策啊！"可是田建听不进去，没有给赵国提供援助。

齐王太后弥留之际，告诉田建说："群臣中可以信任某人。"田建想记下这人的名字，王太后觉得很好。可是等田建拿来笔牍，王太后却说忘记了。王太后去世之后，后胜担任齐相国，接受了秦国间谍的很多钱财。齐国宾客到秦国，秦国也送了他们不少金钱。他们成为替秦国效命的人，劝说田建去朝见秦王，不修筑防御侵略的设施，不出兵参与合纵伐秦，于是秦国逐个攻破了韩、魏、燕、赵等国。

公元前 237 年，田建将要去秦国朝会，马车刚到临淄城门，雍门司马上前劝阻说："齐国所以要立君王，是为了国家社稷，还是为了君王个人呢？"田建回答说："是为了国家社稷。"这位司马又说："既然是为了国家社稷，君王为什么要离开齐国而到秦国去呢？"田建觉得言之有理，就掉转车头返回王宫。

即墨大夫听到这个消息，也来觐见田建说："齐国有地方千里，带甲士卒几百万人。韩、赵、魏三国的大夫不想接受秦国的统治，留驻在阿、鄄两地的有几百人，君王召集他们，给他们一百万人的军队，让他们收复韩、赵、魏三国原有的土地，这样就可以从临晋关进攻秦国。楚国故都鄢郢的大夫不愿为秦国效劳，留驻在城南的也有一百多人，君王召集他们，给他们一百万人的军队，让他们收复楚国原有的土地，这样就可以从武关进攻秦国。如果这样，齐国的声威就能树立，也就能消灭秦国，这岂止是保卫齐国而已！"田建没有采纳这个意见。

从当时的实际情况来看，幸亏田建没有采纳即墨大夫的意见，否则齐国百姓将蒙受更大的灾难。即墨大夫谈论经国大计，就跟赵括纸上谈兵似的，说起来那么容易，听起来那么简单，却不想怎样才能做成。你看他这里交给韩、赵、魏三国大夫一百万人，那里交给楚国大夫一百万人，这两百万人从何而来？况且齐国几十年不打仗了，没有经过严格训练的军队，把大批百姓随意送上战场，去对付强大的秦军，很难说长平惨景不会重演。即使初战小胜，要想一口气打到咸阳，又谈何容易！照理说齐国唯一的出路，就在于与邻国联合抵御秦国。可是，现在只剩下它一个孤立的国家，强大的秦军就在眼前，有谁能挽救这般危局呢？坐山观虎斗，最终一只猛虎踏破藩篱，数十年目光短浅的结局就是必须付出沉重的代价。

公元前 221 年，秦将王贲从燕地南下，进攻齐国，没有遇到任何抵抗，迅速占领了临淄。秦王嬴政派人来劝田建投降，表示愿意封给他五百里地，田建受相国后胜的煽动，就宣布投降了。结果，田建被迁到共邑（在今河南卫辉），软禁在一片松柏林里，挨饿而死。齐国人埋怨田建不及早与各诸侯联合抗御秦国，而听信奸臣和宾客的邪说，招致国破身亡的惨痛，还唱出一首歌谣：

满目松柏林，饥渴不能饮，谁使君王这般惨，莫非宾客奸臣。

这歌谣听起来，分明在控诉后胜之流，是他们害了田建，误了齐国。其实问题并非如此简单。齐国灭亡的原因，除天下大势尽在秦国之外，从齐国君臣一面看，主要还是自毁藩篱。对此，司马光分析说，合纵连横的说法，虽然反反复复头绪很多，但是大体说来，合纵代表六国的利益。当初，先王分封千百个国家，让他们和睦相处，友好往来，以飨宴增进感情，以会盟加强团结。这样做没有别的目的，只不过要他们同心协力，保卫国家。倘若大国都能讲求信义，相互亲善，秦国即使再强暴，又怎能灭亡六国呢？韩、赵、魏三国是齐、楚两国的藩篱，齐、楚两国是韩、赵、魏三国的根底。势必应该相互援助，表里互为依托。所以，韩、赵、魏三国去进攻齐、楚两国，是断绝自己的根底；齐、楚两国去进攻韩、赵、魏三国，是撤除自己的藩篱。哪有撤除自己的藩篱，去向强盗献媚，还说"强盗爱护我，不会进攻我"，这难道不荒谬吗？这种批判似乎可以视为一种定论。

哪知经过柏杨的审视，又迸出一个新的发现。"司马光先生这一段评论中，赞扬苏秦先生的大战略：'南北合纵，符合六国最大利益。'似乎是露了底。因司马光先生和孟轲二位大亨，可是只谈仁义，不谈利益的，而今司马光先生也不得不把国家利益列为第一。但他又主张'如果六国都能以信义互相亲善'，夫国与国之间，只有利益才能使他们永久结合。所谓信义，也必须建立在利益基础之上。最大的信义往往是最大的利益，最大的利益往往也是最大的信义。团体的立场和个人的立场并不一样，儒家学派却一直在其中搅和不清，所以总是不断地捉襟见肘，不能自圆其说。"这批判的批判又可以给人们什么启迪呢？

第
六
章
——————
CHAPTER6

燕：保守一隅

燕国是西周初期分封的诸侯国，由于地处周王朝的东北一隅，始终没有得到多大发展，进入战国后仍旧比较落后。值得人们注意的是，这一偏远的国家随着苏秦的到来，最早支持山东六国的合纵活动。燕昭王当政时期，开始致力于对外扩张，并在乐毅的指挥下，成功地攻破了劲敌齐国。若不是在这一节骨眼上，王位更迭改变了燕国的政局，燕国也许会出现另一幅景象。当齐国反攻复国之后，燕国的国势就一落千丈，除在近邻赵国遭受秦国削弱之际，发动过两次唐突的趁火打劫外，再没有什么大的对外活动。等到秦国大兵压境的危急关头，燕太子丹企图利用荆轲行刺来挽救燕国的命运，那只不过是一场梦罢了。

苏秦说合纵

根据司马迁的记载，燕国在战国前期一直比较沉寂，较为重要的有两件事情：公元前 380 年，齐桓公田午攻伐燕国，夺取商丘；公元前 373 年，燕僖公出兵报复齐国，在林营打败了齐军。燕国最早参与诸侯列国的事务，是在燕文侯当政期间，由于苏秦来燕国进行游说，燕文侯采纳苏秦的意见，燕国才与赵国结盟，加入山东六国合纵的行列。

◇六国合纵

苏秦本是东周洛阳人，早年跟随鬼谷先生研修，在外游历了很多年，可是没有一点成就。当他回到家里后，哥嫂、弟妹和妻子都讥笑他说："我们周人的习俗，大都安于治理产业，从事工商活动，以求取十分之二的利润。现在，你丢下这老本行，出去卖弄口舌。结果落得穷兮兮的，那真是活该呀！"苏秦听了，十分惭愧，不免暗自伤感，整天关在屋里，不愿出去见人。他搬出所有书籍，发愤地读起来，并且说："一个读书人，既然下定决心读书，却不能凭学问求得荣华富贵，那么读书再多，又有什么用处！"于是，他挑出一本《阴符》，用心地加以钻研，心想日后当有用处。

经过一年多时间，据说曾经"头悬梁，锥刺股"的苏秦，终于弄明白了游说的奥妙，写出了《揣》《摩》两篇文章，还自信满满地说："运用这一套道理，可以说服许多君主。"于是就近赶往周王室进行游说。周显王左右的人很熟悉他，认为他年轻、好瞎扯，不肯听信他的话。苏秦遭受了冷遇，却并没有灰心，而冲着秦孝公的名声，西行来到秦国。哪知运气不好，恰遇秦孝公病故，秦惠文王继位不久，刚刚处死商鞅，对外来的辩士怀有偏见，一律不予任用。苏秦再度碰壁，仍没有灰心，凭着他的那股犟劲，折转往东来到赵国。这时候，赵肃侯不理政务，令其弟赵成做相国，而赵成对苏秦的说法并不感兴趣。苏秦三度受挫，还是没有灰心，靠着坚定的人生追求，赶到偏远的燕国。大约过了一年多时间，苏秦见到燕文侯，才得以施展他的才华。

苏秦对燕文侯说：

燕国东面有朝鲜、辽东，北面有林胡、楼烦，西面有云中、九原，南面有滹沱、易水，土地方圆两千多里，带甲士卒有几十万，战车七百辆，战马六千匹，贮存的粮食足够十年支用，并且南面有碣石、雁门的富饶，北面有大枣、栗子的产地，民众即使不从事劳动，仅大枣、栗子的收获也相当富足，这真是一座天府啊！当今天下，最安乐无事，看不到军队覆灭、将军战死的国家，没哪个能比得上燕国。您知道这里面的原因吗？

说起燕国没有外来侵犯、不受战争摧残的原因，完全在于赵国替它遮蔽了南道。秦、赵两国发生了五次战争，秦国胜两次，赵国胜三次，彼此都受到了损害，而大王以完好的燕国，控制了赵国的后方。这就是燕国一直没有受到外来侵犯的原因。况且秦国要想攻打燕国，必须越过云中、九原，经过代郡、上谷，走过数千里路程。纵然攻下燕国的城邑，也实在没法永远守住，秦国不能危害燕国，可说是很明显的。

现在，再看赵国攻打燕国的情形，一旦赵王发布进攻的命令，用不了十天，数十万大军就会进驻东垣（在今河北石家庄），然后渡过滹沱河和易水，不到四五天，就能到达燕国的都城。所以说，秦国进攻燕国，必须到千里之外去作战；赵国进攻燕国，战事就发生在百里之内。不担心百里之内的外患，而重视千里之外的敌寇，再没有比这更错误的计谋。我希望大王能与赵国合作，促使天下诸侯联合起来，这样燕国就没有外患。

燕文侯显然被说动了，只是在心底还有疑虑，就对苏秦说："你的话固然很对，可是我们燕国弱小，西面迫近赵国，南面紧连齐国，齐、赵两国都是强国。你若用合纵的方略来安定燕国，寡人愿意以燕国相从。"于是给苏秦拨出许多车马、黄金、布匹，让他再去赵国游说。这时候，赵相国成已经去世，苏秦趁机说服赵肃侯，同意他提出的合纵方略。赵肃侯以一百辆车马、一千镒黄金、一百双白璧、一千匹锦绣相资助，让他再去邀约其他诸侯。

苏秦从燕国迈出第一步，靠着赵肃侯的大力支持，先后说服韩宣王、魏襄王、齐宣王和楚威王。于是山东六国联合起来，将力量集中在一起，苏秦作为这个联盟的倡导者，同时做了六国的相国。这在战国历史上是绝无仅有的事情。苏秦主持六国结盟之后，返回赵国，向赵肃侯复命，途中经过洛阳，随行的车辆满载各种珍贵的物品，各国诸侯都派了很多使者来送行，让人怀疑是天子出行。

周显王听到这消息，心里非常担忧，赶快派人修整道路，并且到郊外迎接，送上礼物加以慰劳。苏秦回到家里，他的兄弟、嫂子和妻子都不敢正眼相看，总是毕恭毕敬地服侍他。苏秦笑着对嫂子说："为什么你过去对我那么傲慢，现在对我这样恭敬呢？"他嫂子连忙跪到地上，像蛇一样以脸贴地，匍匐向前说："因为小叔子现在地位高，钱财多呀！"苏秦听了，非常感慨地说："同样是一个人，富贵时亲戚都害怕他，贫贱时亲戚都轻视他，何况是一般人呢！假如我在洛阳城边有一顷良田，安心地耕作，能佩挂六国的相印吗？"于是散发千金，赏赐宗族和朋友。

这时候的苏秦真是气派极了。

◇庆吊相随

苏秦完成了合纵使命，回到赵国，被赵肃侯封为武安君。他把六国合纵的情形传达给秦国，秦国迫于合纵的威势，有十五年不敢窥伺函谷关。后来，秦惠文王派公孙衍胁迫齐、魏两国，与秦国一起攻打赵国，想要破坏合纵的盟约。齐、魏两国无奈攻打赵国，赵肃侯非常生气，就责备苏秦。苏秦有点害怕，请求出使燕国，并保证报复齐国。等苏秦离开赵国后，六国合纵的盟约就解散了。

公元前 333 年，燕文侯去世，燕易王继位。齐宣王趁燕国有丧事，发兵攻打燕国，夺取了十座城邑。燕易王对苏秦说："从前先生来到燕国，先王资助你去见赵王，促使六国订立合纵盟约。如今齐国先攻打赵国，继而攻打燕国。因为先生的缘故，燕、赵两国被侵侮，受到天下的嗤笑。先生能为燕国收回失地吗？"苏秦听后非常惭愧，表示愿意去齐国，替燕王收回失地。

苏秦赶到齐国临淄，见着齐宣王行礼，低下头表示庆贺，抬起头表示哀悼。齐宣王感到奇怪，就连忙问："为什么刚刚表示庆贺，又马上表示哀悼呢？"苏秦回答说："我听说过，饥饿的人在挨饿时，仍不吃乌喙这种有毒的东西，是因为它虽然能填饱肚子，却得担心被毒死，这和饿死有什么不同呢？现在，燕国虽然比较弱小，可燕王是秦王的小女婿。大王夺得燕国的十座城邑，却要与强大的秦国结下仇怨。这等于使弱小的燕国像大雁那样依次而行，而强大的秦国遮掩在它后面，大王由此招惹了天下最精锐的军队。这就是与吃乌喙充饥同样的道理。"

齐宣王经这么一说，顿时脸色大变，忙问苏秦有什么办法。苏秦进一步说："自古以来，善于处理问题的人，都能够转祸为福，反败为胜。大王如果肯听从我的意见，就应当把十座城邑归还燕国。燕国无故收回失地，必定很高兴；秦国如果知道因为自己的关系，使齐国归还燕国的失地，也必定高兴。这就是解开仇怨而结交友谊的道理。因此，燕、秦两国都会亲近齐国，大王的号令有谁敢不听呢？这等于大王表面上附和秦国，实际上却以十座城邑换得天下，真可说是霸王大业啊！"齐宣王听了，赞成苏秦的说法，就把那十座城邑还给了燕国。

苏秦说齐宣王一"庆"一"吊"，一扬一挫，是战国纵横家的典型手法。倘若没有表示哀悼，就不会引起齐宣王的关注；倘若没有表示庆贺，就不会让齐宣王想到别的做法。齐宣王听说继续占领燕国的城邑，会招来天下最精锐的军队，心中感到恐惧，这是苏秦表示哀悼的原因；继而劝说齐宣王归还燕国的失地，以解除彼此间的仇怨，增进同秦国的外交关系，这是苏秦表示庆贺的本意。"庆""吊"两者结合在一起，苏秦牵着齐宣王的鼻子走，跟随对方的心理变化，很快就把一个棘手的问题解决了。

◇巧辩复位

苏秦在齐国交涉成功，赶忙返回燕国报命。谁知有人毁谤他说："他这个人出卖国家，是一个反复无常的臣子，必定会图谋叛乱。"燕易王听信谗言，免去了苏秦的官位，把苏秦弄得很尴尬。

为了讨回原先的官位，苏秦进见燕易王说："我本是东周粗鲁的平民，没有半点功劳，而大王亲自在庙堂上见我。现在，我替大王说退齐军，收回十座城邑，照理应该对我更加亲近。但我从齐国回来，大王却不给我官位，想必有人以不守信义的罪名，在大王面前中伤我。实际上，我的不守信义正是大王的福气呀！我听说过：忠信的名誉，都是为自己而立；进取的事情，才是为别人而做。况且我游说齐王，也没有欺骗他什么。我把老母亲撇在东周，本不打算为自己树立忠信的名誉，而只想替别人做些进取的事情。现在，假如有像曾参那样孝顺、像伯夷那样廉洁、像尾生那样诚信的人，来侍奉大王，大王觉得如何呢？"燕易王回答说："有这三种人就够了。"

针对燕易王的答话，苏秦当即驳斥说："像曾参那样孝顺的人，连一个晚上都不肯离开母亲，大王怎能让他步行千里，来到弱小的燕国，侍奉为难之中的国君呢？像伯夷那样廉洁的人，站在仁义的立场上，不做孤竹君的继承人，不做周武王的臣子，不接受封侯的赏赐，宁可饿死在首阳山下，大王又怎能让他步行千里，去齐国收回失地呢？像尾生那样诚信的人，跟女子在桥下约会，女子不来，大水没身也不离开，结果抱着桥柱被淹死，大王又怎能让他步行千里，去说退齐国的军队呢？我可以说是因为忠信而得罪了在上位的人啊！"燕易王听完这番话，不客气地说："你本来就不讲忠信，哪有因为忠信而有罪的道理呢？"

苏秦知道燕易王对他有偏见，接着辩解说："话不能这么说。我听说过：有个人到很远的地方做官，他妻子与别人私通。那丈夫将回来时，那位姘夫很忧虑。谁知那妻子却说：'你不要忧虑，我已经把毒酒给他准备好了。'过了三天，她丈夫果真回来了，那妻子让小妾把毒酒端给丈夫喝。小妾想说酒中有毒，却担心她被女主人赶出家门，而不说酒中有毒，又害怕主人会被毒死。于是，她假装跌倒，把毒酒洒在地上。那丈夫顿时大怒，将她打了五十鞭。试想那小妾故意洒掉毒酒，从上来说救活了她丈夫，从下来说保护了女主人，却不免遭受鞭打，怎能说忠信就不会有罪呢？我的过错，不幸和那小妾很类似啊！"燕易王听这么一说，倒觉得言之有理，于是恢复了苏秦的官位，并且对他格外优待。

"任则勿疑，疑则勿任"，是君主用人的共识。然而哪些人可疑，哪些人可信任，做起来却颇费周折。孝在中国传统道德体系中占据特殊的地位，由父母、子女之爱可以推及朋友、君臣乃至整个天下，失去父母、子女之爱的人，就不用谈朋友、君臣乃至天下之爱。所谓"忠臣必自孝子出"的说法，代表着主流的价值观念。但仔细推敲也不尽然，忠孝往往难以两全。孝而不忠则不可信任，忠而不孝也为人不齿，何况忠孝两全者未必堪当大任。苏秦对为人孝顺、廉洁、诚信的理解，虽说有悖于传统的伦理准则，却也不是毫无道理的，特别是把"忠信""自为"和"进取""为人"对照起来谈问题，具有很强的说服力。假如苏秦为一位讷言忠臣，又怎能操纵天下形势，赢得人生辉煌呢！

◇裂尸求贼

苏秦在燕国为官，颇受燕易王敬重。燕易王的母亲和苏秦过往密切，渐渐有了暧昧关系。苏秦担心遭遇不测，就劝燕易王说："我在燕国居住，不能使燕国受重视，若到齐国任职，必定使燕国受重视。"燕易王不知如何是好，就让苏秦随意去做。于是，苏秦假装在燕国犯了罪，马上逃到齐国。齐宣王敬佩他的名声，当即任用他为客卿。

大概是因为从燕国起家，以燕国为第二故乡，苏秦即使在齐国为客卿，还一心思念着燕国。公元前 301 年，齐宣王去世后，苏秦说服继位的齐潜王，把齐宣王的葬礼办得非常隆重，以彰显后辈的孝道，并且大规模地修筑宫室，开辟苑囿，以彰显齐国的强盛。苏秦这样做怀有不可告人的秘密，那就是为燕国的利益着想，尽可能使齐国破败下去。

这时候，齐国因为发生王位更迭，许多大夫在朝廷上和苏秦争地位。有位大夫争执不得，就暗中使人刺杀苏秦。苏秦被刺成重伤，还没有完全断气时，那刺客就逃跑了。齐湣王当即下令捉拿凶手，一直没有抓到。苏秦临终的时候对齐湣王说："假如我死了，请把我的尸首推上刑场，用马车扯裂，再向人们宣布：苏秦替燕国做间谍，来齐国图谋作乱。这样一来，就可以抓到杀害我的凶手。"齐湣王照苏秦说的去做，那凶手果然自己出来，打算邀功请赏。齐湣王让人把他抓起来，立即处以死刑。燕易王听到这消息，很高兴地说："太好了，齐国为苏先生报仇了！"

苏秦是一位有抱负、有毅力、有思想、有谋略的人。说他有抱负，是因为他从一介书生起步，敢以合纵大计为己任，而在人生旅途中不断进取，力求最大限度地发挥个人的价值。说他有毅力，是因为他能从困难处想到成功，在失望时看到前途，"咬定青山不放松""任尔东西南北风"，充分体现出不屈不挠、越挫越勇的拼搏精神。说他有思想，是因为他熟悉各国国情，纵览天下大势，以"择交"为安民之本，以内政为外事之据，注重事务的整体性，并能辩证地看问题。说他有谋略，是因为他凡事从现实出发，抓住问题的关键，选择有效的方法，争取一个好结果，以摆脱困境，开启成功之门。像这样的杰出人物，不仅在战国时代，而且在中国古代史上，都是不可多得的。然而，后世俗儒说起苏秦，每每以缺乏原则、朝秦暮楚、贪求功名、唯利是图相贬斥，这也实在有些过火。这里重温一下司马迁的看法："夫苏秦起闾阎，连六国从亲，此其智有过人者。吾故列其行事，次其时序，毋令独蒙恶声焉。"

看来人们对苏秦应有一个公正的评价。

燕昭王求贤

公元前 321 年，燕易王去世，他的儿子姬哙继位。一场由"禅让"引发的大规模暴乱，把燕国推到了崩溃的边缘。燕国进入一个大转折时期。

◇ 燕王哙让国

燕王哙在位时，子之担任相国，权势显赫。他跟苏秦结为姻亲，苏秦遇害后，又和苏代交往甚密。公元前 316 年，苏代为齐国出使燕国，燕王哙问齐王怎么样，苏代回答："肯定不能成就霸业。"燕王哙问为什么，苏代回答："因为他不信任臣下。"苏代说这些话的目的，是想促使燕王哙尊重子之。从此，燕王哙非常信任子之，让他来掌管国家事务。子之感激苏代，赠送他一百镒黄金。

在这之后，燕人鹿毛寿劝燕王哙说："不如把燕国禅让给子之。人们说唐尧贤明，是因为他能禅让天下于许由，许由不接受。因此，唐尧有禅让天下的美名，实际上并没有失去天下。现在，君王把国家禅让给子之，子之必定不敢接受，这样君王就能和唐尧并称于世！"因此，燕王哙把国家大权托付给子之，子之的权势就更加突出。

没过多久，又有人向燕王哙进谏说："从前，夏禹推荐伯益为继承人，而任用儿子启的臣属为官吏，等年老时觉得启没有能力统治天下，把君位传给伯益，启就纠合他的党羽攻打伯益，夺取了君位。天下人都说夏禹名义上把天下传给伯益，实际上是让启去夺取天下。现在，君王把国家大权托付给子之，而国家官员都是太子的人。这是名义上让子之掌管国家事务，实际上是由太子操纵国家大权啊。"燕王哙听了，收回所有官员的印绶，把三百石以上的官署印绶都交给子之，由他来选拔和任命官员。于是，子之作为君主行使国家大权，而燕王哙由于身体原因，不再参与朝廷事务，反而沦为臣下，国家大事都由子之决断。

子之执掌燕国，虽然出自燕王哙甘心相让，却仍有点"名不正，言不顺"，特别是在燕国统治集团内部，以太子姬平为首的一帮人，根本不服子之的所作所为。这两派势力都在不断增长，彼此之间的矛盾愈演愈烈，在子之得到王位的第三年，爆发了大规模的内战，将军市被和姬平合谋攻打子之。

这场内战正在酝酿的时候，齐湣王派人对姬平说："我听说太子将要废私而立公，整饬君臣上下的名分，摆正父子相承的地位。我的国家虽然力量弱小，不足以作为太子的后盾，但愿意听从太子的号令。"姬平得到这一鼓动，马上纠合党羽，调集自己的军队，让市被去包围王宫，攻击子之，可一直没能取胜。不知是被子之收买，还是其他什么缘故，市被不久临阵倒戈，带领军队反击姬平。结果，在燕都蓟城酿成了持续数月的暴乱，有数万人惨遭不幸，整个燕国呈现出"众人恫恐，百姓离志"的情形。

正是趁着燕国的内战，齐湣王出兵攻打燕国。燕国军队无心抵抗，连蓟城的城门都不关闭。因此，齐国军队轻松地开进蓟城，捕获了子之，把他剁成肉酱，并杀死了燕王哙。燕国失去了国君，沦入齐军的控制之下。直到公元前312年，燕国人民重新争得独立，共同拥立姬平上台，是为燕昭王。

◇燕昭王招贤

燕昭王上台伊始，就致力于稳定社会，重整统治秩序。他四处哀悼死难者，慰问孤寡者，又与百姓同甘共苦，表现出一副明君的风范。就复兴燕国而言，大力招揽和选拔人才，组建新的统治集团，是一项最要紧的事情。燕昭王对此有较清醒的认识，但怎样招揽有用的人才呢？又让他感到为难。

正是怀着这个问题，燕昭王特意去请教郭隗。他说："齐国趁我们内乱之机，出兵攻破我们的国家。我清楚地知道燕国比较弱小，没有力量去报复齐国。但是，若能得到一批有用的人才，共同治理国家，以洗雪我先王被齐国杀害的耻辱，也是我最大的愿望。先生如果见到可用的人才，就请推荐给我，我将亲自聘用他。"这充分体现出燕昭王思贤如渴的心境，但关键在于采取什么样的措施。

郭隗对燕昭王说："成就帝业的君主，总把贤士当老师；成就王业的君主，总把贤士当朋友；成就霸业的君主，总把贤士当臣下；至于亡国的君主，则把贤士当仆役。君王若能广泛地选取国内的贤士，并亲自去拜访他们，天下贤士听说之后，就会纷纷归附燕国。"燕昭王忙问先见什么人合适，郭隗解释说："我听说古时候有位国君，拿出千金求购千里马，三年没有买到一匹。他的近侍自荐前往，三个月后用五百金买得一匹死马的骨头，回来报告。这位国君很恼火，责怪那近侍说：'我要的是千里马，你买这些骨头干什么？'那近侍回答说：'先买马骨头，就花了五百金，天下人必定认为大王求马是真心实意的，千里马很快就能得到。'在这之后一年内，这位国君果真买到好多匹千里马。现在，君王一定要招募贤士，就从我开始吧！我这样的人尚能得到重用，那些比我强的人必将不顾千里之遥，赶来投靠燕国。"

于是，燕昭王为郭隗建造宫室，把他当作老师对待。这一消息传到各诸侯国，乐毅从魏国，剧辛从赵国，邹衍从齐国，一起来投靠燕昭王，还有许多士人争着来到燕国。在燕国朝廷上，出现了人才济济的场景。

在中国传统社会里，人才作为最高统治者的辅弼，是治国安邦的工具，因而通常被喻为千里马。郭隗讲的故事给人们一种启示：只要真心实意去做，就能赢得声誉；只要赢得声誉，就能做得称心如意。用五百金买回一架马骨头，进而换取许多千里马，这实在是抛金引玉，而不是抛砖引玉。燕昭王心里明白，对郭隗以老师相待，是招揽人才的一条间接路线。天下士人有谁不羡慕郭隗的境遇？有谁不敬仰燕昭王的贤明？因此，他们在心灵上与燕昭王相通，纷纷来投奔燕国，就在情理之中了。无怪乎有人评论说："郭隗明于致士之术，便有休休大臣气象，不愧为人主师。"

燕昭王得到这批人才后，也确实能够加以重用，如任命乐毅为亚卿，让他来分担朝廷事务。一个来自别国的士人，迅即受到这样的重用，这做法实在难能可贵。燕昭王不像他父亲那样，丢掉权力不管任何事情，而是竭尽全力地安抚和教导百姓，一方面大力发展生产，一方面积极加强战备，以增强燕国国力。

经过二十多年苦心经营，燕昭王改变了燕国的落后状况，迎来了国富民强的局面。而就在这时候，齐国的情形变得一团糟，齐湣王因吞并宋国骄横不可一世，向南进攻楚国，向西侵犯赵、魏、韩三国。他还想吞并东周和西周，谋取天子的宝座，从而引起诸侯列国的强烈反对，使齐国陷于极为孤立的境地。燕昭王把这些看得十分清楚，攻伐齐国，报仇雪耻，由此被提到议事日程上来。

乐毅伐齐

事实上，在当时单凭燕国的力量，想要征服齐国是很难办到的。齐国毕竟是一个实力雄厚的国家，历史上还不曾被别国攻破。燕国君臣为了攻破这个近邻宿敌，从一开始就策划起合纵行动。乐毅正是依据这一思路，向燕昭王分析说："齐国凭借原来的基业，地域辽阔，人口众多，我们单独去攻伐它，是不容易取胜的。君王一定要攻伐齐国，不如邀约赵国，与楚、魏两国联合行动。"燕昭王听从这一建议，当下派乐毅去邀约赵国，另派使者去联络楚、魏两国，还让赵国借攻伐齐国的好处去利诱秦国参战。各国诸侯原本就厌恶齐湣王的骄横强暴，或者忧虑齐国的威胁，这时候都争着和燕国结盟。由燕国主导的伐齐行动，随之拉开了序幕。

✧破齐和治齐

公元前 284 年，乐毅被燕昭王任命为上将军，统领燕军大举出动。秦昭襄王如约派国尉斯离领兵赶来，与韩、赵、魏三国的军队会合。赵惠文王把相国的大印授予乐毅。乐毅指挥秦、韩、赵、魏国的军队，开始进攻齐国。齐湣王调动全国军队，抵抗诸侯联军，在济水西边展开大战，结果被打败。乐毅预估战局的进展，遣还秦、韩两国的军队，调派魏军去略取宋国的故地，赵军收取河间地区，自己则亲自率领燕军深入齐国，追击败退的齐军。

针对这一军事部属，燕将剧辛建议说："齐国强大，燕国弱小，依靠诸侯各国的协助，我们才打败齐军，眼下应该攻占它的边境城邑，扩张燕国的领土，这才是长久的利益。若是越过齐国的城邑而不去攻占它，以深入齐国腹地为名，实际上对齐国没有什么损害，对燕国也没有什么好处，还结下深刻的怨仇，将来一定会后悔。"乐毅则认为："齐王居功自傲，刚愎自用，军事决策不与臣下商议，废黜品行兼备的人，任用阿谀奸诈的人，政令苛刻暴虐，招致百姓怨恨。现在齐军战败溃逃，如果我们乘胜进军，齐国百姓必定背叛齐王，祸乱就将在齐国内部发生，整个齐国就可以占领。如果不在这时乘胜进军，等到齐王悔悟自己的过失，改正以往的错误，关心和安抚他的臣民，那事态就很难预料。"于是下令继续进军，深入齐国的腹地。

燕军作战计划合乎实际，既抓住了敌方的要害，又利用了有利的战机，所以作战十分顺利。齐国百姓果然大乱，不遵守以往的法度。齐湣王眼见大势已去，被迫逃离国都临淄。乐毅当即进入临淄，下令掠取各种宝物、祭器，统统运回燕国。燕昭王得到捷报，亲自到济水上慰劳军队，犒赏士卒，封乐毅为昌国君，让他留在齐地，以便夺取尚未攻下的城邑。

乐毅进军到昼邑（在今山东淄博），听说当地人王蠋贤明，就让军队在昼邑三十里之外驻扎，并派人去请王蠋来会。王蠋得到乐毅的邀请，只是道谢而不肯赴会。燕国人威胁他说："你若不听从我们，我们就攻灭昼邑。"王蠋回答说："忠臣不事两国君主，烈女不嫁两位丈夫。现在齐国国破君亡，我不能尽力保全，而你们以武力相胁迫。我与其不仁不义，苟且偷生，还不如一死了之。"随即把脖子吊在树上，奋力向上伸，回落时折断脖子而死。乐毅得到报告后，感到十分震惊，于是下令整饬燕军，禁止侵害和掠夺百姓，寻访齐国隐逸之士，表彰他们的名声，并给予特殊的礼遇，还放宽原来的赋税制度，废除那些残暴的法令，恢复齐国从前行之有效的政策。齐国民众对这类做法，都表示十分赞成。

通过这样整顿之后，乐毅把燕军分成五路：左军渡过胶水，攻取胶东、东莱；前军沿着泰山东进到海滨，占领琅玡地区；后军沿着济水、黄河方向前进，屯驻在阿、鄄两地之间，以便接应魏军；后军依傍北海，安抚千乘地区；中军驻扎在临淄。乐毅在临淄郊外祭祀齐桓公、管仲，显扬贤士居住的闾门，在王蠋的坟墓上封土悼念。齐国人以封君获得食邑的有二十多人，在蓟都得到爵位的有一百多人。仅仅用六个月时间，燕军就攻下了齐国七十多座城邑，一律设置为郡县。齐国只有莒、即墨两座城还在坚持抵抗斗争。

◇投燕王书

鉴于齐国抵抗力量主要集中在莒、即墨两城，乐毅为了彻底征服齐国，同时调遣右军去包围莒邑，左军、后军去包围即墨。可是，这两地的包围战持续了一年，都没能取得决定性胜利。于是，乐毅就让燕军解除包围，撤至距两城九十里处安营，并下令说："城中百姓走出城外的，不要捕捉他们；生活贫困的，给予适当的赈济，使他们能重操旧业。"乐毅用这种措施安抚归附的人，自然收效较慢，过了三年，还是没有攻克莒、即墨两城。

这时候，有人开始诋毁乐毅，向燕昭王进谗说："乐毅智谋过人，率军攻伐齐国，一口气攻下了七十多座城邑，现在没有攻下的，只不过两座城邑。他三年没有攻下这两座城邑，不是因为兵力不足，而是他想长久地依靠强大的威势，去镇服齐国人，然后南面称王。现在，齐国人已经降服，乐毅还没有称王，是他的妻子儿女还在燕国的缘故。况且齐地美女很多，也许他已忘记了妻子儿女。请君王考虑这件事。"这谗言若遇上一个昏君，那燕国吞并齐国的大业就难以实现。

可是，燕昭王听过这些话，当即摆设酒宴大会群臣，对进谗者当面斥责说："我的先王以整个燕国的名义来礼敬贤士，不是为了贪得土地，留给子孙。只是遇着继位者德行欠缺，不能胜任先王的使命，国内百姓不安定，齐王不讲道义，趁着我们发生内乱，杀害了我的先王。我自继位以来，这份仇怨刻骨铭心，所以广泛延请群臣，对外招揽宾客，就是为了报仇雪恨。一旦有人取得成功，我就打算与他分享燕国。现在，乐将军为我攻破齐国，铲平他们的宗庙，报得我先王的仇恨，齐地本该为乐将军所有，而不是燕国得来的。乐将军若能占有齐地，与燕国拥有同等地位，彼此结成友好同盟，以抗御别国的侵略，那是燕国的福分，也是我个人的愿望。你怎敢说出这样的话！"于是斩杀了那位进言的人。

燕昭王为了表明诚意，派人把王后的服饰赏赐给乐毅的妻子，把公子的服饰赏赐给乐毅的儿子；还派相国把诸侯乘坐的辂车及随从的一百辆车送给乐毅，并正式立乐毅为齐王。乐毅看到这些礼品，尤其是得着齐王的封号，心中惶恐不安，怎么也不肯接受，就向燕昭王致函，表示到死都不会变心。因此，齐地百姓佩服乐毅的道义，各国诸侯敬畏他的诚信，再没有谁敢对他耍弄阴谋。

历史上，像燕昭王和乐毅之间的君臣际遇，可以说是不多见的。无奈上天不假燕昭王以长命。随着燕昭王的去世，乐毅的政治命运急转而下。公元前279年，燕惠王姬乐资继位之后，因误中齐将田单的离间计，改派骑劫去指挥燕军作战，同时诏令乐毅回国。乐毅知道燕惠王心地不善，一气之下投奔赵国。赵惠文王把观津（今河北武邑）封给乐毅，对乐毅十分尊敬和信任。

燕惠王得知这消息，马上派人来责备乐毅，并自我辩解说："先王把国家委托给将军，将军为燕国攻破齐国，报得先王的仇恨，天下人无不感到震惊，而我怎敢忘记你的功绩呢？谁想恰逢先王去世，我刚刚即位，那帮随侍左右的人耽误了我。我派骑劫代替将军，是考虑将军常年风餐露宿，想让你回来休养一下，并与我一起商议国事。而将军误听传言，以为跟我有隔阂，就抛弃燕国，投奔赵国。将军这么做，为自己打算固然无可厚非，但是怎样报答先王对将军的知遇之恩呢？"这分明是希望乐毅回心转意，再回到燕国。

乐毅处于人生抉择的时刻，回想起燕昭王的知遇之恩，又想到攻取齐国大计的夭折以及前代伍子胥的遭遇，愤然作书答复燕惠王，其中写道：

我听说，善于创作的人，不一定有好成就；善于开始的人，不一定有好结局。从前，伍子胥献计于吴王阖闾，而阖闾得以远征楚国，踏入郢都。等到夫差就不这样，逼迫伍子胥自杀，把他的尸体装入皮囊，投进钱塘江。夫差不懂得先见之明可以帮助成就大业，所以把伍子胥沉入江中而不后悔；伍子胥不能及早地看出两位吴王不同的度量，以至于被投入江中而冤魂不散。

照理说保住自己的性命，成全攻取齐国的功劳，以表彰先王的业绩，是我最好的出路；遭受损害和侮辱的诽谤，败坏先王的名声，是我最害怕的事情。如今面对不可估量的罪恶，以背弃知遇之恩来谋取个人的私利，在道义上是我不敢做的。我听说古时候的君子，跟别人断绝交往，绝不说对方的坏话；忠臣离开自己的国家，也不为个人的名誉辩白。我虽然无才无德，却常常接受君子的教诲。现在只怕君王深信左右的说法，而不能体察我远去的情由，所以敢呈上这封回信，但愿君王能够留意。

这封信篇幅很长，全载于《史记·乐毅列传》，这里摘出它的后半部分，从中可以看出乐毅的心境。好在燕惠王读懂了，对乐毅的背弃略有同情，还让他的儿子继任昌国君。乐毅也捐弃前嫌，往返于燕、赵两国，在两国做客卿，而最终在赵国去世，被人称为望诸君。

乐毅在燕国的旅程，既有幸运的际遇，又有不幸的转折。正如柏杨先生所说："中国传统政治的运转，不靠对国家的尽责，而靠对个人的驯服。偏偏对个人的驯服最不可靠，所以每一位君主都充满猜忌。燕昭王的胸襟和智慧，使人膜拜，可惜并不多见，而多见的多是燕惠王之流。以乐毅的忠诚，都不能摆脱鲨鱼群的狂噬，普通人一旦陷入鲨鱼群之口，只有被撕成碎片。于是，效忠和背叛往往相连，乐毅不得不"畏罪逃亡"。然而，乐毅还是幸运的。第一，他没有死于刑场；第二，骑劫的溃败证实他三年不对即墨采取猛攻的策略是正确的。问题在于骑劫假如是一条龙，若夺取了即墨，甚至更进一步夺取了莒邑，乐毅恐怕无法为自己辩解。届时天下之大，势将无容身之地。他之不敢回燕，而经行投奔赵国，可能由于这个原因。骑劫的惨败使他更增光彩，陷害他的人反倒成全他。人生命运如此，有谁能说得准呢？"

趁火打劫

燕惠王在位时，因为乐毅居中斡旋，燕、赵两国作为近邻，一直保持着友好的关系。但是，天下没有永久的敌人，也没有永久的同盟。随着燕、赵两国君臣的嬗替，彼此军事实力的消长，以及天下形势的演变，燕、赵两国的关系也有所改变。公元前265年，赵孝成王为了对付秦国的进攻，主动与齐国联盟。齐安平君田单率领赵国军队，攻打燕国，占领了中阳邑（今山西中阳），燕、赵两国的关系出现了裂痕。

◇栗腹攻赵

公元前260年至公元前257年，赵国遭到秦国沉重的打击，燕国君臣始终作壁上观，不肯出兵救援赵国。赵国得魏、楚两国救援，才摆脱了亡国的噩运。这对燕国来说不是坏事，而是一件极为有利的好事。因为有赵国在前面顶住秦国的进攻，燕国就不至于陷入战争的漩涡；而赵国军事力量的严重削弱，又相应减轻了它对燕国的威胁。燕、赵两国有着共同的利害，在对付秦国兼并的问题上，如同"辅车相依，唇亡齿寒"的情形，所以，两国君臣若有眼光的话，就不会采取相互火并的做法，而只能发展彼此友好的关系。

但实际上不是这样。公元前251年，燕王姬喜让相国栗腹前往赵国，花费五百金办置酒宴，邀约赵孝成王欢饮，借此与赵国重修旧好。哪知事情突然变故，栗腹回国之后，竟然对姬喜说："赵国的壮年男子都死在长平之战，他们留下的孤儿还没有长大，我们可以利用这个机会，去攻伐赵国。"姬喜召见昌国君乐闲，询问可否攻打赵国，乐闲回答说："赵国是四面临敌的国家，它的百姓非常熟悉战争，所以不可以攻打赵国。"姬喜又问："我用五倍的兵力去攻伐它呢？"乐闲还是说："不可以。"姬喜有些恼怒，加上其他大臣都认为可以攻打赵国，就调发两千辆战车，下令燕军两路出击，一路由栗腹率领，去攻取鄗邑（今河北柏乡）；一路由卿秦率领，去攻取代地。

燕国君臣唐突的决策，不可能有好的结局。燕大夫将渠想到这一点，竭力劝阻姬喜说："前时跟赵国交往，本打算重修旧好，花费五百金宴请人家的国君，而使者回来报告后，就出兵攻打人家，这是不祥的做法，燕军必定劳而无功。"姬喜不顾将渠的劝阻，还要亲自率领一支侧翼部队，跟随主力部队作战。将渠上前拉住姬喜所佩的绶带，摆出拼死劝阻的架势，姬喜却用脚踢将渠。将渠哭泣着说："我不是为自己，是为君王着想啊！"可是，将渠的哭诉，终究没有唤醒姬喜，没能阻止燕军进攻赵国的步伐。

结局确如将渠所料，当燕军进抵宋子（今河北赵县）时，赵孝成王任命廉颇、乐乘为主将，率军前来迎战，在鄗邑打败了栗腹，在代地打败了卿秦。赵军借战胜的余威，向北追击燕军达五百里，进而包围了燕都蓟城。姬喜被迫派使者求和，赵孝成王坚决不许，声称一定要由将渠出面谈判。姬喜只好任命将渠为相国，前来与赵国讲和，赵军随之解除包围，撤离蓟城回国。

对于栗腹攻赵，柏杨先生评论说："燕国王的不信不义，又岂亚于秦国？姬喜先生只看见眼前的骨头，却硬是看不见骨头下面的钢刀。世界上正因为有太多这种唯利是图的近视眼，人间的悲剧和丑剧，才层出不穷。时至今日，战国时代已近尾声，大家都将同归于尽，却仍怒从心头起，恶向胆边生。世人只注意强者的不信不义和凶暴残忍，忽略了弱者同样的不信不义和凶暴残忍，使人感叹。"当然，栗腹攻赵的惨败结局，也会使姬喜之流感叹不已。

◇ 剧辛伐赵

栗腹攻赵的惨败，照理说能使燕国君臣清醒一点。但是，没过十年时间，燕国君臣就忘记了当初惨痛的教训，重操趁火打劫的勾当，再度发起对赵国的进攻。

当初，剧辛在赵国与庞煖私交很好，彼此十分了解。后来，剧辛来到燕国，在燕昭王麾下任职，到燕王喜执政时，已经是燕国的三朝老臣。而在赵国，赵悼襄王刚继位，任用武襄君乐乘接替相国廉颇。廉颇不堪忍让，率众攻击乐乘，乐乘被迫逃走。廉颇无法在赵国待下去，只好出走他国，赵悼襄王转而任用庞煖为将军。

这一消息传到燕国，燕王喜看到赵国屡次遭受秦国的打击，老将廉颇又出走他国，改由庞煖担任将军，就想趁着赵国疲惫之机，出兵攻打赵国。他和剧辛商议这件事，剧辛傲慢地说："庞煖很容易对付。"于是，燕王喜就派剧辛率军进攻赵国。赵悼襄王命庞煖领兵迎战，经过激烈的交锋，赵军杀死剧辛，俘虏燕军两万人。

燕国这次攻打赵国，也许出自对赵国的报复。因为在这之前，赵将李牧领兵攻略燕国，夺取武遂（今河北徐水遂城镇）、方城（今河北固安）。燕国以此报复赵国，也不是毫无道理，何况诸侯列国的兼并战争，本无所谓正义和非正义的区别。问题在于，燕王喜、剧辛缺乏大局观念，只看到眼前的利益，又不熟悉赵国的实际情况，随意地推断而后做出决策。既不"知彼"而贸然行动，岂有不败之理？

评论过栗腹攻赵之后，柏杨评论剧辛伐赵，不禁恼怒起来，因而愤愤地写道："战国时代七国之中，燕国最为脓包。俗云：'燕赵自古多慷慨悲歌之士。'似乎有赵无燕。记载上显示，自由乐毅当统帅时，燕军才能一战，其他时候，则战无不败。而君王群中，也只姬平先生（四任王）一人，堪称豪杰。自姬乐资（五任王）以降，目光如豆，不知道自己振作，整天打赵国领土的主意，而又不堪赵国一击。国际形势上，燕国应该诚心诚意，尽其全力帮助赵国才对，因赵国象座大山，挡住秦国暴风。一旦大山倒塌，燕国也就席卷一空。想不到燕国一再爆破那座大山，唯恐怕爆破不垮。有些统治者的脑筋，似乎是粪做的。"

荆轲刺秦王

燕国地处东北一隅，因为有赵国作为挡箭牌，不用与秦国正面交锋。然而，这种局势很快发生了变化：公元前 228 年，秦军攻克赵都邯郸，俘虏赵王迁之后，王翦引军移驻中山郡，逼近燕国。赵公子嘉带领宗族数百人，逃奔到代郡，自称为代王。赵国大夫纷纷归附代王，并且与燕国联合，驻扎在上谷郡。燕国面临秦军的正面进攻，处于非常危急的关头。

◇ 鞠武进策

当初，燕国太子姬丹在赵国做质子，而秦王嬴政也生活在赵国，两人在一块玩得很好。嬴政回国即位后，姬丹又到秦国做质子。嬴政对姬丹没有以礼相待，姬丹认为他不讲义气，一怒之下逃回燕国。公元前 228 年，姬丹眼见秦军即将攻灭赵国，战祸就要延及燕国，心中非常痛恨嬴政，又想方设法挽救燕国，于是就询问太傅鞠武。鞠武分析说："秦国的土地遍布天下，威胁到韩国、魏国和赵国，北面有坚固的甘泉和谷口，南面有肥沃的泾河、渭水流域，占据着富饶的巴部和汉中，右边有陇、蜀的高山，左边有险要的殽山和函谷关，人口众多，兵士勇猛，武器充足。如果秦国有意向外扩张，那么长城以南，易水以北，就没有什么安定的地方。为什么要因为被欺辱的怨恨，去触动秦王的逆鳞呢？"姬丹听完说："那我们应该怎么办呢？"鞠武回答："请让我再想想。"

没过多久，秦将樊於期因得罪嬴政，从秦国逃到燕国。姬丹热情地接待他，让他住进客舍里。鞠武得知这件事，连忙规劝姬丹说："单凭秦王的残暴，加上对燕国的积怨，就足以使人胆寒，何况听说樊将军在燕国呢？这正是把肉块丢在饿虎出没的路上啊，祸患一定是不可挽救了。即使有管仲和晏婴，也不能为您谋划。请太子赶快遣送樊将军去匈奴那里，以消除秦国攻打我国的借口。"然后，鞠武分析天下大势，提出西面与韩、赵、魏三国残存势力结盟，南面与齐、楚两国联合，北面邀约匈奴，共同抗击秦国的方略。这不过是合纵方略的一个翻版，而且实施起来难度很大。所以，姬丹听完鞠武的话，立刻否定说："太傅说的这一方略，做起来要很长时间，我心里闷得难受，恐怕不能等待。况且不仅是这样，樊将军在天下没有安身之处，只身前来投奔于我，这应该是我舍命保护他的时候，希望太傅另想计策。"鞠武进而批评说："行动危险而求安全，制造祸端而求幸福，计谋短浅而怨恨极深，结交一个新来的朋友，却不顾给国家带来危害，这是加深怨恨而助长祸患的做法。"姬丹仍不接受鞠武的意见。

显然，姬丹有侠肝义胆，而鞠武老谋深算。其实，鞠武提出的救国方略，仍立足于诸侯合力抗秦，显然不切合实际。因为天下形势不同于以往，韩国已经灭亡，魏国自顾不暇，赵国苟延残喘，齐国拥众自保，楚国破败不已，各国诸侯怎会联合行动！燕国唯一可利用的，不过匈奴而已，但匈奴的力量很有限。因此，鞠武的救国方略说起来很顺溜，却实在迂阔难行。至于是否应该遣送樊於期去匈奴，鞠武的说法也没什么道理。因为秦国统一天下，已经成为大势所趋，而为了吞并燕国，不但早有筹划，而且正在实施之中，即使姬丹马上把樊於期送往匈奴避难，也不可能讨得嬴政的欢心，不可能阻止秦军的步伐。

◇荆轲刺秦王

姬丹从太傅鞠武那里没能得到可行的救国方略，于是就想孤注一掷，运用刺杀嬴政的手段，来挽救燕国的危亡。

恰在这时，姬丹通过鞠武的引荐，结识了燕地侠客田光。田光进宫拜见姬丹，姬丹亲自出面迎接，并走在前面做引导，又跪下去拂拭座席。等田光坐定之后，姬丹见左右没有人，才向田光讨教说："燕、秦两国势不两立，请先生能留心一点。"田光说："我听说骏马在盛壮的时候，一天能跑千里路，等到衰老的时候，劣马都能跑到它前面。现在，太子听说的是盛壮的田光，却不知道我当年的精神都消耗殆尽。我虽不敢参与讨论国家大事，可我的好友荆卿可以派上用场。"姬丹说："希望通过先生的介绍，能够跟荆卿结交，可以吗？"田光一边答应，一边起身告辞。姬丹把他送出宫门，小心叮嘱道："我所告诉先生的，与先生所说的，都是国家大事，希望先生别泄露。"

田光回家以后，马上去见荆轲说："我跟你交情好，燕国人都知道。如今太子听说我壮年时的作为，却不知道我的身体已经不如从前。承蒙他瞧得起，告诉我燕、秦两国势不两立，要我留心一点。我自认为你不是外人，就把你介绍给太子。希望你能进宫拜见太子。"荆轲当即答应。田光接着说："我听说过：忠厚的人做的事情，不能让人家怀疑。现在，太子跟我说：'我们谈的都是国家大事，希望先生别泄露。'这是太子不信任我。按说做事情让人家怀疑，就不是有节操的侠客啊！"两人谈话之间，田光就想用自杀的方式激励荆轲，又很严肃地说："希望你赶快去太子那里，就说田光已经死了，从而证明我不会泄露秘密。"于是田光自杀而死。

荆轲见田光自杀，连忙去拜见姬丹，并转达田光的话。姬丹听后很难过，双膝跪地，流着眼泪，过一会儿才说："我嘱咐田先生不要泄露秘密的原因，是想完成国家大事。眼下田先生竟拿自杀来证明不会泄露秘密，哪是我的本意呀！"等荆轲坐定之后，姬丹离开座席，叩头说："田先生不知道我没能耐，使我在你面前敢有所谈，这是上天垂怜燕国，不忍心遗弃它的后人吧。秦国君主有贪婪的野心，不把天下所有的土地全部吞并，不使天下所有的君王全部臣服，就永远不能满足。眼下秦国已经俘虏了韩王，完全占领了韩国领土，又发兵向南攻打楚国，向北迫近赵国。秦将王翦统领几十万大军，已经到达漳河、聊城一带，而李信又从太原、云中两郡攻击赵国。赵国若抵抗不住秦国，必定投降，那战祸就会轮到燕国。燕国十分弱小，好几次遭受战祸，估计把全国兵力集中起来，都不足以抵抗秦军。各国诸侯都屈服于秦国，因而不敢联合行动。我个人的看法是，要是真能物色到天下的勇士，出使秦国，用重利诱惑秦王，秦王贪婪不已，想必可以达到劫持他的目的。要是果真能够劫持秦王，逼迫他如数归还诸侯的失地，像曹沫劫持齐桓公那样，就太好了；万一不行，也可以借机刺死秦王。秦国的大将领兵在外，而国内发生这种变故，君臣之间就会互相猜疑。因此，各国诸侯就能联合起来，就一定会攻破秦国。这是我最大的愿望，但不知道委托哪一位去做才好，请荆卿留心一下。"荆轲稍作推辞之后，答应了姬丹的请求。于是，姬丹尊奉荆轲为上卿，让他住进上等客舍，并且每天到客舍致候，摆下牛、羊、猪三牲俱备的酒席，送上珍奇的物品，有时还赠以车马、美女，尽量满足荆轲的欲望来迎合他的心意。

当秦将王翦灭掉赵国，引军进抵易水的时候，姬丹心里越发着急，就请求荆轲说："秦军早晚要渡过易水，到那时虽然想侍奉你，哪能办得到呢？"荆轲说："即使你没说这番话，我也想去拜见你。如果现在去秦国，缺少使秦王相信的东西，还是没法接近他。那位樊将军，秦王想捉拿他，悬赏千斤黄金、万户食邑，若能得到樊将军的头颅加上燕国督亢一带的地图，奉献给秦王，秦王肯定会接见我，我就有办法为你效命。"姬丹说："樊将军在穷困时来投奔我，我不忍心为了一点私事，伤害这位长者的心，希望你再想别的办法。"

荆轲知道姬丹不忍心，就亲自去见樊於期说："秦国对待将军，可以说太狠毒！将军的父母、宗族都被诛杀，或者沦为奴婢。眼下听说秦王悬赏千斤黄金、万户食邑，来换取将军的头颅，将军打算怎么办呢？"樊於期仰天长叹，流着眼泪说："我樊於期每想起这些，总是恨之入骨，但不知道有什么办法。"荆轲说："现在我有一个办法，可以解救燕国的祸患，报得将军的仇恨，不知将军以为如何？"樊於期问是什么办法，荆轲回答说："希望得到将军的头颅，去奉献给秦王，秦王肯定会接见我。我到时用左手抓住他的衣袖，右手拿匕首来刺他的胸膛。这样就能报将军的仇恨，消除燕国被欺辱的怨愤。将军有这种想法吗？"樊於期听荆轲这么一说，立刻袒露出一只胳膊，用左手紧握右臂，走上前来说："这正是我每天咬牙切齿、痛心疾首的事情，没想到今天能听得这个办法！"说完就自杀了。

姬丹听到这个消息，赶忙跑过来，伏在樊於期的尸体上恸哭，临终让人包好樊於期的头颅，用匣子封藏起来。随后，姬丹拿出预先买到的一把匕首，让工匠给它浸染上毒药，再用这把匕首试着刺人，人只要被划出一丝血，无不立刻死去。于是，姬丹准备好带往秦国的物品，打发荆轲动身，同时派燕国勇士秦舞阳作为荆轲的副手，让他们一起去秦国。可是，荆轲还在等候一位朋友，迟迟不肯动身。姬丹怀疑荆轲反悔，就对荆轲说："时间很紧迫，荆卿还有什么想法吗？我先打发秦舞阳上路。"荆轲听后很恼火，斥责姬丹说："为什么太子要这样打发人！冒失前往而不能回来报命的人，才是无用的小子！何况携带一把匕首，进入祸福难测的强秦。我之所以没有动身，是想等我的朋友一道去。眼下太子既然嫌慢，那就启程算了。"

等荆轲即将启程时，姬丹和知道这件事的宾客们都穿戴着白衣白帽来送行，在易水岸边相聚。高渐离敲打着筑，荆轲附和筑声唱着歌，那是婉转凄凉的"变徵"调子，使送行的人都感动地掉下眼泪。荆轲又走上前唱道："风萧萧兮易水寒，壮士一去兮不复还！"然后唱出悲壮慷慨的"羽声"调子，使送行的人都激动地睁大双眼，怒发冲冠。几曲唱罢，荆轲带着秦舞阳踏车而去，一直没有回头。

大约第二年初，荆轲来到咸阳，先拿出价值千金的礼品去贿赂嬴政的宠臣蒙嘉。蒙嘉向嬴政报告说："燕王害怕大王的声威，不敢出兵抵抗我们的军队，而愿意献上他的国家做臣下，排在归附大王的诸侯行列，像郡县那样纳贡应差，以供奉燕国先王的宗庙。燕王因为心底恐慌，不敢亲自向大王陈说，而特地斩下樊於期的头颅，并献上燕国督亢一带的地图，装在匣子里封好，在宫廷内指派使者前来禀告大王，敬候大王的命令。"嬴政听了很高兴，随即穿上朝服，设下九宾大礼来接见荆轲。

在咸阳宫中，荆轲捧着盛人头的匣子，秦舞阳捧着装地图的匣子，两人一前一后走着。刚走到御阶前，秦舞阳吓得脸色大变，站在两旁的群臣觉得奇怪。荆轲回过头朝着秦舞阳笑笑，向前解释说："北方藩属蛮夷的粗人，从来没有见过天子，所以非常害怕。但愿大王宽容一点，让他能在大王面前完成使命。"嬴政让荆轲把秦舞阳手上的地图拿过去，荆轲就从匣里取出地图给嬴政。等地图全部打开，露出里面藏的匕首，荆轲用左手抓住嬴政的衣袖，右手捡起匕首来刺他，可是没有刺到身上。嬴政奋力跳起来，挣断衣袖，想拔剑自卫，但因为剑身很长，在剑鞘里插得很牢，一时没能拔出来。荆轲急忙追赶嬴政，嬴政就绕着柱子猛跑。宫中顿时一片慌乱。

按照秦国法令规定，群臣在宫中侍驾，不准携带任何器械；担当侍卫的郎中操持兵器，都排列在殿下，没有国君的命令，一律不准上殿。当时因为事起仓促，出人意料，群臣没有武器可以对付荆轲，只得举起空手来搏斗，唯独侍医夏无且用他手中的药囊，猛地朝荆轲头上砸来。嬴政只顾绕着柱子躲闪，不晓得怎么办才好。左右群臣忙喊："大王，快把剑背起来！"嬴政这才把剑鞘背起来，拔出剑砍断了荆轲的左腿。荆轲一下瘫倒在地，仍举起匕首朝嬴政掷来，不料没有刺中嬴政。嬴政回头再刺荆轲，在他身上刺出八道血口。荆轲知道自己无能为力，就倚靠着铜柱笑起来，尔后坐在地上骂道："事情之所以不能成功，只因为想劫持你，得到你归还诸侯土地的诺言，回去报告给太子。"于是，荆轲遭到众人杀戮，又被肢解尸体示众。

荆轲的行刺激怒了嬴政，嬴政当即增派军队到赵国，与王翦的部队会合，加紧进攻燕国，在易水以西把燕、代两国军队打垮后，随之攻占了蓟城。姬喜、姬丹父子率领他们所有的精锐部队向东逃亡以固守辽东。秦将李信急速追击燕军。代王赵嘉写信给姬喜说："秦国特别急迫地追击燕国，是因为太子丹。现在你若杀掉太子丹，把他的头颅献给秦王，秦王一定会退兵，燕国还可以侥幸不至于灭亡。"这时候，姬丹藏匿在衍水（在今辽宁东部）境内，姬喜听信赵嘉的建议，马上派密使把姬丹杀了，想借儿子的头讨好嬴政。可是，嬴政根本不予理会，仍令秦军继续进攻辽东。公元前222年，秦将王贲攻占辽东，俘虏了姬喜，燕国至此灭亡。

◇ 史家评论

姬丹、荆轲的作为和燕国的灭亡，引起了后世许多史学家的关注，千百年来生发的各种评论，真可说是褒贬异趣，毁誉径庭，其中司马迁、司马光的说法尤其值得注意。

司马迁写完《史记·燕召公世家》，不但没有为燕国的灭亡感到悲哀，反而对燕国的长存大发感慨。"召公奭可称得上仁人。人们对那棵甘棠树尚有思念，何况召公本人呢？燕国北方迫近蛮貉，南部与齐、晋两国杂错，处在强国之间，力量最为弱小，有许多次差一点被灭亡。然而，社稷享受牲祭长达八九百年，在姬姓国家中最后灭亡，这难道不是召公的功业吗？"召公奭是燕国的开国君主，以仁政博得百姓的敬仰和怀念，连他乘过荫的那棵甘棠树，都受到人们的保护。这种仁德不可谓不宽厚，但说他影响燕国近千年，太史公实在是过奖了。

有关荆轲刺秦王的记述，至今还有人当作小说来读。其实，司马迁写这段历史细节，已经考虑到事情的真伪，并且得到的是第一手资料。他在《刺客列传》篇末写道："世上人说起荆轲，所谓太子丹'天上落下粟，马头上长角'的话，未免太过；又说荆轲刺伤秦王，也是不确切的。当初，公孙季功、董生和夏无且有交往，知道这件事的经过，对我说过像上面记述的话。从曹沫到荆轲五个人，论他们的道义，有成功的，也有不成功的，然而他们的动机很明确，不背弃他们定下的志向，所以能够名垂后世，难道是随便得来的吗？"除了就事情的真伪加以辩白之外，对于荆轲之流的所作所为，司马迁分明是持肯定和颂扬的态度。

同是一件事情，到了司马光的笔下，却出现了相反的评价。司马光在《资治通鉴》中写道："燕太子丹禁不住一时愤怒，去冒犯如狼似虎的秦国。考虑问题太简单，谋划行动不周全，挑起了更大的仇怨，加速了灾祸的到来，使召公庙堂的祭祀忽然终止，罪过没有比这还大的了！而有的人还说燕太子丹贤明，难道不过分吗？按说治理国家的人，要根据人的才能任命官职，根据礼制的要求制定政策，用仁爱的品德感化百姓，用诚信的态度结交邻国。这样才能使官员都是人才，政令都有节制，百姓心怀仁德，四邻讲求信义。如果到这一地步，国家就会像磐石一样安定，像火花一样炽烈，触及它的会粉碎，侵犯它的会毁灭，即使有强暴的国家，有什么可以畏惧呢！太子丹丢开这些不做，反倒触犯有上万辆战车的大国，去发泄一介匹夫的怒火，施展盗贼的谋略，以致功业毁灭，身遭杀戮，社稷成为废墟，难道不可悲吗？"

司马光还援引扬雄的观点，继续评论说："那种双膝跪地，匍匐而行，不算恭敬；出言必信，恪守承诺，不算诚信；耗费金钱，滥送宝玉，不算恩惠；自刎而死，剖腹而亡，不算勇敢。总而言之，谋略不够深远，行为不符合道义，不过是楚白公胜之流！荆轲感激太子丹豢养的一点私情，不顾自己的七族会被株连，想用一把一尺八寸的匕首，来壮大燕国，削弱秦国，难道不是很愚蠢吗？所以，扬雄评论这件事，认为要离的死是蜘蛛、蟊虫之类的死，聂政是壮士之类的死，荆轲是刺客之类的死，都不配称为道义。又说荆轲这个人，用君子的眼光来看，只不过是一个强盗而已。这些话说得多好啊！"

过了近一千年，柏杨读完司马光的评论，又接着评论说："时势到了公元前三世纪七十年代，秦国吞并六国的力量已经成熟，六国亡国的条件也已经具备，没有荆轲先生的一击，能饶了燕国？如果一口咬定燕国是因荆轲先生的一击才亡的，不是白痴，便是栽赃。至于说荆轲先生为了私情，竟然不顾他的家族，司马光先生更在那里信口开河。一击而中，家族荣耀，一击不中，国都亡了，家族受苦受难的，又何止荆轲先生？而且，问题不在家族不家族，而在荆轲先生的行为。儒家系统一直在教导人：以家族的利益为标准，去计算什么事划得来，什么事划不来？以致若干'君子'之类，在大庭广众间忠心报国，可是一旦回家，就变了模样。

"荆轲先生是为燕国献身，他不为一己利益，他如果为一己利益，早就跟扬雄先生一样，关着门写《法言》去了。扬雄先生是公元前一世纪前后的高级知识分子，在他眼中，新王朝是一个叛逆集团。可是面对叛逆集团，他不但没有荆轲先生的勇气，挺身而起；反而为了保护他的家族，接受叛逆集团的官位。而就在叛逆集团的官位上，诋毁荆轲先生是一个强盗。自己没有道德勇气，反而讥讽有道德勇气的人，这种正人君子，布满官场，终于促使中国文化停滞。

　　"司马光先生用一个最恶毒的词语形容荆轲，说姬丹先生'豢养'他，完全否定荆轲先生的人格，荆轲先生岂是金钱美女可以收买？如果豢养的意义是人们饲喂牲畜，是爱它，目的是在杀它。咦，依此类推，司马光先生是宋王朝皇帝豢养的了，扬雄先生是新王朝皇帝豢养的了。荆轲先生代表中国社会'士为知己者死'的侠义情操，固然图报知遇之恩，同时也为燕国报仇，在荒郊诀别时，高歌：'风萧萧兮易水寒，壮士一去兮不复还！'这是国家在日暮途穷时，英雄豪杰们无可奈何的一次自杀性的反扑，人生艰难唯一死，而荆轲先生从容赴死，悲壮苍凉，千载之下，仍一洒泪。却有人坐在清风徐来的书桌之前，心旷神怡地说他：'其实是一个傻瓜！'看起来，聪明人太多，是中国苦难源流之一。"

　　这评论、评论的评论，在读者诸君想来，又该如何评论呢？

第
七
章

CHAPTER7

赵：南守北攻

赵国作为一个新兴国家，在战国时期由开国到强盛，再由强盛到灭亡，历经了一个兴盛衰亡的全过程。当赵襄子无恤初登诸侯宝座时，赵国的实力还十分有限。大约经过一百多年的缓慢发展，到赵武灵王雍即位之后，"胡服骑射"的改革成功，使赵国的实力开始猛增，成为秦国向东扩张的劲敌。赵惠文王何执政期间，靠着廉颇、蔺相如、赵奢等人的作为，在与秦国的反复较量中，虽不占优势也未吃亏。可是，这种均衡的局面没能保持多久，由于长平之战惨遭失败，赵国蒙受了空前严重的损失。幸得平原君赵胜一班人，竭力争取魏、楚两国的救援，才使赵国脱离灭亡的险境。从此以后，赵国虽有李牧等一流的良将，但因天下形势尽在秦国，也就不可能有所作为。

从大夫到诸侯

关于赵国的历史，据《史记·赵世家》记载，可以追溯到很久以前。但是，赵国作为诸侯列国之一，却是战国以后的事情，这需要从赵襄子无恤说起。

◇ 赵襄子开国

赵襄子早年的经历，与一次相命很有关系。他的父亲赵简子鞅为晋大夫，在晋国有一定的势力。有一天，赵简子接见相士姑布子卿，给他的几个儿子看相。姑布子卿看过几个孩子，对赵简子说："没有一个当将军的料。"赵简子忙问："那赵氏将会灭绝吗？"姑布子卿说："我在路上看到一个孩子，也是你的儿子吧？"赵简子马上让人把赵无恤找来。姑布子卿见到赵无恤就站起身来说："这是真正的将军啊！"赵简子接着说："这个孩子的母亲出身低贱，是翟人之女，怎能说会尊贵呢？"姑布子卿说："上天授予的，尽管出身低贱，也必定尊贵。"之后，赵简子召见儿子们谈话，发现赵无恤真的有才能。

赵简子晚年要确立接班人，在长子伯鲁和无恤之间犹豫不决，就把一条训诫写在两枚竹简上，分别交给两个儿子，要他们记住训诫的内容。过了三年，赵简子询问两个儿子，伯鲁说不出训诫的内容，还把竹简弄丢了；无恤熟练地把训诫背了下来，并从衣袖里掏出那枚竹简，交给赵简子。大概是通过这次考验，赵简子觉得无恤最有才能，就确立他为接班人。

公元前 475 年，赵简子去世，赵无恤继任晋大夫。他在安葬赵鞅之后，还没等到除去丧服，就北登夏屋山，邀请代王前来相会。代王是赵襄子的姐夫，但是为了吞并代地，赵襄子让厨师用铜勺盛饭菜，端给代王及其随从们吃；等斟酒的时候，暗中指使宰人用铜勺击杀了代王一行人，紧接着出兵代地。他的姐姐听到这个消息，顿时哭天抢地，磨尖发笄，自刺而死。代地百姓都很怜悯她，把她死去的地方叫作磨笄之山。赵襄子夺取代地之后，为报答已故太子伯鲁，就封他的儿子赵周为代成君。

这时候，晋国公室被知、赵、韩、魏、范、中行六家大夫所把持，这六家大夫为扩充自己的势力而争斗不已。到公元前 458 年，赵襄子和知伯瑶、韩康子虎、魏桓子驹三家大夫共同瓜分了范、中行两家大夫的封地。晋出公对此非常恼怒，派人转告齐、鲁两国的君主，打算以武力讨伐四家大夫。这四家大夫迫于形势，联合起来攻打晋公室，晋出公出逃齐国，不幸死在半路上。知瑶随后拥立晋懿公，由此更加骄横不已。

没过多久，知瑶向韩虎、魏驹索要土地，魏驹、韩虎尽管心怀不满，但终究害怕知瑶的权势，还是割让出一块领地。知瑶向赵襄子索要土地，赵襄子没有答应，因而惹恼了知瑶，引起知瑶裹胁韩、魏两家大夫的围攻。

赵襄子自知抵不过三家大夫的进攻，在准备出逃的时候，询问身边的侍从："我们到哪里去好呢？"有位侍从回答说："长子（今山西长治长子县）离这里最近，而且城墙厚实完好。"赵襄子却说："那里的百姓尽力修筑城墙，还要他们拼着性命守护，还有谁会与我同心协力呢！"这位侍从又说："邯郸城内的仓库比较充实。"赵襄子却说："榨取百姓的膏脂来充实仓库，又因仓库的充实而让他们死于非命，还有谁会与我同心协力呢！恐怕还是应该去晋阳（今山西太原），那是我的先人嘱咐过的，也是尹铎宽厚治理过的，那里的百姓一定会响应我。"于是就出逃到晋阳。

知、韩、魏三家大夫围攻晋阳，引来汾水灌晋阳城，城墙未被淹没的只剩下六尺高，城内百姓家的炉灶被淹塌，可是没有谁产生背叛的念头。知瑶乘车在城外巡视，魏驹替他驾车，韩虎给他护驾，当他看到晋阳城像一叶孤舟，很快就会沉没，十分得意地说："我今天才知道，水可以灭亡别人的国家。"魏驹听了这话，先用胳膊肘顶了一下韩虎，韩虎跟着用脚踩了一下魏驹，两人感到吃惊的是：汾水可以淹灌安邑（魏驹封邑），绛水可以淹灌平阳（今山西临汾，韩虎封邑）。知瑶的谋臣絺疵听了这话，警告知瑶说："韩、魏肯定会反叛。"知瑶问道："你怎么知道?"絺疵回答说："我是从人情事理推断的。韩、魏两家大夫随从我们攻打赵氏，赵氏灭亡之后，祸患就会转到韩、魏两家。我们跟韩、魏两家已经约定，等消灭赵氏以后，三家瓜分赵氏的领地。现在晋阳城没被淹没的只有六尺高，城内百姓缺粮断饮，只好宰食马匹，看来不久就会投降。可是，韩、魏二子没有欣喜的表情，反而露出忧虑的神色，这难道不是反叛的迹象?"这番话真说中了韩、魏两家大夫的心病，但并未引起知瑶相应的警惕。

赵襄子眼见形势不利，就派宰臣张孟谈溜出晋阳城，去见韩虎、魏驹说："我听说唇亡齿寒，现在知伯率领你们来攻打赵氏，赵氏一旦被消灭，韩、魏两家也要相继灭亡。"韩虎、魏驹说："我们知道会这样的，可是担心要做的事情还没有成功，而自己的谋略已经泄露出去，那样祸患立刻就会到来。"张孟谈说："谋略出自两位大夫之口，进入我的耳朵，这有什么妨害呢?"韩虎、魏驹就私下和张孟谈约定三家联合行动的日期，然后遣送张孟谈返回晋阳城。赵襄子派人在夜里杀掉守护河堤的士卒，开堤放水淹灌知瑶的军营。知瑶的军队因救水而散乱，于是韩、魏两家的军队从侧翼发起攻击，赵襄子趁势领兵攻击知瑶的前锋。这样前后夹击，很快打败了知瑶的军队，杀死了知瑶，诛灭了知氏家族。

在这一历史事件中，赵襄子的处境危急万分，之所以没有被知瑶消灭，而成为战争的胜利者，是因为张孟谈说服了韩、魏两家大夫，共同反击知瑶。张孟谈紧紧抓住赵、韩、魏三家大夫的共同利益，以及他们和知氏之间的矛盾冲突，来说服韩虎、魏驹。既然韩、魏与赵氏是唇亡齿寒的关系，那么，韩、魏两家就没有跟随知瑶围攻晋阳的理由。既然知瑶的企图是要将赵、韩、魏三家各个吞灭，那么，韩、魏两家就应该站到赵氏这一边，消灭共同的敌人。韩虎、魏驹本来就和知瑶有些裂痕，只是受知瑶的胁迫，才来攻打赵襄子，现在经张孟谈这么一说，反过来和赵襄子联合行动，就成了理所当然的事情。从这里说起来，谋略对于扶危救亡的作用，还真不小呢!

◇豫让行刺

赵、韩、魏三家消灭知氏，瓜分了知氏的领地。赵襄子最痛恨知瑶，就把知瑶的头骨刷上油漆，用作酒器。这一较为野蛮的做法，对以前受过知瑶信任的豫让来说，正可谓"是可忍，孰不能忍"，激发了他为知瑶报仇雪恨的决心。

豫让在知氏灭亡之后，逃居深山老林之中，每每回想往事，无不感慨地说："哎！士为知己者死，女为悦己者容。过去知伯那样赏识我，我必须为他报仇，以报答他的厚爱。这样我就是死了，我的魂魄也无愧于他。"于是他改名换姓，扮作一名受过刑的人，进入赵襄子的宫中，在厕所里涂抹粉刷。他身上揣着匕首，想找机会刺杀赵襄子。赵襄子到厕所来，突然感到心惊肉跳，就命令侍从抓住那粉刷厕所的人，一看是豫让，身上还揣着凶器。豫让高声说："我想为知伯报仇！"那些侍从要杀掉他，赵襄子却说："他是一个重义气的人，我以后小心避开他就行了。况且知伯死后没有留下后代，他的臣子才想为他报仇，这是天下的贤人啊！"于是放豫让走了。

过了不久，豫让用油漆涂抹身体，使身上长满毒疮，又把木炭吞入喉咙，使声音变得沙哑，以便自己不被别人辨认出来。他在街上挨门行乞，连他的妻子也不认得。他去见他的朋友，那朋友依稀认得他，问道："你不是豫让吗？"豫让称是。那朋友哭着说："以你的才能，委身做臣子，去侍奉赵氏，赵氏必定会亲近你。等他亲近你了，你就可以为所欲为，这样难道不容易吗？何必残害身体，苦变形状。像这样去报复赵氏，不是很麻烦吗？"豫让却说："既然已经委身事人做臣子，又想杀死人家，就是怀有不忠之心来侍奉自己的君主。我这么做是很麻烦，之所以要这么做，就是要天下做臣子却心怀不忠的人知道那样侍奉君主很可耻。"

又过不久，豫让听说赵襄子准备外出，就躲藏在他经过的一座桥下，伺机下手。赵襄子乘车来到桥边，马忽然惊跳起来。赵襄子心想，一定是豫让在附近，急忙派人到桥下搜查，果然抓住了豫让。赵襄子责备豫让说："你不是曾经侍奉过范氏、中行氏吗？知伯把他们通通灭了，而你并不为他们报仇，反倒委身做知伯的臣子，现在知伯也死了，你为什么偏偏再三替他报仇呢？"豫让回答说："我侍奉范氏、中行氏，他们都以对普通人的态度对待我，我因此仅以对普通人的态度对待他们。至于知伯，他以对国士的态度对待我，我就要以对国士的态度报答他。"

经豫让这么一说，赵襄子长叹一声，流下同情的泪水，恳切地对豫让说："哎！豫子，你为知伯尽忠，已经成名；而我对你的饶恕，也已经到顶。你自己想个办法吧，我不能再放你了。"于是命令侍从把豫让围起来。豫让说："我听说贤明的君主，不掩盖别人的美德，而忠心的臣子，有为名誉而死的道义。过去您已经宽恕过我，天下人莫不称颂您的贤明。今天的事情，我自应接受诛灭，但还希望得到您的衣服，让我击打它，聊表我为知伯报仇的心愿，这样虽死而无恨。这不是我敢希望得到的，只是我斗胆说出来的心里话。"

赵襄子有感于豫让的义气，就脱下自己的衣服，让侍从拿给豫让。豫让拔剑跳了三下，把衣服戳破，并且高声喊道："我可以去报答地下的知伯了！"喊罢挥剑自杀。据说赵地的志士，听到豫让的消息，也都像赵襄子那样，流下同情的泪水。

◇赵烈侯用人

赵、韩、魏三家共同消灭知氏后，瓜分了知氏的领地，被称为"三家分晋"，而这三家大夫正式成为诸侯，则是后五十年的事情。公元前403年，周威烈王承认赵、韩、魏为诸侯，正值赵烈侯籍在位时期。

赵烈侯嗜好音乐，告诉相国公仲连说："我有喜欢的人，可以使他们尊贵吗？"公仲连回答："可以使他们富裕，而不可以使他们尊贵。"赵烈侯说："是的。那郑国歌手枪、石两人，我要赏赐他们田地，每人给一万亩。"公仲连当即答应，可就是不给他们田地。过了一个月，赵烈侯从代地回来，追问送给那两位歌手的田地。公仲连搪塞说："正在查找，还没找到适当的田地。"又过不久，赵烈侯再追问这件事，公仲连始终不给，并称病不上朝。

其后，番吾君（佚名）从代地回朝，对公仲连说："我们的国君本性向善，却不知道怎么把握。你做赵相国已有四年，可曾引荐过贤士吗？"公仲连说没有。番吾君说："牛畜、荀欣、徐越都可以引荐。"于是，公仲连引荐了这三个人。等到上朝的时候，赵烈侯又问："给歌手的田地找好没有？"公仲连说："正在派人选择上好的田地。"实际上，他对引荐的三个人，都私下做了安排，以期改变赵烈侯的主意。

牛畜开始陪侍赵烈侯，跟他谈论仁义的观点，期盼他迈向王道政治，赵烈侯听得喜笑颜开。第二天，荀欣陪侍赵烈侯，跟他谈论如何选择练达之士，提拔贤能之士，根据各人的才智委任官职。第三天，徐越陪侍赵烈侯，跟他谈论如何节省开支，减少费用，考核和评价每个人的功德。这三个人所说的无不允当，赵烈侯听得十分高兴。于是，赵烈侯派人去告诉公仲连说："那给歌手的田地暂且放下。"而后任用牛畜为师，荀欣为中尉，徐越为内史，并且赏给公仲连两套衣服。

杨宽先生撰著《战国史》，把赵烈侯选用人才视为一场政治改革，荀欣、徐越主张"选练举贤，任官使能""节财俭用，察度功德"，是法家的政策，而牛畜"侍烈侯以仁义，约以王道"，是儒家的主张。赵国在政治上采用法家的政策，在教化上采用儒家的主张，正是统治阶级惯用的两手策略。一方面严厉地实行法治，加强对臣下的考核和监督；一方面虚伪地讲究仁义，对人民进行欺骗和笼络。在历代有所作为的统治者中，能有几人不是这么做呢？

赵武灵王的创举

自从赵国正式成为诸侯，有数代国君都没有什么作为。但在公元前 326 年，赵肃侯的逝世引起了诸侯列国的关注，秦、楚、燕、齐、魏各国派精兵一万人，汇聚赵都邯郸参与葬礼。赵武灵王作为肃侯的儿子，在这种气氛中登上了君主的宝座，拉开了王霸大业的序幕。

◇ 胡服骑射

赵国因所处的地理位置东北部与东胡交界，北方与匈奴相邻，西部与林胡、楼烦相接，要跟这些游牧部族打交道。这些游牧部族"力能弯弓，尽为甲骑"，骑射技艺较高，适应能力较强，打起仗来机动灵活，是赵国以战车为基本编制的军队无法相比的。因此，赵武灵王为了开拓疆土，消弭边患，注意吸收周边游牧部族的长处，在赵国全面推行胡服骑射。

公元前 307 年正月，赵武灵王带领群臣去北方，勘察赵国与中山国的疆界，到达房子（今河北高邑），并且顺便前往代地，北面到达无穷，西面到达黄河边，然后登临黄华山顶，召见谋臣楼缓商议说："我先王趁着世道的变迁，称雄于南方藩属地区，联结漳水、滏水的险阻，修筑长城，又攻取蔺、郭狼，在荏地打败林胡，但是功业尚未完成。现在，中山国插在我们的腹心，北面有燕国，东面有东胡，西面有林胡、楼烦和秦、韩两国的边界，而没有强大的军队保卫，这就会亡国。怎么办呢？凡是有超出世俗功名的人，必定遭到背弃习俗的谴责。我想改穿胡服。"楼缓以为很好，但群臣不乐意。

赵武灵王返回邯郸之后又召见老臣肥义，讨论改穿胡服之事。他说："我先祖的功业在于算计胡、翟的利益。做人臣子，受宠的要有孝悌长幼顺序的节制，显达的要有利于国君和百姓的业绩，这两者是做臣子的职分。我想继承襄主（指赵襄子）的做法，在胡、翟地区开辟疆土，只怕终生都不能实现。按说敌国力量弱小，只用少数兵力就能得到很大好处，因而不必竭尽百姓的劳苦，就可以发扬前代的功业。凡是有超出世俗功名的人，往往会遭到背弃习俗的谴责；凡是有独特谋略的人，往往会遭到怠慢百姓的埋怨。眼下，我将用胡服骑射来教导百姓，而世俗的人必定议论我。怎么办呢？"肥义说："我听说过：做事有疑虑就不能成功，行动有疑虑就不能成名。君王既然抱定背弃习俗的想法，就不要管天下人的议论。凡是讲究大德的人，不会与世俗合拍；凡是成就大功的人，不会同大众筹谋。从前，舜为有苗氏跳舞，禹打赤膊进入裸国，都不是为了修身养性，而是专门讲究大德，以期成就大功啊！愚笨的人对既成的事物尚且愚昧无知，聪明的人却能认清未萌发的事情。君王为什么还有疑虑呢？"赵武灵王说："我不疑虑改穿胡服这件事，而是怕天下人耻笑我呀！狂夫高兴的事情，聪明的人总是感到哀伤；愚人发笑的事情，贤能的人却要反复审查。世人要能顺从我的主张，那么，胡服的功效就不可限量。虽然有人以世俗来耻笑我，但我一定能占有胡地和中山国。"于是他带头改穿胡服。

为了推行服饰改制，赵武灵王派王绁转告他的叔父赵成说："寡人已经改穿胡服，将用这副打扮朝会群臣，希望叔父也这样穿戴。家庭要顺从父母，国家要顺从君主，这是古今相通的道理；儿子不违背父命，臣子不悖逆君主，这是人间永恒的道义。现在，寡人发出教导，改变服饰，叔父要是不服从，我怕天下人议论啊！治理国家有常道，而以利于百姓为根本；主持政务有惯例，而以令行禁止为关键。修明道德要先着眼于卑贱的人，而推行政令要先取信于尊贵的人。如今改穿胡服的用意，并不是为了修身养性。做事情有目标而后才能成功，等事情办成功而后才能称善。现在，寡人怕叔父悖逆从事政务的惯例，所以来帮助叔父做抉择。况且寡人听说过：事情利于国家的，行为就不会有偏邪；依靠贵戚成功的，名誉就不会有牵累。因此，但愿仰慕叔父的道义，以成就胡服的功业。特派王继拜见叔父，请求改穿胡服。"哪知赵成压根儿不同意，让王继回复赵武灵王说："臣听说君王改穿胡服，只因为自己缺乏才能，又卧病不起，无法为君王奔走效劳。君王既然传令下来，臣斗胆对答以表忠心。臣听说过：中原地区是聪明智慧发源的地方，是万物财货聚集的地方，是圣贤教化的地方，是仁义推行的地方，是《诗》《书》《礼》《乐》应用的地方，是特异技能实验的地方，是远方前来观光的地方，是蛮夷倾心仿效的地方。如今君王舍弃这些，去仿效远方的服饰，是改变古时的教化，更换古人的方法，悖逆百姓的心理，而且惹恼有学问的人，远离文明的中原地区。所以，臣希望君王再考虑一下。"王继回来，把这番话报告了赵武灵王。

　　赵武灵王本来就认为赵成不会赞成，就亲自去见赵成，趁便向他解释说："衣服是为了使用方便，礼法是为了行事方便，圣人因地而制宜，因事而制礼，是为了方便百姓，稳定国家。剪短头发，纹饰身躯，袒露右臂，衣襟左掩，这是瓯越的民俗。染黑牙齿，刺绘额头，不戴帽子，衣服粗劣，这是吴地的习俗。礼法、服饰虽有不同，却都是为了方便。地域不同，服饰自然不一样；情事不同，礼法自然有变化。果真可以有利于国家，就不必强求一样的服饰；果真可以方便于行事，就不必讲究相同的礼法。儒家同一师承，而礼俗却有不同；中国礼法相同，但教化却有差别。况且还要考虑到高山峡谷的方便呢？所以，去就的变化，智谋之士不能统一；远近的服饰，圣贤之人无法求同。穷乡僻壤多奇异，歪门邪说多巧辩。不知道的事物，不去怀疑它；跟自己不同的做法，也不去非议它，这才是公正无私、务求完美的态度。现在，叔父所谈的是一般习俗，我所说的是为了改变习俗。我们国家东面有黄河、漳河，跟齐国、中山国交界，却没有舟船桨楫的设施。从常山到代、上党一线，东面临近燕国、东胡，西面连接楼烦、秦国、韩国，却没有骑马射箭的装备。寡人没有舟船桨楫的设施和靠水生活的百姓，将怎样守护黄河、漳河的水道？要是不改穿胡服，训练骑马射箭，将怎样防备三胡、燕、秦、韩各国的边境？从前，简主不堵塞晋阳和上党的险阻，襄主能吞并戎狄、夺取代地以打退胡人，其中的道理是任何人都清楚的。前时，中山国依仗齐国强大的兵力，侵犯我们的土地，掳掠我们的百姓，引来河水围灌鄗邑，要不是社稷的神灵，鄗邑就保不住了。先王把这件事看成耻辱，却一直不能报得怨恨。如今整治骑马射箭的装备，近可以有利于上党的形势，远可以向中山国报仇。可是，叔父因循中原地区的习俗，而悖逆简、襄二主的意愿；厌恶改变服饰的名义，而忘记鄗邑受困的耻辱。这不是寡人所希望的啊！”赵成听完这番话，连忙叩头说：“臣愚笨得很，不理解君王的大义，竟敢称道世俗的传说，这是臣的罪过。现在君王要继承简、襄二主的意愿，以顺应先王的遗志，臣怎敢不听从命令呢？”说罢再次叩头谢罪，当即从赵武灵王手中接过胡服，并在次日穿着胡服上朝。于是赵武灵王就正式颁发改穿胡服的命令。

可是还是有人反对，赵文、赵造、周祒、赵俊都来劝谏赵武灵王，不要改穿胡服，照老办法做方便。赵武灵王说：“先王不固守同样的习俗，有哪种旧俗必须效法呢？帝王不因袭前代的礼法，有哪种旧俗必须效法呢？伏羲、神农教诲而不诛杀，黄帝、尧、舜诛杀而不愤怒，等到夏、商、周三王，随着时代而制定法令，依照情势而制定礼俗，一切制度都各得其所，一切服饰、器械都各得其用。所以，治世不必用同一种方式，便利国家不必效法古代。就圣人兴起而言，不因袭前代也能称王；从夏、殷两代的衰落可知，不改变礼俗也会灭亡。如此说来，违反古代并不值得非议，而因循礼俗也不值得赞美。况且说服饰奇异的人，心里会淫恶，那么邹、鲁之地就没有行为怪癖的人了；说风俗僻陋的地方，人们会变坏，那么吴、越之地就没有品行高尚的人了。况且圣人以为有利于身体的是衣服，便于行事的是礼法。那些进退的礼节，衣服的规格，是用来约束一般百姓，并不是为了评论贤能的人。所以，一般百姓跟着习俗变化，而贤能的人则与变化相一致。有谚语说：‘凭书本来驾驭马车的人，不能了解马的性情；仿照古代来治理现代的人，不会通晓事物的变化。’因袭礼法的功绩，不足以超出世俗；效法古代的学术，不足以治理现代。你们都认识不到这些呀！”从此以后，赵国上下都改穿胡服，并且招募士卒训练骑马射箭。

“胡服射箭”是战国时代的一项重大创举，为中原农耕民族对付北方游牧民族提供了一条新的途径。在中国传统社会里，中原农耕民族以农业为生计，男耕女织，安土重迁，社会组织严密，具有凝固的民族心理；北方游牧部族以畜牧为主，"逐水草而居"，社会组织比较松散，带有强烈的军事色彩。这些差异在两者之间的交往，特别是在战争过程中，表现得最为突出。因此，自从赵武灵王"胡服骑射"以后，许多有识之士站在中原王朝的立场上，为了抵御北方游牧部落的侵掠，都很注意吸收游牧部族的长处，来弥补农耕民族的短处。这在中国军队建设史上具有重大意义。

◇扮使访秦

赵武灵王通过"胡服骑射"的改革，建成了一支富有战斗力的军队，大大提高了赵国的军事实力，使赵国成为战国后期唯一可以跟秦国抗衡的国家。为了集中精力于军事活动，专心致志于对外扩张，在公元前 299 年，赵武灵王传位于幼子赵何（即赵惠文王），自己号称"主父"，迁居代地，专任赵国军事统帅。到公元前 296 年，赵武灵王相继吞并中山国，攻取林胡、楼烦的大片土地，在北部边陲建立了代、雁门、云中三个郡，使赵国的疆域大为扩展。

随着对外扩张的节节胜利，赵武灵王把攻略秦国提上议事日程，计划从云中、九原南下袭击秦国。为了了解秦国的山川形势、军政大计以及秦昭襄王的为人特点，赵武灵王扮作一名使者，改称姓名为"赵招"，带着几个随从去访问秦国。他们沿途察看地形，绘成地图，来到咸阳，还拜会过秦昭襄王，谈及赵主父传位的事情。秦昭襄王问为什么赵主父要传位呢？赵武灵王解释说："我们的国君要太子先历练一下，国家大权仍旧操在主父手里。"秦昭襄王问赵国君臣怕不怕秦国？赵武灵王回答说："要是不怕，就不用改穿胡服，训练骑马射箭。好在如今敝国的骑兵，比起先前要多十几倍。大概可以跟贵国结交。"秦昭襄王听过这话，倒挺敬重赵武灵王。

赵武灵王通过这次会谈，了解秦昭襄王之后，急忙驱车返回赵国。秦昭襄王觉得赵国使者言谈举止既文雅，又强硬，很像是一位特殊人物，就派人邀请他再会谈一次。赵武灵王的一位随从说："我们的使臣突然生病，等过几天好了，再去觐见贵国大王吧。"过了几天，秦昭襄王又派人到客馆邀请，仍见不着赵武灵王，留在客馆的那位随从自称是赵国使者，来人就把他带去见秦昭襄王。秦昭襄王经过仔细盘问，才知道自己上当受骗，一时恼羞成怒，派兵去追赶赵武灵王。可是，当这些追兵赶到函谷关时，守关的人告诉他们说："赵国使者已经过去三天了。"

赵武灵王何等胆略！竟以一国之主的身份，假扮使者，去考察秦国国内的形势。再说秦昭襄王，当初在燕国做质子，还是赵武灵王指使代相把他迎回秦国，立为国君。在这场"生间"戏里，赵武灵王谎称赵招，使他可以较自由地行动，而在会见秦昭襄王后谎称患病，又使他得以从容地离去。他考察秦国的山川形势，是想和秦国一决雌雄；他了解秦昭襄王的为人特点，是想和秦昭襄王一争高低。可惜这位雄心勃勃的君主，还没来得及展示自己的抱负，就因赵国王室内讧而死于非命。

◇赵武灵王之死

在吞并中山国之后，赵武灵王封他的长子赵章为安阳君。赵章在生活上向来奢侈，对弟弟继承王位心怀不满，赵武灵王就派田不礼辅佐他。李兑进见肥义说："公子章强壮而傲慢，党羽多而贪欲大，田不礼为人残忍好杀、骄横不已，这两个人结合在一起，一定会有阴谋。小人有贪欲的时候，容易头脑简单、谋划不周，只看眼前的利益，不顾将来的危害，灾祸就会到来。您肩负重任而权势很大，将成为动乱的始发点，也是灾祸的集结处。您何不称身体有病不去上朝，把政务转交给公子成，从而不成为灾祸的来由。这不也可以吗？"肥义说："从前主父把新王托付给我，说'不要改变你的心意，不要改变你的主张，保持忠诚，直到老死'。我再三作拜，接受主父的命令，把它记录在书册上。现在因为害怕田不礼的灾祸，就忘掉那记录在书册上的话，还有比这更严重的变节行为吗？谚语说：'即使死去的人又活过来，活着的人也不问心有愧。'我想实现我的诺言，又怎能保全我的身躯呢！你实在是有助于我且忠诚于我呀！即便如此，我的诺言已说在前面，终究不敢忘怀。"李兑感慨地说："好吧，请您多保重！我能见您，也就到今年为止。"说完哭着走了。

赵武灵王对众臣的议论也许有所风闻，就让赵惠文王朝会群臣，自己在一旁观察动静。他看到赵章沮丧的样子，转过头向北面行礼为臣子，屈服于他的弟弟，不禁生起怜悯之意，因而想把赵国划出一部分，让赵章在代郡为王。然而这个计划没等确定就放下了。赵武灵王和惠文王去沙丘（今河北广宗）巡游，不住在一个宫里。赵章、田不礼发动自己的党徒作乱，假托武灵王的命令召见惠文王。肥义最先来到，当即被他们杀死。高信和惠文王一起同赵章的党徒交战，赵成、李兑从国都邯郸赶来，马上调动军队平定暴乱，杀死了赵章和田不礼，消灭了他们的党徒。这时赵惠文王年纪还小，赵成担任相国，李兑出任司寇，由他们掌握朝政。

这场暴乱直接祸及赵武灵王，因为赵章战败后逃居武灵王的行宫，赵成、李兑随后前来围攻。在杀死赵章之后，赵成和李兑商量说："由于公子章作乱的缘故，我们包围了主父的行宫，如果现在撤离军队，我们就会被诛灭。"于是继续围困武灵王的行宫，并且下令："宫人最后出来的处斩。"宫中的人都被迫出来了。赵武灵王想出宫又不可能，在宫中又得不到食物，经过三个月的折磨，最终饿死在沙丘宫里。赵成、李兑一伙在断定赵武灵王死亡之后，才向各国诸侯送去讣告，为赵武灵王办理丧事。

对于赵武灵王的人生悲剧，后人都十分痛心。司马迁谈及这件事，以沉重的笔触写道："主父初以长子章为太子，后得吴娃，爱之，为不出者数岁，生子何，乃废太子章而立何为王。吴娃死，爱弛，怜故太子，欲两王之，犹豫未决，故乱起，以至父子俱死，为天下笑，岂不痛乎！"这是说赵武灵王因为宠爱吴娃，废黜太子章而立少子何，但在吴娃死后，又怜爱旧太子，想另立赵章为王，犹豫之间引发暴乱，致使父子都死于非命。这分明是把放任情感、缺少谋略，未能处理好王位更迭问题，视为引发暴乱的根本原因。

柏杨也有相近的说法："赵雍先生是一个传奇人物，从他坚持变更服装、更新装备一事，可看出他观察力之强和意志之坚。赵国疆土，在他手中倍增，战斗力也倍增。如果他能再活二十年，秦国可能受到严重威胁，历史又如何发展，难以预料。然而，凡是英雄，都儿女情长，一个美丽的吴娃女士，就把他搞得神魂颠倒，一误再误。李兑先生和赵成先生，平常受到赵雍先生的尊敬，而他们也对赵雍先生忠心耿耿，可是一旦事变，涉及到切身利害，却把心一横，不惜君王饿死。中国政治上的领导人物，每每都在斤斤计较对方的忠心，而忘了忠心不是孤立的。形势逼人，纯忠心不能持久，甚至刹那间荡然无存。赵雍先生如果不自乱章法，赵章先生如果再有耐心，李兑、赵成之辈，何至变成恶毒的凶手？事实上，他们只不过自卫而已。血腥相残，是专制政治的特产。"照此说来，只要君主专制存在，围绕国家最高权力的血腥角逐，就会无休止地继续下去。

蔺相如与廉颇

赵惠文王在位期间，任用蔺相如为上卿，廉颇、赵奢为将军，对内整顿财政，使得赋税均平，民生富足，国库充盈，对外不断攻取齐、魏两国的土地，还以理折服强秦。诚如当时人所说，赵国"尝抑强齐，四十余年而秦不能得所欲"，成为秦国以外最强大的国家。

◇完璧归赵

公元前 281 年，赵惠文王得到楚地珍宝和氏璧，秦昭襄王听说之后，派人送信给赵惠文王，表示愿意用十五座城来交换和氏璧。赵惠文王想答应秦昭襄王的要求，但怕被秦国欺骗，得不到那十五座城；不答应秦昭襄王的要求，又怕秦国加兵于赵国，一时拿不定主意。再者，他想物色一名前去答复秦昭襄王的使者，也没有找到。宦官缪贤推荐他的门人蔺相如给赵惠文王，并介绍说："臣曾经犯过罪，私下打算逃往燕国，而蔺相如出来劝阻我，他问我：'您怎么跟燕王有交情的？'我告诉他：'我曾经跟随大王和燕王在国境上会晤，燕王私下握着我的手，说愿意跟我交朋友。因此，我相信燕王会收留我，才决定去燕国。'相如对我说：'赵国强大而燕国弱小，您过去一直受君王的信任，所以燕王才跟您结交。而今您背离赵国，去投靠燕王，燕王本来就怕赵国，必定不敢收留您，反倒有可能把您捆起来，遣回赵国。您不如袒露上身，背负利斧，去向君王请罪，还可侥幸得到赦免。'我听从他的劝告，君王赦免了我。我私下认为他是一个勇士，又很有智谋，适合做答复秦王的使者。"

经过缪贤的介绍，赵惠文王马上召见蔺相如，询问他："秦王提出用十五座城来换取我的和氏璧，可不可以给他呢？"蔺相如回答说："秦国强而赵国弱，不能不答应人家。"赵惠文王又问："假如秦王拿到和氏璧，而不把十五座城给我，怎么办？"蔺相如说："秦国提出用城换璧，而赵国不答应，是赵国理亏；赵国交出璧，而秦国不把城给赵国，是秦国无理。衡量这两种策略，宁可答应交出璧，让秦国担负无理的罪责。"赵惠文王故意问："谁可以担任使者？"蔺相如回答说："君王如果没有合适的人选，我愿意携带和氏璧出使秦国。秦国如果把十五座城划给赵国，我就把璧给秦王；得不到那十五座城，我就负责把完好的璧带回赵国。"于是，赵惠文王就派蔺相如带着和氏璧出使秦国。

秦昭襄王在章台召见蔺相如，蔺相如恭敬地献上和氏璧。秦昭襄王极为高兴，把和氏璧传给随侍左右的美人和臣下观赏，大家无不拍手叫好，而把蔺相如冷落在一旁。蔺相如见秦昭襄王无意割出城邑给赵国，就走上前去说："这和氏璧上有瑕疵，请让我指给大王看。"秦昭襄王把和氏璧交回蔺相如手上，蔺相如马上往后一退，背靠在一根柱子上，声色俱厉地对秦昭襄王说："大王想得到和氏璧，派人送信给赵王，赵王召集所有文武大臣商议，大家都说：'秦王贪得无厌，自恃本国的强大，用空话骗取和氏璧，许给赵国的城邑恐怕得不到。'因而商定不把和氏璧给秦国。但是，我以为一般百姓的交往尚且不相欺骗，何况是大国呢？仅仅因为一块璧而失去强秦的欢心，绝对不行。于是，赵王斋戒了五天，才派我带着和氏璧来，在朝廷上递交国书。为什么要这样做？无非是为了尊重大国的威严。今天我来到贵国，大王却在一般的馆舍接待我，并且不讲究礼节，拿到和氏璧以后，传递给美人欣赏，以此来戏弄我。我看大王无意割出城邑给赵王，就把和氏璧收回来。大王一定要逼迫我，我将连头带璧撞碎在这根柱子上。"蔺相如边说边操起和氏璧，两眼斜盯着柱子，摆出撞击柱子的架势。秦昭襄王怕他把和氏璧撞碎，连忙表示歉意，要他千万别冲动，并且招来主管官员摊开地图，随便指出十五座城给赵国。蔺相如估计秦昭襄王这一招是故作姿态，其实赵国不可能得到那些城邑，就对秦昭襄王说："和氏璧是天下公认的珍宝。赵王有恐于秦国，不敢不接受交换。他在我前来送璧时，先斋戒了五天。现在，大王也应当斋戒五天，在朝廷上设下九宾大礼，我才敢献上和氏璧。"秦昭襄王心想强夺不行，就答应斋戒五天。蔺相如估计秦昭襄王虽然答应斋戒，可还是会背约不肯割出城邑，因而让他的随从乔装打扮，抄近路逃走，把和氏璧带回赵国。

这是一个善于创造和利用新的谋略场，化被动为主动，从而以刚克刚的范例。依照常理，秦昭襄王提出以十五座城换取和氏璧的要求，蔺相如应秦国之约奉璧而来，已经表明了赵国君臣的诚意。而秦昭襄王得到璧后无意践约，这就于理有亏。在这种情况下，蔺相如略施小计，把和氏璧又收回来，进而据理力争，当众谴责秦昭襄王的无理行为。秦昭襄王恼怒在心，却也理亏在己，何来反口之功。假如置理义于不顾，强行夺璧，那么，蔺相如背靠庭柱，随手就能把和氏璧撞个粉碎，也就绝了秦昭襄王求璧的念头。如此境地，蔺相如是可进可退，占尽眼下的主动权，所以才能以刚克刚，演绎出"完璧归赵"的活剧。

秦昭襄王斋戒五天后，果真在朝廷上设下九宾大礼，派人去邀请蔺相如。蔺相如来到朝廷上，对秦昭襄王说："秦国自穆公以来，已经有二十多代君主，可没有一个人能信守盟约。我实在担心受大王的哄骗，辜负赵王的重托，我已让人带着和氏璧回去，估计已经回到赵国。不过，秦国强而赵国弱，大王原先派一个使者去赵国，赵王马上就命我来送和氏璧。现在，以秦国的强盛，如果真能先割十五座城给赵国，赵国怎敢保留一块璧而得罪于大王呢？我知道，犯下欺骗大王的罪行应当予以诛灭，那就请烹杀我吧！不过请大王和群臣再斟酌一下。"秦昭襄王和群臣面面相觑，惊叫之声不禁而出。有的大臣要把蔺相如抓出去，秦昭襄王阻止说："现在杀了蔺相如，也得不到和氏璧，徒然断绝秦、赵两国的友好关系，不如照旧好好款待他，放他回赵国，赵王怎会因一块玉的缘故来欺骗秦国呢？"于是依照礼节会见蔺相如，而后送蔺相如回国。

照理来说，秦昭襄王斋戒五天，再来接受和氏璧，这是蔺相如的诺言，而蔺相如让人把和氏璧带回赵国，这意味着欺骗，怎么向秦昭襄王交代呢？你看蔺相如为了化被动为主动，改变理亏的处境，首先给秦昭襄王一记当头棒喝，揭露秦国历代君主不守信用的行径，说明自己是为了避免再次受欺骗，才把和氏璧送回国，接着又引出前面的事实，证明赵国君臣是讲求信义的：你秦昭襄王派一名使者到赵国，赵王马上派人送和氏璧而来，眼下如果真有诚意以城换璧，就应该先割出城邑给赵国，赵国怎敢以一块璧的缘故而得罪秦国？最后，蔺相如心里清楚，这次让秦昭襄王受欺骗，虽然保住了和氏璧，但未必能保住自己的性命，于是大义凛然，恳请就刑。名不正则言不顺。蔺相如句句有理，款款有据，秦昭襄王怎能冒不正之名，随意处死蔺相如呢？何况和氏璧已不可得到，杀掉蔺相如又有何益？

◇ 渑池会

蔺相如出使秦国，不辱使命，深得赵惠文王赞赏，被提拔为上大夫。一场围绕和氏璧产生的风波，结果是秦国不肯把自己的城邑割给赵国，赵国也没有把和氏璧送给秦国。赵、秦两国的关系再现裂痕，秦昭襄王两度出兵进攻赵国，也算是对赵国君臣的报复。

公元前 279 年，秦昭襄王派使者告诉赵惠文王，希望和赵国重归于好，并请赵惠文王到渑池（今河南渑池）赴会。赵惠文王害怕秦国，不想去和秦昭襄王相会，蔺相如和廉颇劝赵惠文王说："君王不去赴约，就表明赵国懦弱、国君胆怯。"于是，赵惠文王只好启程前往，由蔺相如陪同。廉颇送行到边境，特意对赵惠文王说："君王这一去，来回行程，加上会面时间，总共不过三十天，如果过了三十天还没回来，请允许立太子为王，以断绝秦国的要挟。"赵惠文王表示同意。

赵惠文王和秦昭襄王在渑池相会。秦昭襄王饮酒至酣处，对赵惠文王说："寡人私下听说赵王喜爱音乐，请弹瑟一曲吧。"于是赵惠文王用瑟弹了一曲。秦国御史走上前来，连忙记下："某年某月某日，秦王和赵王在一起饮酒，命令赵王弹瑟。"蔺相如看到这情景，也走上前去说："赵王私下听说秦王擅长奏乐，请秦王用缶演奏一曲，娱乐一下。"秦昭襄王很生气，不肯演奏。蔺相如又往前走，手捧着缶，跪下去请求秦昭襄王，秦昭襄王还是不肯演奏。蔺相如说："在这不到五步的距离，我的颈血可以溅到大王身上！"秦昭襄王左右的侍从要杀蔺相如，蔺相如怒目圆睁，厉声呵斥，吓得那些侍从纷纷后退。秦昭襄王出于无奈，很不乐意地敲了一下缶。蔺相如马上招来赵国御史，同样记下："某年某月某日，秦王为赵王击缶。"秦国群臣都说："请赵国用十五座城来为秦王祝颂！"蔺相如也说："请秦国用咸阳为赵王祝颂！"直到酒会结束，秦昭襄王都没有占得上风。赵国部署了大批军队以对付秦国，秦国也就不敢轻举妄动。

　　这仍是以刚克刚的谋略。"刚"何以克"刚"？是因为谋略双方相比，其中一方更"刚"。更"刚"的一方，若非占有整体优势，就必须保持局部优势，两者必居其一。就渑池之会而论，秦国国力的雄厚，军队的强大，以及秦昭襄王左右侍从的众多，都是赵国无法相比的。然而，蔺相如以一名近臣的身份，随侍在赵惠文王的左右，在秦昭襄王有意抖威风的时候，抓住与秦昭襄王仅咫尺之隔、瞬息之间就能让他脑袋开花的优势，强迫秦昭襄王为赵惠文王击缶。秦国国力雄厚，军队强大，秦昭襄王左右侍从众多，这些对蔺相如俯仰之间就能危及秦昭襄王性命的优势来说，岂不是远水不解近渴，完全不起作用了吗？赵国在整体处于劣势的情况下，仍然不屈不挠，以刚对刚，其机妙就在于此。

◇将相和

　　蔺相如对付秦昭襄王的两场戏，都突出发挥了"刚"的威力，而后上演的一出"将相和"，更由蔺相如和廉颇共同演绎，则充分显示了"柔"的价值。

　　在渑池之会后，赵惠文王以为蔺相如功劳较大，就认命他为上卿，位在廉颇之上。廉颇很不服气，对别人说："我身为赵国的将军，有攻城野战的大功，而蔺相如只不过动动口舌，有那么一点功劳，竟然位居我的上面，况且他本来出身低贱，太使我难堪了，我怎能忍心坐在他的下首呢！"并且扬言说："我碰见蔺相如，必定羞辱他一番。"蔺相如听说了，就不肯和廉颇见面。每当朝会的时候，他时常称病不去，以避免和廉颇争位。

　　有一天，蔺相如乘车出游，远远地望见廉颇，忙让车夫掉头躲避。他的门客得知这件事，特意进言说："我们之所以离别亲戚，追随在您的左右，只是仰慕您高尚的节操。如今您和廉颇位居同列，廉君公开恶言相伤，您被吓得不敢露面，未免过于胆小怕事。即使一般人也会感到羞耻，何况您位居上卿呢？我们没有这般涵养，请允许我们告辞吧！"蔺相如挽留再三，问那些门客说："依你们看，廉将军与秦王相比，谁更可怕呢？"大伙说："廉将军当然比不上秦王。"蔺相如接着说："以那秦王的威严，相如尚且敢在朝廷上呵斥他，羞辱他的群臣。相如虽然没能耐，唯独只怕廉将军吗？我每每想到，强秦之所以不敢侵犯赵国，是因为有我们两人同在。现在我们两人互不相让，就如同两虎相斗，势必不能两全。我所以这般退让，无非是把国家的危难放在前头，而把个人的恩怨搁在后头罢了。"廉颇听说后，感到很惭愧，就赤露上身，身背荆条，由宾客陪同，来到蔺相如府上，当面道歉说："我是一个见识浅薄的人，没想到先生如此宽大为怀。"他们两人终于握手言欢，成为生死与共的朋友。

人的活动离不开彼此的交往，在不具有政治色彩的一般人伦关系中，无论是贤人君子，还是凡夫俗子，或者因为名利，或者因为得失，摩擦常有，抵牾不免。有人稍不如意，就横眉冷对，甚至以武力相见，这必定招人非议，还可能导致两败俱伤，名利俱失。倘若以道义为上，柔弱为先，既不失人伦之和，又无损声誉之尊，还可能获取丰厚回报。蔺相如以刚拒敌，以柔待友，实出了维护国家利益，甘为人下，使得勇冠三军的廉颇，也不得不负荆请罪。就个人品格而言，蔺相如宽宏大量、谦卑自持的气度与廉颇自我反省、勇于改过的表现，交相辉映，颇得后人的称赞。

汉代文学家司马相如幼时被父母唤作"犬子"，等长大成人后，因为仰慕蔺相如的为人，所以改名为"相如"。司马迁为廉颇、蔺相如立传，在传末独论蔺相如说："知死必勇，非死者难也，处死者难。方蔺相如引璧睨柱，及叱秦王左右，势不过诛，然士或怯懦而不敢发。相如一奋其气，威信敌国，退而让颇，名重太山，其处智勇，可谓兼之矣！"这是说能深刻理解死亡的人，必定是一位勇敢者。当蔺相如举起玉璧要撞击柱子，又大声斥责秦王左右的人的时候，其结果至多是一死，然而对有的士人来说，总会因为内心怯懦，就不敢这么做。蔺相如鼓足勇气，那威力可以压倒敌国，而他以谦卑的态度，对廉颇处处忍让，又使他的名声重于泰山。所以说，蔺相如是一位智勇兼备的人。

两强相争之道

赵惠文王当政晚期，随着天下形势的演变，赵、秦两国的矛盾和冲突趋于白热化，一方继续向东扩张，一方自是寸土不让，新一轮的战争迅速展开，从阏与大捷到长平惨败，赵国的国势一落千丈，影响了战国历史的进程。

◇ 阏与决胜

与蔺相如、廉颇同朝，赵奢作为一名杰出的将领，在抗击秦国的兼并战争中，运用先虚而后实的战法，大破秦军于阏与（在今山西和顺），提高了赵国在各诸侯国中的地位。

公元前270年，秦国出兵攻打韩国，进逼赵国重镇阏与。赵惠文王对是否救援拿不准，就先征求廉颇的意见，廉颇认为："去阏与路途太远，交通又不方便，难以相救。"赵惠文王又问乐乘，乐乘的看法和廉颇大致相同，等问到赵奢时，赵奢回答说："路途遥远，行军艰难，就像两只老鼠在洞穴里厮打，将帅勇敢的一方就能够取得胜利。"赵惠文王受此鼓舞，当即命令赵奢领兵救援阏与。赵奢刚出邯郸城三十里，就安营扎寨，不再前进，并下令说："有以军事劝谏的人，一律处斩！"军中仍有一位军吏，声称救援阏与应该快速进兵，赵奢立即将他处斩，随后坐守营寨二十八天，还增修了一些防御工事。秦国的间谍进入赵军营地，赵奢供给他上等饮食，而后遣送他回去。间谍把侦探到的情况报告秦军将领，秦军将领高兴地说："赵军离开国都三十里就安营扎寨，修筑防御工事，看来阏与不属于赵国的领土了。"

　　哪知赵奢在遣返秦国间谍之后，立即下令全军轻装疾进，仅用一昼夜时间，就赶到离阏与五十里的地方驻扎下来。秦军急忙赶来迎战。赵军军士许历进见赵奢说："秦军没有料到我们会赶到这里，他们的来势必定很凶猛，将军要谨慎部署战阵来对付敌人，否则会遭到失败。"赵奢追问他的想法，许历说："先占据北山的一方得胜，后进攻北山的一方失败。"于是，赵奢派出一万人占据北山，控制了整个战场的制高点。等秦军来争夺北山时，赵奢又命令主力部队从正面向秦军进攻。赵军两面夹击，迅速地击破了秦军，解除了阏与之围。赵惠文王以此封赵奢为马服君，与廉颇、蔺相如地位相同。

　　这是一个先虚后实的典型战例。赵奢领兵驰援阏与，离开国都三十里就安营扎寨，歇足不前，是欲攻姑守，欲进姑止，给秦军造成赵军怯战的样子。其后，经过一昼夜的急行军，突然出现在秦军面前，是进而神速，令敌方措手不及。对于此役来说，这一驻一进，是发动攻势的必要准备。驻者为虚，进者为实，整个作战行动是以虚掩实。再从作战经过看，赵奢分兵占据北山制高点，是调动秦军来攻的"虚招"。秦军本可以以逸待劳，但经过赵奢这一牵牛鼻子的行动，反倒处于被动地位。当秦军为争夺制高点而全力开进时，赵奢指挥主力部队在正面发起猛攻，实际上是对秦军最有力的一击。这一虚一实、先虚后实的作战指导，表现出赵奢卓越的军事才能。

◇触龙说太后

　　公元前266年，赵惠文王去世，太子赵丹继位，是为赵孝成王。秦昭襄王趁此王位更迭之际，发兵攻打赵国，占领了三座城邑。这时候，赵国由太后掌权，眼见秦军来势汹汹，于是派人向齐国求援。齐襄王表示："只有派长安君来做质子，才可能出动援兵。"赵太后为亲情所系，不肯答应，甚至见群臣进谏，就对左右侍从说："有谁再说让长安君去做质子，我一定吐唾沫到他脸上。"这确实是不想听别人劝说。

　　左师触龙心想，国家大事不可迁延，必须马上说服太后，就硬着头皮赶往宫中。赵太后怒气满面地等待着触龙。触龙进宫后慢慢地走着，到太后面前道歉说："老臣脚有毛病，不能走太快，因而好久不得进见。我私下原谅自己，可担心太后的玉体会有什么不舒服，所以很想见见太后。"太后说："老妇要靠辇车行动。"触龙问："每天饮食该不会减少吧？"太后说："靠吃点稀饭罢了。"触龙说："老臣近来不想吃东西，就勉强出去走走，每天走上三四里路，才增加了一点食欲，感觉身体舒服一点。"太后说："老妇可办不到。"说着说着，她脸上的怒气就消散了。

触龙接着说："老臣有个儿子叫舒祺，年龄最小，又没有才能，恐怕将来不能自立，而老臣已经衰老，又很疼爱他，想让他补一名卫士的缺额，保卫王宫，所以来冒死禀告太后。"太后说："好吧，他今年多大了？"触龙回答："十五岁。虽然年龄小，可老臣想趁还没死，把他托付给您。"太后又问："男人也疼爱自己的小儿子吗？"触龙回答："比女人还厉害。"太后笑着说："女人疼爱得更厉害。"触龙说："老臣私下觉得您疼爱燕后胜过长安君。"太后说："您错了，不如疼爱长安君的多。"触龙说："父母疼爱子女，就要替他们做长远打算。您送燕后出嫁的时候，握着她的脚后跟而不住地哭泣，想到她要即将远行，也真是可怜她。等燕后走了，并不是不想念啊！可是祭祀的时候，总要为她祝福：一定别让她回来。这难道不是为她做长远打算，盼望她有子孙相继为王吗？"太后称是。

话说到这份上，触龙转入正题，问赵太后说："从今往上推算三代，直到赵国建立时，赵国子孙封侯，他们的后嗣还有在位的吗？"太后说没有。触龙又问："不仅是赵国，其他诸侯的子孙封侯的，他们的后嗣还有在位的吗？"太后说没听说过。触龙解释说："这大概是因为被封侯的人在位时间短的，祸患落到他们自己头上；在位时间长的，祸患就落到他们子孙身上。难道国君的子孙一定不好吗？只是他们地位尊贵而没有功勋，俸禄丰厚而没有劳绩，又拥有大量的宝器。如今您尊显长安君的地位，封给他肥沃的领地，又给他许多宝器，还不如趁现在让他为国立功。有朝一日您去世了，长安君凭什么托身于赵国呢？老臣觉得您替长安君设想得不够远，所以说您疼爱他不如燕后。"太后听了，才改变主意说："好吧！任凭您派他到任何地方去。"

这段史实说明一个道理：在特殊的权谋场合，臣下要想进谏，往往不能直言不讳，而要走间接路线，先从双方的共识说起，避开对方的锋芒，而后旁敲侧击，晓之以理，才能使对方幡然醒悟。通过触龙的劝说，赵太后终究以理智压倒感性，从"爱国"和"爱子"的矛盾中解脱出来，为挽救赵国的危急作出了正确的选择，她替长安君准备了一百辆车子，把他送到齐国做质子。随后，齐襄王出兵援助赵国，才迫使秦军撤退。

◇赵豹进谏

公元前 262 年，秦国出兵攻打韩国，占领野王（在今河南沁阳），切断了上党通往韩都新郑的道路，使上党成为韩国的一块飞地。上党太守冯亭权衡利弊，派使者来见赵孝成王，表示愿意把上党纳入赵国。

赵孝成王十分高兴，召见平阳君赵豹说："冯亭要奉送十七座城邑，接受它好吗？"赵豹回答："圣人把无缘无故得来的好处看作灾祸。"赵孝成王又问："人家感念我的德义，怎么说是无缘无故呢？"赵豹回答："秦国蚕食韩国的土地，从韩国中间切开，不让韩都和上党相通，本以为可稳取上党的土地。韩国之所以不纳入秦国，是想嫁祸于赵国呀！秦国担负攻打韩国的劳苦，而赵国收取其中的便宜。即使强大的国家也不能从弱小的国家贪得这样的便宜，弱小的国家就能从强大的国家贪得这样的便宜吗？怎能说不是无缘无故呢！况且秦国像用牛耕作总要收获那样，盯着上党，从渭水漕运粮食，逐步向东蚕食，出动最有战斗力的军队，去割裂所取之国为封邑。秦国的政令定会贯彻到底，不可跟它作对，所以不要接收那块土地。"赵孝成王却说："现在调动百万大军去攻掠，经年累月都不能夺得一座城，眼下人家把十七座城送给我国，这是最大的好处啊！"

赵豹知道自己的意见不会被赵孝成王接受，也就不再说什么。赵孝成王又召见平原君赵胜和赵禹，征询他们的意见。赵胜说："调动百万大军去攻掠，经年累月不能夺得一座城，眼下坐在这里接收十七座城，这是最大的好处，可不能失掉啊！"赵孝成王连连称好，就派平原君前去办理。平原君告诉冯亭说："敝国君王指使我传达命令：以三个万户之都封赏太守，三个千户之都封赏县令，都世代承袭为侯；官员一律加三级爵位；百姓能安居下来的，一律赏赐六斤黄金。"于是派遣军队接收了上党地区。

究竟该不该接收上党地区？或者说赵豹、赵胜两人，谁的建议正确呢？人们的理解很不一致。譬如柏杨说："上党不但是个烫手的山芋，简直是个点燃了引信的炸弹，抛出去都来不及，赵国却紧搂入怀，认为天纵奇福。赵豹先生的分析，入骨三分。而赵胜先生却像一个白痴，这个以'江湖义气'自夸和被夸的贵族，不过浮夸之徒，希望借上党郡之功，名垂青史。是眼睛只看到蝉，没看到黄雀。只看到土地，没看到秦国大军。弱小的国家，有弱小国家的立国之道，那就是万万不可挑衅强邻。违犯这个原则，一定招来血腥挫败，甚至覆亡。接收上党，是一项错误的决策。结果，可怜的战士和人民——多达四十五万人之众，为高阶层这项错误的决策，付出悲惨代价。"这一看法自然是顺着赵豹的思路得出的。

一块到嘴边上的肥肉，却被别人顺口吞食，秦国必不肯善罢甘休。秦昭襄王接着出动大军，进攻赵国，赵、秦两国军队在长平（在今山西高平）一带，展开空前规模的厮杀。结果，赵军主将赵括战死，四十多万士卒遭秦军坑杀。赵孝成王听到这一噩耗，在不寒而栗之余，懊悔没有听赵豹的谋划，才落得长平的灾祸。

◇长平惨败

依照赵豹的说法，赵国接收上党地区，必定招致秦国侵犯，毋庸置疑。但是，倘若把长平惨败的结局，视为接收上党地区的必然，那就有些离谱了。

其实，赵国在长平之战的惨败，除没能联合各国诸侯共同抗击秦国，以及误中秦国离间计而临阵换将，最主要的原因还是作战指挥上的失误。换句话说，赵军主将赵括的错误指挥，直接导致了全军覆没的结局。令人遗憾的是，对于赵括的军事才能，他的父亲赵奢和母亲是很了解的，并且不赞成赵孝成王任用赵括为主将。因此，在很大程度上，赵孝成王对长平之战的惨败，也是难辞其咎。

赵括从小习读兵法，谈论兵家权谋，自以为天下无人可比。有一次，他与赵奢谈到布设战阵，赵奢也难不倒他，但并不因此认为他懂得兵法。赵括的母亲感到奇怪，就问她的丈夫，赵奢回答说："战争是要死人的大事，而括儿把它当儿戏，只知道空谈。今后赵王不用他做主将罢了，如果用他做主将，赵国的军队准会葬送在他手里。"常言说"知子莫如父"，赵奢说的的确是实话。

当长平之战处于相持阶段时，赵孝成王误中秦国的反间计，任命赵括为主将，代替老将廉颇指挥作战。赵括的母亲得知消息，立即上书给赵孝成王，说明赵括不适宜做主将。赵孝成王问是什么原因，赵括的母亲回答说："当初，赵奢担任将军，人们不但尊敬他，而且亲近他。送汤送饭的有十多人，亲朋好友有一百多人。朝廷有所赏赐，他都分给部下；一旦接受任务，就不再过问家事。而今赵括做将军，部下没人敢抬头看他；所赏金银细软，他都拿回家收藏；看到如意的田宅，能买就买。您看他哪一点像他的父亲呢？父子俩为人处世都不一样，请君王不要派赵括做将军。"赵孝成王没有接受这一意见。赵括的母亲无奈地说："如果君王一定要这样做，将来他不称职时，您可别株连我。"赵孝成王自是应允。

赵括接替廉颇之后，马上改变了以往的防御部署，频繁地调动将吏，准备实施反攻。秦将白起针对他鲁莽轻敌的弱点，采取诱敌入伏，分割包围而后彻底歼灭的战略方针，命令一支部队假装战败退走，却从背后偷袭赵军的辎重和补给线，把赵军截断为两部分。赵括追击秦军受阻，又没有退路，只好就地筑垒，坚守待援。经过四十多天，赵军缺粮断炊，出现人吃人的惨象。赵括把剩余的赵军编为四队，轮番冲击突围，但都被秦军击退。赵括在绝望之余，挑选剩余的精锐部队，亲自率领着与秦军展开肉搏战，结果被秦军射死。赵军四十多万人被迫投降，又被秦军全部坑杀。秦军只放回年少的二百四十人，用以宣扬秦国军威，震慑赵国百姓。

长平之战结束之后，鉴于赵国蒙受的重大损失，赵孝成王虽然恼恨不已，有理由惩治赵括一家，但因为有约在先，所以没有株连赵括的母亲。赵括的母亲是一位贤明的女性，一方面为国家前途着想，不替自己的儿子护短；一方面从个人处境考虑，以免遭受刑律的制裁。

平原君的做派

平原君赵胜出身于赵国王室，在赵武灵王诸公子中最有名声。他担任过赵惠文王和赵孝成王的相国，一生三次离开这一职位，又三次复职，称得上三起三落。基于治理国家的需要，也为了壮大自身的势力，他与孟尝君、信陵君、春申君一样，特别喜欢延揽宾客，门下的宾客有数千人。

◇杀妾招客

平原君住的府邸，邻近百姓的宅院，有一位跛子住在附近。有一天，这位跛子拖着脚步去打水，平原君的一位美人从楼上看到他走路的样子，放声大笑起来。这位跛子有些气愤，就来找平原君说："我听说您喜欢士人，士人不远千里来投奔您，是因为您能尊崇他们，而不以妻妾为重。我不幸身患残疾，而您有位美人在楼上看我一瘸一拐的样子发笑，我要得到那美人的头。"平原君听罢，笑着答应了。等这位跛子走后，他对身边的人说："看这小子，因为一笑，就想杀掉我的美人，太过分了！"结果没有杀那位美人。

过了一年多，平原君门下的宾客有一半以上的人都离去了。平原君感到奇怪，就说："我对所有的门客从没有失礼之处，为什么有这么多人要走？"有位门客走上前来，对他说："这是因为您没有杀掉那位嗤笑跛子的美人，让大家觉得您只爱美色而轻视士人，所以才有士人离开您。"于是，平原君杀掉那位美人，提着头颅去见那位跛子，并且再三地致歉。随后，平原君的门客又渐渐回来了。

这件事情说起来，总让人感到不愉快，怀疑它是否属实。那位美人因为一笑，而被平原君砍去脑袋，实在是死得冤枉。你若抱怨平原君心狠手辣，也不是没有理由。不过，这件事情的发生，说起来有两个原因：一是男权观念在作怪，不把女人当作人；二是招揽宾客之所需，是把门客看得比美人重。站在今天的立场上，这两个原因都不能成立，但通过这一反常的举动，平原君达到了预期的目的。

平原君这个人，据说确有务实的品性。当时名家公孙龙，擅长作"坚白同异"之类的辩论，平原君把他收为门客。没过多久，孔穿（孔子的后人）来到赵国，与公孙龙辩论奴婢有三只耳朵的问题。公孙龙分析得很精妙，使孔穿没办法对答。隔日，孔穿来见平原君，平原君对他说："昨天公孙龙的话真是雄辩呀，先生认为怎么样？"孔穿回答："是这样，几乎能让奴婢长出三只耳朵，但奴婢不可能长三只耳朵呀！我也想问您一个问题：现在辩说奴婢长三只耳朵很难，而实际上是不正确的；辩说奴婢有两只耳朵很容易，而实际上是正确的。我不知您会信服辩说容易而正确的呢，还是信服辩说很难而不正确的呢？"平原君没有回答。又过一天，平原君对公孙龙说："你不要再跟孔穿辩论了。他这个人说的道理胜过言辞，而你用的言辞胜过道理，最终必定被挫败。"

这种以"终必受挫"的定论对待十分精妙的雄辩，可以说明平原君并不看重空洞的诡辩。相反，平原君具有务实的品质和尊重智慧的品格，所以在国难当头之际，能成为救亡图存的中流砥柱。

◇媾和不和

公元前 259 年，秦国凭借长平大捷的余威，继续向东进兵，占领了上党地区。韩、魏两国担心局势的恶化，派苏代携带大批贵重的礼物，到秦国进行游说。赵孝成王打算接受秦国的要求，派赵郝去秦国，以割让六座城邑为条件，与秦昭襄王商定和约。正当此时，秦国出于休整军队的需要，自动停止进攻赵国。

赵相国虞卿得知这消息，进见赵孝成王说："秦军进攻我国，是因为疲惫才撤退呢，还是他们的力量能持续下去，而因为爱护君王才停止进攻呢？"赵孝成王回答："秦军攻打我国，可以说不遗余力，想必是因为疲惫而撤退。"虞卿接着说："秦王出动军队攻击他所不能取得的，因为疲惫而撤退，君王又把他所不能取得的奉送给他，这无疑是帮助秦国呀！明年秦王还会攻打君王，到时君王就无法挽救。"

赵孝成王把虞卿的话告诉给赵郝。赵郝说："虞卿真的了解秦军的动向吗？果真知道秦军无力持续下去，这弹丸之地不割让给秦国，假如秦军明年又来进攻，君王能不割让土地以求和吗？"赵孝成王说："就依你的看法割让土地。可是，你能保证来年秦国不再发动进攻吗？"赵郝回答说："这不是我担当得了的。过去韩、赵、魏三国与秦国友好相处，而今秦国亲近韩、魏两国而攻打君王，说明君王侍奉秦国一定不如韩、魏两国。眼下我替君王解除秦国的进攻，开放关塞，沟通贸易，保持与韩、魏两国同样的做法，可到明年君王若还受秦国的攻打的话，就是因为君王侍奉秦国落在韩、魏两国的后面。所以不是我敢担当的。"

赵孝成王将赵郝的话转告给虞卿，虞卿说："赵郝以为不讲和，明年秦军又来进攻，君王能不割地求和吗？而与秦国讲和，他又不能保证秦国不再进攻。尽管割让六座城邑，但也于事无补。秦国明年又来进攻，又要割让城邑，来与他们讲和，这是自取灭亡的做法，所以不如不去求和。秦国虽然会打仗，却不能取得这六座城邑；赵国虽然不能防守，也未必失掉这六座城邑。秦军疲惫而撤退，我们以六座城邑收拢天下，去攻打疲惫的秦军，虽然失之于天下，却可以从秦国得到补偿。眼下我们尚且有利，怎能割地求和，自我削弱而壮大秦国。赵郝说：'秦国亲近韩、魏两国而攻打赵国，肯定是君王侍奉秦国不如韩、魏两国。'这是要君王每年把六座城邑送给秦国，由此坐失所有城邑。明年秦国又要求割地，君王还给不给呢？不给就会前功尽弃，招致秦国进攻；而要给他们，哪有那么多城邑。常言说：'强大的国家善于进攻，弱小的国家难以防守。'而今听从秦国的要求，秦军不必困乏，就能取得那么多土地，这是壮大秦国而削弱赵国。况且君王的土地有限，而秦国的要求无度，以有限的土地来应付无度的要求，势必使赵国自取灭亡。"

赵孝成王再三考虑，没法决定，恰好楼缓从秦国来，就跟他商量说：

"给秦国土地，还是不给，怎样做好呢？"楼缓回答："我刚从秦国来，说不要割地，不见得是办法；要是说割地，恐怕大王以为我替秦国说话，所以不敢作答。假如能为大王出主意，不如割地给秦国。"虞卿听说之后，马上来见赵孝成王，表示反对。赵孝成王又把虞卿的话告诉楼缓，楼缓说："虞卿说得不对。他只知其一，不知其二。秦、赵两国发生冲突，天下诸侯都会高兴，为什么呢？因为他们都想因强乘弱，坐收渔人之利。现在赵军受围于秦国，天下诸侯都会向秦国祝贺，所以不如赶快割地讲和，以混淆天下诸侯的耳目，安慰秦王的心。否则，天下诸侯会因秦国的愤怒，趁赵国的衰弱，瓜分赵国。赵国就要灭亡，还能对秦国怎样呢？所以说虞卿只知其一，不知其二。请大王按我的意见做决定，不要再考虑。"

虞卿听得楼缓的话，又来进见赵孝成王说："好危险呀！楼缓替秦国说的话，是想增加天下诸侯的疑惑，怎能安慰秦王的心呢？且不说这样会不会向天下表明赵国的衰弱。我之所以主张不割让土地，不只是不割让而已。秦王向君王索取六座城邑，而君王用这六座城邑贿赂齐国，齐国是秦国最大的仇敌，要能得到这六座城邑，就会同意协力攻打秦国。那齐王听从君王的要求，也就不在话下。这样君王在齐国吃一点亏，却能从秦国得到补偿，齐、赵两国的深仇就可以报了，而且可以向天下表明君王有所作为。君王只要透露一点消息，不等军队到边境上巡视，秦国就会把厚重的贿赂送到赵国，反过来与君王讲和。君王答应与秦国讲和，韩、魏两国听说了，都必定会重视君王，而一旦重视君王，就会拿出贵重的宝物送给君王。这样君王一举结交三国的友好关系，就可以改变与秦国的情势。"赵孝成王听罢，连连称善，当即派虞卿出使齐国，与齐王商议怎样对付秦国。还没等到虞卿回国，秦国就派使者来到邯郸，楼缓闻讯连忙逃走。于是赵孝成王封给了虞卿一座城邑。

大概就在这前后，秦昭襄王想替相国范雎报仇雪恨，听说他的仇人魏齐住在平原君家里，就引诱平原君到秦国，而后把他拘留起来，再派使者对赵孝成王说："不得到魏齐的人头，绝不放平原君回去。"魏齐没有办法，只好投奔虞卿，虞卿辞掉相位，与魏齐一块逃走，想通过信陵君去投奔楚国，却没得到信陵君的帮助，魏齐被迫自杀。赵孝成王派人收取魏齐的头颅，送到秦国，秦昭襄王才把平原君放回赵国。

◇胁楚成盟

赵国拉拢齐国、抗击秦国的策略，从权谋上讲有可取之处，但由于齐国坚持孤立自守的立场，其实并没有多大的效果。在平原君回国之后，秦国经过一段时间的休整，再次对赵国发起进攻，直逼赵都邯郸，赵国朝野惶惶不安。

在这一危急关头，赵孝成王以平原君为使者，前往楚国搬请救兵。平原君想从他的门客中选出二十个身强力壮、文武兼备的人，作为自己的随从，就对门客们说："若能以和平方式完成使命，最好不过，一旦和平手段不能解决问题，只能挟持楚王答应合纵事宜，然后才能回国。"他从所有门客中挑选，只挑选出十九个人，还差一个人。

这时候，有位叫毛遂的门客，走到平原君面前，自我介绍说："我听说您将要到楚国洽谈合纵事宜，决定挑选二十位门客一同前去，而不到外面找随从。现在还差一个名额，请您允许我补这个缺，以便成行。"平原君问："先生来我门下几年了？"毛遂回答："至今有三年。"平原君说："一位贤能的士人活在世上，好像铁椎放在袋子里，椎尖就会显露出来。先生在我门下待了三年，周围的人没有谁称道，我也没听说过你，可见先生没多大能力。先生不能补这个缺，还是留下来吧。"毛遂连忙说："现在请您把我放进袋子里。倘若毛遂早被放进袋子里，自然会脱颖而出，岂止显露一下椎尖。"平原君答应毛遂，让他一同前往。那十九位门客相互嬉笑，有些瞧不起毛遂。

在楚国的朝廷上，平原君和楚考烈王商谈合纵问题，一再说明两国的利害关系，从早上谈到中午，一直没有结果。那十九人怂恿毛遂上前说一说。毛遂按着剑柄，拾级而上，对平原君说："有关合纵的利害关系，三两句话就能说清楚。从今天早上谈起，到中午还不能决定下来，这是为什么呀？"楚考烈王看着毛遂，问平原君说："这位客人是做什么的？"平原君回答："他是我的一位门客。"楚考烈王一听，立刻呵斥毛遂："还不快给我下去！我在跟你主人谈话，你来做什么！"朝廷上的气氛一下子紧张起来。

毛遂按着剑柄，走到楚考烈王面前，严厉地说："大王之所以呵斥我，是仰仗楚国的强大，可眼下十步之内，大王并不能仰仗楚国的强大。大王的性命全操在我的手中。我的主人就在面前，为什么要呵斥我呢？我听说商汤以七十里地称王于天下，周文王以百里地使诸侯臣服，难道是因为他们的军队众多吗？无非是他们能够依据各自的情势，振奋他们的威武罢了。现在，楚国拥有五千里领地和上百万军队，正是建立王霸大业的资本。照说楚国的强大，天下诸侯不能抵挡。白起只是一个小瘪子，可他率领几万人的军队，来与楚国作战，一战攻下鄢、郢两城，再战焚毁夷陵，三战侮辱大王的祖先。这真是百世不解的怨仇，连赵国都感到耻辱，而大王反不觉得厌恶。合纵是为了楚国，不是为了赵国。在我的主人面前，为什么要呵斥我呢？"

楚考烈王听了毛遂的话，只得连忙说："是是，就像先生说的，我愿意以社稷做保证，跟赵国联合行动。"毛遂又问："合纵的事情算决定了吗？"楚考烈王回答："就这样定了。"毛遂吩咐楚考烈王左右的人，拿来宣誓用的鲜血和酒，亲自捧着铜盘，跪到楚考烈王面前说："大王应先歃血来决定合纵，其次是我的主人，最后轮到我。"于是，平原君和楚考烈王做出了合纵抗秦的决定。

平原君在楚国完成了使命，马上赶回赵国，不无感慨地对门客们说："我再不敢以貌取人了。经我相过的士人，多说有上千人，少说也有几百人，自以为不曾失去天下的士人，而今相错了毛先生。毛先生一到楚国，使赵国重于九鼎大吕。毛先生凭着三寸之舌，胜过百万的军队。"于是擢拜毛遂为上客。

毛遂胁迫楚考烈王与赵国结盟，是"以刚克刚"的又一范例。就一般情况而言，权谋客体既然以"刚"示人，作为权谋主体，要想以刚克刚，必须具有一定的实力，否则"刚"劲就失去了源泉。平原君在危急关头，带着二十名随从出使楚国，请求楚考烈王援救赵国，奴颜婢膝犹恐不及，何"刚"之有？然而，毛遂以区区门客之微，在大庭广众之下怒斥楚考烈王，使楚国无条件接受合纵的要求。这中间道理何在呢？首先是毛遂善于创造和利用新的权谋场，使权谋主客体双方的情势发生了变化。毛遂按着剑柄，站在楚考烈王面前，楚考烈王纵然有百万雄师，又将奈毛遂何？在这一新的权谋场内，楚考烈王完全处于被动地位。接下来，毛遂援引历史挖苦、讽刺楚考烈王，以强大的楚国面对秦国，惶惶不可终日，好一副懦弱的窘相。何况秦国给楚国带来奇耻大辱，连赵国都感到羞愧，作为楚国君主怎能无动于衷呢？说到底，合纵也是为了楚国的利益。楚考烈王即使浑身皆口，但楚国与秦国三战三败，丧权失地，事实岂容狡辩？毛遂不仅居高临下，羞得楚考烈王无地自容，而且挑起楚考烈王对秦国的一腔怒火，从而坚定了合纵的决心。况且秦国虎视眈眈，毛遂剑柄在握，楚考烈王性命攸关，不答应合纵抗秦，还有什么出路？

◇ 散财励士

平原君回到赵国之后，楚考烈王让春申君率军驰救邯郸，魏信陵君以亲戚的关系，假传魏安釐王的诏令，夺得兵权亦来救援。这两支救兵尚未到达之前，秦军急迫地包围邯郸，邯郸城内的情势很危急，快到了山穷水尽的地步，平原君为此非常忧虑。

这时候，有位名叫李谈的年轻人，来见平原君说："您不担心赵国灭亡吗？"平原君说："赵国一旦灭亡，我就会成为俘虏，谁说我不担心呢？"李谈说："目前，邯郸城内百姓找来骨头当柴烧，交换小孩煮着吃，情况万分危急。但在您的宫里，每位婢女穿着绸纱细绫，每顿饭都有剩余的肉食，而百姓穿的衣服破破烂烂，连糟糠都吃不饱。百姓用光所有兵器，只能削尖木头当矛矢，但您宫里的器物、钟磬，跟过去一样完整。假如秦国攻破邯郸，您还能拥有这些东西吗？如果赵国得到保全，您又何必担心失去这些东西呢？眼下您只要让夫人以下的人编入军队，分担一些杂务，再把您家所有的钱财拿出来慰劳士人，士人处在危急困苦之际，一定会感激您的恩德。"

平原君根据李谈的建议，拿出自己所有的钱财，赏给守卫国都的士卒，很快得到敢死之士三千人。李谈率领这三千人，与围城的秦军拼死决战，秦军遭受他们的突击，竟然向后撤退了三十里。正在这节骨眼上，楚、魏两国的救兵赶到，秦军被迫撤围而去。平原君依靠个人威望，终于保住了邯郸城。但在这场保卫战中，李谈不幸牺牲。平原君为了表彰李谈为国殉难的精神，奏封他的父亲为李侯。

在邯郸之战后六年，即公元前251年，平原君在邯郸逝世。他一生最重要的功绩，与保卫赵国密切相关。他运用权谋有得有失，特别是在处理上党问题上，坚持急功近利的立场，让后人感到他缺乏远见。司马迁评论说："平原君，翩翩浊世之佳公子也，然未睹大体。鄙语曰'利令智昏'，平原君贪冯亭邪说，使赵陷长平兵四十余万众，邯郸几亡。"这是说平原君生于乱世，风度翩翩，是一位好公子，可惜不识大体，过分相信冯亭的邪说，使赵国遭受长平之战，损失惨重，邯郸几乎沦陷。这样的批评够狠的！唯客观公正而论，平原君不应该对长平惨败、邯郸危急负责。在赵国不愿意屈服于秦国的前提下，即使赵国不接收上党地区，秦、赵两国之间也会有一场大决战，只不过时间早晚罢了。

名将陨落

在赵国历史上，出现过三位良将：廉颇、赵奢和李牧。这三个人中赵奢去世较早，继而廉颇被迫出走别国，尔后李牧被赵王迁诛杀。一代良将含冤而死，加速了赵国的覆亡。

◇廉颇见逐

廉颇这个人给人的感觉是：赤胆忠诚而稍显偏狭，智勇兼备而略为急躁。在长平之战初期，他身为赵军的主将，鉴于秦军来势凶猛，一再挫败赵军，就采取坚壁不战、伺机而动的战法，致使秦军攻势锐减，与赵军处于相持局面。然而，赵孝成王不懂兵家权谋，误中秦国的离间计，竟然以只会纸上谈兵的赵括为主将，来替代廉颇，廉颇就失去了用武之地。

邯郸之战后七年，燕相国栗腹趁火打劫，率军进攻赵国。赵孝成王又用廉颇为主将，领兵迎击燕军，把燕军打败了。廉颇因功受封信平君，代行相国的职权。当初，廉颇失去权势的时候，他的门客纷纷离去，等到廉颇重新接掌大权，那些门客又陆续回来。廉颇颇有感触地说："诸位还是请回吧！"那些门客遇到这种光景，也不无感触地说："唉！您明白这事理未免太迟。天下人以利害相交往，您得势的时候，我们来追随您；您失势的时候，我们又离开您。这是很自然的道理，又何必埋怨呢！"也不知廉颇作何答复。

公元前 245 年，赵孝成王去世，悼襄王赵偃继位，起用乐乘代替廉颇。廉颇十分恼火，竟然带人攻击乐乘，乐乘被迫离职而去。廉颇在赵国待不下去，无奈逃到魏都大梁，希望获取魏安釐王的重用，但终究未遂心愿。稍后，赵悼襄王因为屡遭秦国的逼迫，打算再度重用廉颇，就派出一名使者前往大梁，看一下廉颇是否还可以任用。廉颇的仇人郭开得知消息，用重金贿赂那位使者，让他陷害廉颇。那位使者到大梁见着廉颇，廉颇特意在他面前，一餐吃了一斗米的饭，加上十斤肉，饭后披甲上马，表明他的身体仍然健壮，还可以担任军职。谁知那位使者回国之后，因为接受了郭开的贿赂，就向赵悼襄王报告说："廉将军虽然年老，饭量还不错，只是跟我在一块谈话，一会儿就上了三趟厕所。"赵悼襄王一听，觉得廉颇老朽不堪，就不再召他回国。

廉颇就这样受人陷害，没能再度为赵国出力。楚考烈王仰慕他的名声，暗中派人把他接到楚国。廉颇虽做了楚国的将军，但始终毫无建树，他的心仍眷恋着赵国，还总是说："我想指挥赵国的子弟兵啊！"也许就是怀着这种心境，廉颇终老于楚都寿春。

◇李牧御边

李牧是赵国最后一位良将，常年驻守在雁门、代郡一带，防御匈奴部族的入侵。他根据边防形势的需要，设置官员，把收取的租税存入幕府，用作军队的开销，每天屠宰几头牛来犒劳士卒。他要求士卒练习骑马射箭，重视烽火报警系统，增加间谍人数，给士卒以优厚的待遇。他给部下制定了一个规章："发现匈奴人来侵掠，要立刻退回驻地自保，有胆敢擅自出去抓俘虏的，一律处斩。"所以，匈奴人每次侵入边塞，烽火系统就马上发出警报，人们都迅速退回驻地，不敢出去迎战。这样过了几年，赵军也没有多大的人员伤亡和财产损失。然而，匈奴人认为李牧怯懦怕战，就连李牧的部下也认为他们的将军太胆小了。

赵孝成王得知这些情况，对李牧严加责备，可是李牧依然故我，不改以往的做法。赵孝成王有些恼火，把李牧召回都城，改派他人担任将军。这位将军在位一年多，每次遇到匈奴人来犯，都出兵迎战，但每次出战都没什么收获，反而多有伤亡，搞得边境地区不能种田放牧。于是，赵孝成王又想起用李牧，李牧闭门不肯任职，坚称自己身体不行。赵孝成王再次恳请李牧复出，李牧说："君王如果一定要用我，就得答应我用从前的做法，这才敢接受命令。"赵孝成王当即答应了他。

李牧回到军中，法令一如从前。匈奴人多年一无所获，仍以为李牧怯懦怕战。边防士卒时常得到赏赐，却没有用武的机会，都愿意与匈奴打一仗。于是，李牧挑选战车一千三百辆、战骑一万三千匹，选出骁勇善战之士五万名、弓箭手十万名，全部加以编组，让他们布列战阵，演习作战。接下来，他下令百姓四处放牧，看起来满山遍野都是人。匈奴人以小股入侵，李牧假装战败撤退，把好几千人丢给匈奴人。匈奴单于听到这消息，马上率领部众大举入侵。李牧设下许多变化灵活的战阵，运用左右包抄的战术，一举消灭了匈奴十多万骑兵，并且趁势灭掉了襜褴国，打败了东胡，迫使林胡投降。匈奴单于只带领少数人马逃走，此后十几年间，再不敢接近赵国的边境。

常言说得好："三军之事，以多算胜少算，以有谋胜无谋。"李牧担任主将，为赵国戍守边疆，攻不必取，不苟出兵；战不必胜，不苟交锋，至有把握取胜而后战。这正是孙武所谓"胜兵先胜而后求战，败兵先战而后求胜"。有人就李牧用兵的特点评论说："厚其遇，故其报重；蓄其气，故气发猛。故名将用死士之力，往往一试而不再，亦一试而不必再也。"李牧力主弱守强攻，表面示弱，暗地蓄力，十年守而不攻，直待时机成熟，突然出兵反击，大获全胜。这正是以弱守争取时间，为强攻创造条件的典型战法。

◇赵国的灭亡

公元前 243 年，廉颇已经出逃魏国，赵悼襄王派李牧率军进攻燕国，占领了武遂（今河北徐水）、方城（今河北固安）。秦国召见赵太子春平君，把他扣留下来。泄钧替春平君向秦相国吕不韦说："春平君这个人，赵王很喜欢他，可是宫内的郎中嫉妒他，就在一起议论说：'春平君去秦国，秦国一定会留下他。'所以共同策划把他送到秦国。如果您留下他，就等于和赵国断绝关系，正中了那帮郎中的计谋。您不如遣回春平君，留下平都侯。春平君无论说话和做事，都受赵王的信任，赵王一定会更多地割地，赎回平都侯。"吕不韦听了这话，就遣送春平君回国。

公元前242年，燕将剧辛率军攻打赵国，赵将庞煖领兵反击，杀死了剧辛。次年，庞煖率领赵军，与楚、魏、卫、韩四国军队一道，攻打秦国，直逼函谷关。这是最后一次合纵抗秦活动。然而，等到秦军开关迎战，各国军队竟不敢交锋，各自撤退回去。赵军掉头进攻齐国，占领了饶安。公元前236年，赵悼襄王去世，幽缪王赵迁继位。

公元前234年，秦将桓齮率军攻打赵国，在平阳（今山西临汾）打败赵军，消灭了十万人，杀死了赵将扈辄。赵迁任命李牧为大将军，在宜安、肥下（今河北藁城）两地，又与秦军交战，桓齮战败回国。李牧被封为武安君。这时候，赵国的情势十分危急，可偏偏在公元前231年，代郡又发生大地震，自乐徐（今河北易县）以西，北至平阴（今山西阳高），房屋建筑多被毁坏，地面裂开一百三十步宽。到第二年，赵国遭受大饥荒，民间传谣说："赵人在哭号，秦人开口笑，要是不相信，请看田野只长草。"

公元前229年，秦将王翦率军攻打赵国，李牧和司马尚领兵御敌，遏止了秦军进攻的势头。秦国派人用大笔金钱贿赂赵迁的宠臣郭开，让他向赵迁进谗言，说李牧、司马尚图谋反叛。赵迁信以为真，马上改派赵葱替代李牧。李牧万分恼怒，抗旨不遵，赵迁就利用阴谋，暗中捕杀了李牧，并免去司马尚的官职。三个月以后，王翦猛攻邯郸，大破赵军，杀死赵葱，活捉赵迁，从而灭掉了赵国。

赵国的命运单靠李牧、司马尚等人，终究无法逆转。然而，赵迁这般对待李牧，总让人感到很恶劣。无怪乎司马迁写完《史记·赵世家》后，还特意加上几句："我听冯王孙说：'赵迁的母亲地位卑贱，受宠于赵悼襄王。悼襄王废黜嫡子嘉而立迁。迁向来品性恶劣，相信谗言，所以诛杀他的良将李牧，而重用郭开。'这样做不荒谬吗？"历史在这里告诫人们做出深刻的反思。

秦：一统天下

秦国历史的发展道路，与魏国恰好相反，呈现出一路上坡的态势，是一个由小到大、由弱到强的过程。进入战国时期，秦国长期停滞不前，国力有所削弱。秦献公、孝公当政期间，这种状况得到改变，特别是商鞅主持变法，确立"农战"治国方略，引领国家走向富强。秦惠文王攻取西河、巴蜀等地，又任用张仪为相国，破坏诸侯合纵的政策。秦昭襄王大肆扩张，相继占领楚、韩、魏、赵诸国大片土地，形成一国独胜的格局。这期间白起卓越的军事才能、范雎"远交近攻"的主张，都发挥出重要作用。之后，吕不韦辅佐朝政，把兼并战争更推进了一步。等到秦王嬴政大权在握，仗恃居高临下的绝对优势，依靠李斯、王翦等文武群臣，用了十年的工夫，终于完成了一统天下的大业。

商鞅变法

秦国进入战国时代，从秦厉公至秦出子，共七代君主近百年间，因为社会制度的落后，国家整体力量的弱小，始终处于被动挨打的境地。诸侯各国相互竞争、相互兼并，秦国不参与中原事务，被各国诸侯视若夷狄。令人注目的是，历史上经常出现这种情形：当一个国家处于落后或危急关头，总会出现一些仁人志士，凭着卓尔不群的才能，投身于社会变革的激流，成为创造历史的人物。商鞅正是这样一位人物，从入秦干政、变法图强，到欺盟虏将、身败名存，其叱咤风云的人生经历，与秦国的命运息息相关。

◇ 入秦干政

商鞅本姓公孙，名鞅，出身于卫国公室，有着较高的生活起点，年轻时就偏爱政治，对治理国家颇有兴趣。他起初从卫国来到大梁，在魏相国公叔痤门下，担任中庶子的职务。

公叔痤知道商鞅有才干，想把他推荐给魏惠王，还没来得及就卧病不起。魏惠王来探望公叔痤，顺便问道："公叔万一有所不幸，将怎么辅佐社稷呢？"公叔痤回答说："我的中庶子公孙鞅，虽然年轻，却有奇才，愿君王把国政交给他。"魏惠王默然不答。等魏惠王辞别时，公叔痤让左右的人都退下，郑重地向魏惠王说："君王如果不用公孙鞅，一定要杀掉他，别让他走出国境。"魏惠王顺口答应，漫不经心地走了。

也许出自对人才的爱怜，公叔痤在病榻之前，又召见商鞅，向他辞别说："今天君王问我谁可以任相国，我推荐你，可君王露出不满意的脸色。我抱着先君后臣的态度，告诉君王说：'如果不能用公孙鞅，就要杀掉他。'君王答应我了，你还是赶快走吧！不然，就会被抓起来。"商鞅却说："君王既不能听您的话任用我，又怎能听您的话来杀我呢？"因而没有马上出走。果不其然，魏惠王回到宫中，跟左右的人说："公叔病那么重，多让人伤心啊！他要寡人把国政交给公孙鞅，岂不是荒唐至极！"由此看来，商鞅在魏国待下去，不可能有什么出路。

正当商鞅处于人生的十字路口时，从秦国传来一个好消息。公元前361年，秦孝公嬴渠梁即位伊始，就致力于广布恩德，救助孤寡百姓，以树立自己的威望；同时招募士卒，严明奖赏制度，以增强秦国的军事力量。更重要的是，为了延揽人才，治理国家，秦孝公颁布求贤令说：

> 从前，先君穆公在岐雍之间，修明文德，励行武备，东面平定晋国的内乱，以黄河为界；西面称霸于戎狄，扩张领地上千里，天子以霸主相封，诸侯都来致贺，为后世开创基业，真是完美辉煌。不料，过去厉公、躁公、简公、出子历代不安定，国家内有忧患，无暇顾及外部事务，以致三晋不断侵犯，夺取了祖先拥有的河西地区，各国诸侯都卑视秦国，再没有比这更大的耻辱。献公即位之后，镇抚边境地区，迁都栎阳（在今陕西西安阎良区），并且决心向东征伐，收复穆公原有的土地，修明穆公颁布的政令。寡人思念先君的意愿，内心时常感到悲痛。宾客群臣中间，有能进献奇计、使秦国富强的人，我将委任他为高官，并且给他分封土地。

这道求贤令的要点，在于以土地、官位为诱饵，广泛地延揽人才；广泛延揽人才的用意，在于寻求奇计；寻求奇计的目的，在于富国强兵。这是当时各国诸侯面临的共同任务。不过，秦孝公注重延揽人才，寻求奇计，为的是巩固和扩大国家利益，表现出独特的政治智慧。这似乎让商鞅看到了希望，所以当公孙痤去世后，商鞅毅然西行来到秦国。

商鞅在秦都栎阳，通过秦孝公的宠臣景监的引荐，得以觐见秦孝公。在第一次与秦孝公会谈时，商鞅谈起帝道，即五帝治理天下的方法。秦孝公经常打瞌睡，根本听不进去。等到会谈结束之后，秦孝公很生气地对景监说："你的宾客是个虚妄的人，怎么可以任用呢？"景监以此责备商鞅，商鞅解释说："我劝说公以为帝之道，而他的心志不开悟呀！"

过了几天，商鞅按照景监的安排，第二次觐见秦孝公，转而谈起王道，即三王治理天下的方法，仍不中秦孝公的心意。等到会谈结束之后，秦孝公又责怪景监。景监又来责备商鞅，商鞅恳求说："我劝说公以为王之道，他仍旧听不进去，请让他再接见我一次吧。"

又过了几天，商鞅第三次觐见秦孝公，转而谈起霸道，即春秋五霸治理国家的方法。秦孝公有所称赞，但仍不肯任用他。等到会谈结束之后，秦孝公对景监说："你的宾客很有才干，我可以和他谈话了。"景监再去询问商鞅，商鞅回答说："我劝说公以为霸之道，他想采纳这种主张，一定会再接见我。我料到会这样。"

没过多时，商鞅第四次觐见秦孝公，谈起强国之术，即怎样使秦国强大的方法。秦孝公觉得很中听，无意中向前挪动，竟然伏在席位上。他们一连谈了几天，都不知道厌倦。实在是太投机了！景监询问商鞅："你是怎么说动国君的心思的？我们国君高兴极了。"商鞅回答说："我劝说国君以帝王之道，认为这样可与夏殷周三代盛世相比。国君却说：'太久远了，我不能等待。况且贤明的君主，都是在他们当政时名扬天下，怎能等上百八十年，来成就帝王之业呢？'因此，我以强国之术劝说国君，国君非常高兴，但这样难以同殷周的德治相比拟。"

一般认为，商鞅所说的"帝道"属于黄老学说，"王道"属于儒家学说，"霸道"属于法家学说，"强国之术"是开创霸业的具体方法。商鞅先后四次进见秦孝公，分别谈到不同的政治主张，一方面说明他具有广博的学识，对盛传于世的各派学说十分熟悉，另一方面说明他关心时代的进步，了解各国诸侯的当务之急，是一位注重实际的谋略家。仅就这层意义而言，既是商鞅选择了秦孝公，也是秦国历史选择了商鞅；既是商鞅选择了法家，也是法家学说哺育了商鞅。正是因为秦孝公的赏识，并且借着法家学说的力量，商鞅才得以登上政治舞台。

◇ 徙木立信

公元前 359 年，商鞅在赢得秦孝公的信任之后，建议开展变法运动。秦孝公既同意实行变法，又担心天下人议论，商鞅进一步解释说："有疑惑的行为没有名声，有疑惑的事情不能成功。何况有高于常人的行为，本来就为世俗所反对；有独特见识的计谋，必定为民众所诋毁。愚笨的人，不明白已完成的事情；聪明的人，能预见未出现的问题。事情的开头，不可以与民众同谋；成功的快乐，却可以与民众共享。能谈论至德的人，不与世俗趋同；能成就大功的人，不与民众同谋。因此，圣人只要能使国家强盛，就不必效法以往的制度；只要能让民众便利，就不必遵循旧时的礼教。"秦孝公表示赞许，坚定了变法的决心。

正当商鞅积极准备变法的时候，以甘龙、杜挚为首的旧贵族站出来反对变法运动。甘龙说："圣人不改变民俗而推行教化，聪明的人不变更法令而治理国家。依照民俗来推行教化，不费力就能成功；根据法令来治理国家，官吏习惯而民众安稳。"商鞅反驳说："甘大夫谈论的，是世俗的话。一般的人拘泥于老习惯，有学问的人将自己局限于旧学问中。用这两种人做官守法还可以，而不能用以讨论旧法以外的新事物。夏、商、周三代礼教不同，而各自称王天下；春秋五霸法令不同，而各自成就霸业。聪明的人能制订新法，不肖的人受礼教束缚。"杜挚接着说："没有百倍的利益，就不改变法令；没有十倍的功效，就不更换器械。效法以往的制度，没有过错；遵循旧时的礼数，没有邪恶。"商鞅又反驳说："治理世俗不只靠一种办法，便利国家不效法旧有习俗，所以商汤、周武不遵循以往的制度，而称王于天下；夏桀、商纣不变更旧时的礼教，而不免于灭亡。反对以往的制度，不可以遭受非议；遵循旧时的礼数，不值得随意夸奖。"这种以历史进化为基础的政治见解，驳倒了甘龙、杜挚之流的保守论调，在秦国统治集团内部为开展变法提供了正确的思路。

当然，一场自上而下的变法运动能否成功，不但取决于统治阶级对变法所持的态度，还取决于各项政策、措施是否符合社会发展的需要，做到对症下药，更取决于民众对各项政策、措施是否理解、信赖和支持。倘若没有民众的理解、信赖和支持，任何一项政策、措施都难以贯彻落实。所以，商鞅在主持变法运动之初，必须想方设法争取广大民众的理解、信赖和支持，以利于新法令的顺利推行。

公元前356年，商鞅出任左庶长，全面主持变法运动。在新的法令颁布之前，他在国都栎阳城南门竖立了一根三丈长的木头，下令有谁把木头搬到北门，就赏给黄金十镒。前来围观的人都感到奇怪，没有谁肯去搬木头。商鞅听说这情况，马上把赏金增加到五十镒。这一下人们更不敢相信，弄不清是什么意思。有一个人自恃其力，挺身而出，把那根木头扛到北门。商鞅得到报告之后，亲自接见这个人，夸赞他相信官府的命令，当即把五十镒黄金赏给了他。这个消息不胫而走，很快传遍秦国各地。秦国百姓都说："左庶长有令必行，有赏必信，我们心里有数了。"因此，商鞅颁布新法令之后，人们虽然多少有些吃惊，却相信它会得到落实。

这则故事被称为"徙木立信"。徙木和变法本来毫不相干，但在这里被商鞅巧妙地联系起来。把一根木头扛到别处，不过是一件区区小事，可就因为事情很小，商鞅出重金赏赐搬运者，人们才感到十分惊诧，而且不敢相信官府的命令。哪知有人把这木头扛到北门，一会儿工夫就获得五十镒黄金。这使人们更加惊诧，为商鞅发令必行、重赏有信而感到惊诧，再不敢把官府的命令当儿戏。这样一来，商鞅在社会上树立起自己的威信，由此增进了人们对官府的信赖，也就为新法令的顺利推行营造了广泛的社会基础。这是商鞅变法成功的一个重要原因。

◇ 变法图强

秦国社会发展的停滞不前，归根结底在于落后的政治经济制度。经济制度方面，秦国在公元前403年实行"初租禾"，即按照地主所有土地面积征收一定数额的田租。这和最早性质相同的鲁国"初税亩"相比较，滞后了一百八十六年之久。政治制度方面，秦国在公元前375年开始"为户籍相伍"，即个体小农按照五家为伍的编制，编入官府的户籍，以加强对全国百姓的统治。这和别国相同性质的社会改革相比较，也十分落伍。何况秦献公的这类新举措，只是政治经济制度改革的开头。要想使秦国傲立于诸侯之林，还必须进一步改革政治经济制度，以保证秦国社会的全面协调发展，增强国家的综合实力。这就是秦孝公重用商鞅、大胆开展变法运动的根本目的。

公元前359年，秦孝公任命商鞅为左庶长，全面开展变法运动。新的法令规定：百姓五家为保，十家相连；一家违犯法令，其余九家要告发，不告发者连坐有罪。不告发奸恶者一律斩腰处死；告发奸恶者和斩敌人首级同样受赏；藏匿奸恶者和投降敌人同样受罚。每户人家有两名男子，而不分家过活者，加倍征收赋税。作战有功者，各按规定接受上一等爵位；为私事斗殴者，各按情节轻重处以大小刑罚。努力从事农业生产，缴纳谷物布帛多者，免除其徭役；从事工商业及懒惰而贫穷者，一律收编为奴婢。宗室成员没有功劳者，不得列为贵族享受特权。同时明确，尊卑关系、爵位俸禄的等级都按功劳的大小而定，而贵族拥有的田地、房屋、奴婢、衣物都按爵位的高低而定，有功劳者示以荣耀，没有功劳者即使富裕，也没有什么名誉。

这一系列新法令的颁行，旨在改造秦国的统治秩序，调动民众投身于农业生产和战争的积极性，其中起督促作用的是赏罚手段，又以重刑重罚为显著特征。这表明秦孝公、商鞅的治国方略，是极具针对性且强有力的。新法令推行十年后，秦国民众十分赞成，社会面貌焕然一新，"道不拾遗，山无盗贼，家给人足。民勇于公战，怯于私斗，乡邑大治"。秦孝公因商鞅主持变法有功，提升他为大良造，即秦国的最高行政长官。

公元前350年，秦国在咸阳建筑门阙和宫殿，把国都从栎阳迁到咸阳。商鞅再度开展变法活动，下令禁止百姓父子、兄弟同在一室生活；集中若干个乡邑作为县，设置令、丞，主管县内事务，全国共有三十一个县，以此废除世卿世禄制；开挖田埂地界，扩大耕地面积，统一征收赋税；改造斗桶秤尺，以统一度量衡制度。这些措施作为对第一次变法的补充和深化，实际上更具有政治体制改革的意义。

商鞅变法是战国前期最彻底、最成功的一次变法运动，它吸取了李悝在魏国、吴起在楚国实行变法的经验，结合秦国社会的具体问题，发挥社会改革的杠杆作用，有力地促进了秦国农业经济的发展，强化了中央集权的国家机器，提高了秦国军队的战斗力，使秦国迅速成为一个富强的国家。因此，周王室特别册封秦孝公为西方霸主，山东列国都来秦国致贺，秦孝公也派公子少官率领军队，到逢泽（在今河南商丘）会合诸侯，并前去朝见周显王，从而大大提高了秦国在诸侯列国中的威望。

◇ 欺盟虏将

经过商鞅的两次变法，秦国的实力大为增加，于是对外扩张被提上议事日程。根据当时的周边形势，秦国统治者以向东扩张为主要方向，因而与强劲的老对手魏国展开了新一轮的较量。

公元前 340 年，商鞅在大良造任上，鉴于魏国在马陵之战严重受挫，向秦孝公建议说："秦国和魏国的关系，好比人有心腹的疾病，不是魏国吞并秦国，就是秦国吞并魏国。为什么呢？魏国占据山岭险阻的西面，国都在安邑，与秦国以黄河为界，独自占有崤山以东的地利，有机会就向西侵略秦国，否则就向东攻取土地。现在以国君的圣明，国家的强盛，而魏国往年大败于齐国，被各国诸侯背弃，我们可以趁机攻伐魏国。魏国抵挡不住秦国，必定向东退缩；魏国向东退缩，秦国就可以占据黄河、崤山的地利，向东控制各国诸侯，这是帝王之业啊！"秦孝公表示赞同，当即派商鞅率军攻打魏国。

商鞅率军进入魏国，魏惠王派公子魏卬领兵迎战。秦、魏两军相持之际，商鞅送信给魏卬说："我当初和公子友好，现在各为两国的将军，不忍心相互攻杀，可以和公子相会，立下盟约，欢快地饮酒，然后各自退兵，以安定秦、魏两国。"魏卬信以为真，就离开魏军营地，前来和商鞅相会。双方结盟仪式完毕，在饮酒庆贺的时候，商鞅让预先埋伏的武士一拥而上，把魏卬捉拿下去，同时命令秦军乘势发起猛攻，一举打败了魏军。

这种做法正是所谓"欲达目的，不择手段"。政治、军事上的成功和人格、道义上的失落，在这里形成了鲜明的对照，足以发人深思。郭沫若谈到这件事情，颇有感触地说："虽然是兵不厌诈，人各为主，但那样的出卖朋友，出卖故国，实在是可以令人惊愕的事。"经过这一战役，魏惠王心生恐惧，为了免遭秦国的突然袭击，把国都从安邑迁到大梁，还针对商鞅的做法，颇有意味地说："我真悔恨没有听公叔痤的话呀！"而在这时，商鞅已经把自己的事业推上巅峰，为秦国进一步的发展立下了汗马功劳。秦孝公为表彰商鞅的业绩，把商於十五座城邑封给他，从此他就被称为商君。

◇ 身败名存

大凡有一盛必有一衰，"物极必反"犹如一条铁律，同样适用于人世间的变化。

商鞅在秦国干政，前后达二十年之久，其间因为厉行法治，"法不阿贵"，剥夺无功贵族的世禄，惩处违法犯科的近臣，惹得宗室贵戚的强烈不满。秦国名士赵良来见商鞅，商鞅提出和他结交，而赵良却说："我怎敢有这样的奢望呢！孔子有句话说：'推举贤才，受人民爱戴的人就会纷纷前来，而聚集不肖的人，秉持王道的人就会纷纷离开。'我不够贤明，所以不敢受命。我听说过，不属于自己的爵位而占有它，叫作贪位；不属于自己的名誉而拥有它，叫作贪名。我如果遵从您的好意，那恐怕就是贪位贪名，所以不敢听命。"商鞅问道："你不喜欢我治理秦国吗？"赵良回答说："能从反面听取意见，叫作聪；能从内心审视自己，叫作明；能自我有所克制，叫作强。虞舜有句话说：'自谦，是很高尚的。'您不如恪守这种谦卑的原则，没必要问我了。"

话说到这种份上，真让人有点憋气，可商鞅仍耐心地说："当初秦国沿袭戎狄的习俗，父子没有上下之别，在同一寝室居住。如今我规定新的做法，以理顺男女之别，并且大规模修筑宫阙，像鲁、卫两国那样壮观。你看我治理秦国，跟五羖大夫（百里奚）相比如何？"赵良回答说："一千只羊的毛皮，不如一只狐狸的腋毛；一千个人的附和，不如一个士人的直言。周武王因有直言之士而昌盛，商纣王因只有沉默之臣而败亡。您如果不反对周武王的做法，那我请求终日直言而不受诛罚，行吗？"商鞅说："有这么说的，巧妙的话是花朵，真切的话是果实，苦涩的话是良药，甜美的话是病患。你果真愿终日直言，那对我来说是良药。我将聆听你的指教，你又何必推辞呢？"由此可知，商鞅对待别人的批评，还能保持诚恳的态度。

赵良有感于商鞅的诚意，郑重其事地说："五羖大夫是楚国乡下人，听说秦穆公的贤明而要去求见，可出门没有盘缠，就把自己卖给秦国客商做仆人，身穿粗布衣，养牛过日子。过了一年，秦穆公听说了，就把他从市井中提拔起来，置于全国百姓之上，秦国没有人敢埋怨。他辅佐秦国六七年间，向东攻伐郑国，三次拥立晋国君主，一次挽救楚国。颁行教化于国内，而巴国人前来进贡；广施恩德于诸侯，而戎族各部表示臣服，由余听说这些，叩关请求朝见。五羖大夫辅佐秦国时，劳苦而不乘车，酷暑而不张伞，在国内巡行不用随从车辆，不用携带武器，因而功名载入史册，德行施及后代。五羖大夫去世时，秦国男女痛哭流涕，孩子不唱歌谣，舂者停止喊叫，这是五羖大夫的遗德啊！现在，您能见到国君，是因为宠臣景监做主，并不怎么光彩；辅佐秦国不为百姓做事，而大规模修筑宫阙，并没有什么功劳。用黥刑对付太子的师傅，用峻罚残害百姓，这都是积怨蓄祸。教化引导百姓，比君主的命令还深；百姓效法上级，比命令的执行还快。现在您又胡乱树立自己的威信，随意更改国君的命令，并不算什么教化。您南面自称寡人，整天罗织秦国贵公子的罪过。《诗经》上说：'看那老鼠还有肢体，人却不守礼；做人如果不守礼，为什么还不快快去死？'依此看您的作为，并不足以长寿。公子虔闭门不出已经八年，您又杀害祝欢而处公孙贾以黥刑。《诗经》上说：'得到人心才会兴旺，失去人心就会败亡。'这几件事情并不能得人心。您出门要随从数十辆车，车上载着穿甲的武士，让胸肌发达的大力士陪伴，而手持长矛短戟的人随车行进，其中有一项不具备，您就执意不出门。《周书》上说：'凭借美德才会兴旺，凭借暴力就会灭亡。'您的危险好比早晨的露水，还能求得延年益寿吗？因此何不归还十五座城邑，去乡间耕田浇园过活，劝说国君表彰隐居的士人，赡养老人，保育孤儿，敬重父兄，优待有功的人，尊崇有德的人，这样可以稍微安定。您若还贪图商於的财富，专擅秦国的教化，积蓄百姓的怨恨，国君一旦撇下宾客而去世，秦国用来逮捕您的罪名，哪能是轻微的呢？离死亡就不会有多远了。"

这番话说的是明哲保身，但商鞅无法做到这一点，因为这不符合他的个人品格。商鞅是那样敢想、敢干、敢冒风险、敢担责任，把人生的价值和秦国的利益紧紧地结合在一起，好像别的什么都不在乎。这种政治强人独有的气魄，在那个变革时代越发难能可贵。秦孝公能有商鞅这样的辅弼，算是十分幸运的；秦国能有商鞅变法的成功，也是十分幸运的。唯独商鞅本人，在尽力登上事业的巅峰之后，却遭受了不幸的迫害。

公元前 338 年，秦惠文王即位后，公子虔一伙人马上诬告商鞅谋反，并指使官吏逮捕他。商鞅被迫逃离咸阳，往东赶到函谷关下，想在旅店住一宿，店主不知道他是商鞅，还告诫他说："商君有法令：旅客没有证明而住店，店主要连同治罪。"商鞅不禁长叹道："哎呀！变法的弊病竟到了这等地步。"于是只好赶往魏国。魏国人怨恨商鞅欺诈魏卬，大破魏军，不肯收留他。商鞅就想转去别国。魏国人却认为："商君是秦国的贼臣，秦国的贼臣进入魏国，不能不把他押回去。"因而把商鞅赶回秦国。商鞅被赶回秦国之后，逃到自己的封地商邑，纠集邑中徒附和士卒，向北攻略郑国故地，企图寻求出路。秦国发兵进攻商邑，在渑池（今河南渑池）擒杀商鞅。秦惠文王下令把商鞅分尸示众，诛灭了商鞅的家族。

商鞅虽然遭受残酷的迫害，落得五马分尸的下场，但在他的名字下面，还有那变法功业永垂史册，治国方略流传后世。

司马错攻蜀

公元前 338 年，秦孝公去世，他的儿子嬴驷继位，是为秦惠文王。秦惠文王执政二十七年，为了维护秦国的生存利益，凭借强大的军事力量，全心投入对周边的扩张活动，不但捞取了大量的实地，形成了极为有利的形势，还在公元前 325 年改"公"称"王"，成为秦国第一代王，为秦国的强盛夯实了基础。

◇ 秦惠文王安国

从秦国的周边形势来看，魏国作为秦国向东扩张的正面劲敌，一直是秦国统治者长期打击的对象。公元前 364 年，秦献公出兵进攻魏国，在石门（今陕西三原）大破魏军，斩杀六万人。公元前 362 年，秦献公再次攻打魏国，又在少梁（今陕西韩城）打败魏军，俘虏了魏将公孙痤。公元前 352 年，商鞅率军渡过黄河，围攻魏国故都安邑，迫使安邑投降。公元前 340 年，商鞅再次率军攻打魏国，擒获了魏公子卬，大破魏军。魏国由于东、西、北三面受敌，尤其是遭受秦国的不断蚕食，国势日渐衰落下去。

秦惠文王即位后，对魏国的攻势有增无减。公元前 333 年，大良造公孙衍率军攻打魏国，斩杀魏军四万多人，俘虏了魏将龙贾，占领了雕阴（今陕西富县）。次年，魏惠王因与秦、赵两国作战失利，把阴晋（在今陕西华阴）割给了秦国，该地被改名为宁秦。公元前 330 年，秦惠文王出兵攻打魏国，占领焦（今河南陕县）、曲沃（今河南灵宝）两地，魏国被迫把河西地区割给秦国。公元前329年，秦军再次渡过黄河，进入魏国河东地区，攻下汾阴（今山西万荣）、皮氏（今山西河津）两地。次年，经过张仪的外交斡旋，魏惠王因为屡屡战败，又把上郡十五县全部割给秦国。从此以后，秦国控制了黄河以西地区，这是秦、魏两国实力消长的重要标志。

义渠作为西戎的一个分支，是威胁秦国后方的主要因素，在秦国统治者看来，必须予以彻底的征服。自春秋时期以来，义渠时降时叛，大抵取决于秦国的强弱。秦惠文王即位初，义渠修筑城郭以自守，企图与秦国分庭抗礼。公元前331年，秦惠文王趁义渠发生内乱，出兵平定义渠，义渠君被迫臣服于秦。公元前327年，秦惠文王在义渠地区设县，任用义渠君为长吏。可是，义渠君并未真正归附于秦国，还在暗中与魏国联络。公元前318年，当山东六国联合攻伐秦国之际，陈轸对秦惠文王说："义渠君是蛮夷的贤君，君王不如用财宝贿赂他，以安抚他的野心。"秦惠文王采纳这一建议，给义渠君送上锦绣一千匹、美女一百名。这时候，魏相国公孙衍挑拨义渠君说："中原各国不攻伐秦国，秦国就会在义渠国烧杀掳掠；一旦中原各国联合攻伐秦国，秦国就会派出使者携带厚礼，来拉拢义渠国。"义渠君听信这一挑拨，趁机出兵袭击秦国，在李帛（今甘肃天水市东）打败了秦军。因此，秦惠文王不得不调整战略方向，重新向西征伐义渠。公元前314年，秦惠文王大举征伐义渠，先后夺得二十五座城邑。义渠虽然未被彻底征服，但对秦国已不能构成威胁。

通过这一系列军事活动，秦惠文王不仅维护了关中本土的安定，而且为继续向东扩张铺平了道路，还有效地抑制了楚国对秦国南侧的威胁，以及赵国对秦国北侧的威胁。秦国因有一个稳定的大环境，进可以攻而退可以守，岿然立于不败之地。更为甚者，秦国统治者从大局着眼，高瞻远瞩，在这一期间果断决策向南扩张，一举攻取了巴蜀地区，为壮大秦国国势起了重要作用。

◇攻取巴蜀

公元前316年，地处汉中、成都之间的苴、蜀两国相互攻击，这两国君主都派人向秦国告急。秦惠文王打算出兵攻取蜀国，但考虑到路途艰险，不利于行军作战，恰好韩国又来侵犯，想先攻伐韩国，尔后攻伐蜀国，但担心这会有不利之处；想先攻伐蜀国，又担心韩国会趁机偷袭秦国，因而一直犹豫不决。秦国群臣也有两种主张：相国张仪主张先攻打韩国，劫持周王室，以便"挟天子以令天下"；客卿司马错主张先攻伐蜀国，夺取那里的丰富资源，以增强秦国的实力。

司马错和张仪各持己见，在秦惠文王面前争论起来，秦惠文王要他们说说理由。张仪先说：

> 现在先同魏、楚两国亲善，然后出兵三川，堵塞什谷的入口，遮挡屯留的道路，让魏国切断南阳的交通，楚国进攻新郑的南部，君王则出兵攻打新城、宜阳，进逼东、西二周的城郊，声讨周王的罪恶，侵取楚、魏两国的领土。周王室自知无法挽救，必定会献出九鼎宝器。君王据有九鼎宝器，获得天下的图籍，挟持天子来号令天下，各国诸侯没有敢不听从的，这就是王业啊！
>
> 再说当今的蜀国，是西方僻远的国家，属于戎狄的族类。如果兴师动众，弄得疲惫不堪，仍不足以成就功名；即使夺得它的土地，也算不得有什么好处。我听说争取名位的人在朝廷，争取利益的人在市场。现在三川、周王室为天下的朝市，而君王不去争取，偏偏去争取戎狄，这距离王业太远了！

等张仪把话说完，司马错接着反驳说：

> 不是这样的。我听说过，要想国家富裕，务必扩张领地；要想军队强大，务必使百姓富裕；要想称王天下，务必广施恩德。这三种资本都具备，王业就随之到来。现在君王领地狭小，百姓贫穷，所以应先从容易的事情做起。蜀国为西方僻远的国家，又属于戎狄的族类，有类似桀纣的内乱。动用秦国的兵力攻打它，好比驱使豺狼追逐羊群。得到它的土地，足以扩张秦国领土；获取它的财物，足以使百姓富裕，并且利于

加强战备，不必损伤部众，对方就已经降服。攻取一个国家，天下人不认为残暴；尽收西方之利，天下人不认为贪婪。这样我们只要一有举动，功名和实利都能得到，还落得禁暴正乱的美誉。

现在去攻伐韩国，劫持天子，那是很坏的名声，未必能捞到什么好处。而且冒着不义的名声，去做天下人不愿做的事情，也是很危险的。请让我说明其中的缘故：周王室是天下诸侯的宗室，齐、韩两国的友邦。周王室自知要丧失九鼎，韩国自知要失去三川，那就会通力合谋，借着齐、赵两国的力量，求得同楚、魏两国的和解。倘若周王室把九鼎送给楚国，或者把土地割给魏国，君王根本无法制止。这就是我认为危险的理由。所以，攻伐韩国，不如攻伐蜀国，因为攻伐蜀国能够圆满成功。

这里稍作比较，其实不难发现张仪和司马错辩论的症结。大体说来，司马错偏重捞取实地，张仪则偏重谋求外势。根据捞取实地的主张，趁着蜀国动乱的机会，加上秦国的强大力量，攻伐必定有成；根据谋求外势的主张，依靠魏、楚两国的配合，挟天子以令天下，无异于纸上谈兵。聪明如张仪者，谁知会这般傻气！秦惠文王听过他们的辩论，认为司马错所言比较可取，因而决定出兵攻伐蜀国。

这年秋天，司马错与张仪等率军南下，从子午道进入蜀地，与蜀国军队交战于葭萌（今四川广元），蜀王战败，逃到武阴（今四川彭山）。十月，秦军攻下成都，灭掉了蜀国。秦惠文王下令贬蜀王为侯，另任命陈庄为蜀相，负责治理蜀地。然而，因为远离秦国的政治中心，蜀地带有一定的割据性质。公元前311年，蜀相陈庄杀死蜀侯，背叛秦国。司马错奉命平定蜀地之乱，诛杀了陈庄。此后，秦朝廷又封两任蜀侯，但都与秦国相处不睦。公元前301年，蜀侯公子辉作乱，背叛秦国，司马错奉命征讨，诛杀了公子辉。直到公元前277年，秦昭襄王下令设立蜀郡，蜀地才得以稳定。

秦国攻取蜀国以后，继续向南拓展，进而吞并了巴国。这一系列活动扩大了秦国的疆域，增强了秦国的综合实力，使秦国与山东六国相比较，占据明显的优势，也为统一天下奠定了基础。

张仪说连横

秦国在西方的迅速崛起，引起了山东各国的震惊。为了维护自身的生存利益，遏止秦国的扩张势头，各国诸侯遵循合纵方略，不时结成军事同盟，对秦国发动进攻。在这种不利的形势下，张仪作为一名外交家，充分发挥个人的才能，运用威胁和利诱的手段，说服了山东各国君主，打破了诸侯合纵的僵局，为秦国的扩张铺平了道路。

◇ 入秦拜相

张仪本是魏国人，相传与苏秦在一起，跟随鬼谷先生学道，因有特别突出的才华，总使苏秦自叹不如。等到学业有成之后，张仪去游说诸侯，先在魏王室吃了闭门羹，转而来到楚国，成为令尹昭阳的门客。后遇昭阳丢失一块玉璧，门客们怀疑是张仪偷的，因而相互串通说："张仪这小子很穷，品行又不怎么样，肯定是他偷了玉璧。"于是把张仪捆绑起来鞭笞。张仪始终不屈服，大伙只好把他放了。张仪回到家里，他妻子忍不住责怪他。张仪笑着问道："你看我的舌头还在吗？"他妻子说还在。张仪满意地说："这就够了。"这小小的三寸之舌被张仪看得那么重，正可说是"舌头在就有本钱"。

这时候，苏秦已经说服赵肃侯，得到了赵肃侯的资助，邀约各国诸侯合纵抗秦。然而，他担心秦国抢先攻打诸侯，使合纵盟约来不及签订就被破坏，正想着有谁可以被派去秦国，就派人暗中指点张仪说："你当初和苏秦交情很深，如今苏秦已经很有地位，你为什么不去投奔他，从而实现自己的愿望呢?"张仪经这么一说,就兴冲冲地赶到赵国,前来求见苏秦。

苏秦听说张仪的到来,指使门客不许为张仪引见,但要设法留住他。过了几天,苏秦出面接见张仪,让他坐在大堂下,只给他一些仆妾们吃的酒食,还屡次挖苦他说:"以你的才能,竟然困窘到这种地步。我难道不能推荐你,使你富贵吗?只怪你不值得我收留。"于是就跟张仪辞别。张仪这次来见苏秦,自以为他们是同窗,可以求得一些好处,没想到反而遭受侮辱,心里非常气愤,他估计各国诸侯都无可侍奉,唯独秦国能压制赵国,因而往西来到咸阳。

等张仪走后不久,苏秦找来一位门客说:"张仪是天下的贤士,我恐怕不如他。现在我侥幸先受重用,而要掌握秦国的权柄,只有张仪可以做到。但他很贫困,没有什么资本用以上进。我担心他满足于一点小利而不能成就大业,所以召他来加以侮辱,以便激发他的意气。你替我暗中奉送一些钱财给他。"苏秦随后报告赵肃侯,拨发了一些金币车马,派人暗中跟随张仪,与他住到同一个客舍,慢慢地接近他,送上那些金币车马。凡是张仪需要的东西,都取出来给他,但始终不告诉他这是谁给的。

张仪靠着这些资助,在咸阳活动起来,终于见到了秦惠文王。秦惠文王任用他为客卿,与他策划对外扩张的事情。苏秦的门客见目的达到,就向张仪告辞,张仪对他说:"依靠你的帮助,我才得以显贵,正想报答你的恩情,你为什么要走呢?"那门客说:"我并不了解您,了解您的是苏先生。苏先生忧虑秦国攻伐赵国,败坏合纵的盟约,认为非您不能掌握秦国的权柄,所以刺激您发奋起来,并且暗中给您提供费用,以达成苏先生的计谋。现在您已经受到重用,请让我回去报告一下。"张仪感慨地说:"哎呀!这是我学过的权谋,我却没有领悟到。真不如苏先生啊!我现在刚被任用,怎能图谋攻伐赵国呢?请你替我谢谢苏先生,只要苏先生还在,我怎敢奢谈什么,何况有苏先生在,我哪有能力作对呢!"

公元前 328 年,秦国开始设置相国一职,张仪接受秦惠文王的委任,成为秦国历史上第一任相国。他回想起过去在楚都的遭遇,还特意给楚令尹昭阳致信,警告他说:"当初我陪伴你喝酒,并没有偷你的玉璧,你却狠心地鞭笞我。现在请你好好守住你的国家,我将偷取你的都城。"这一半是真情一半是玩笑的话语，表露出一个外交家的自信和幽默。

◇连横初成

公元前 322 年，为了打破山东各国合纵的僵局，张仪辞掉秦相国一职，到魏国任相国。他想使魏惠王先侍奉秦国，再让其他诸侯仿效，可魏惠王不肯答应。秦惠文王得到报告，立刻出兵攻占魏国曲沃、平周，并且在暗中格外优待张仪。张仪感到很惭愧，不好意思回秦复命，就暂且留在魏国。后来魏襄王继位，张仪又劝他侍奉秦国，魏襄王也不肯答应。于是，张仪暗中让秦惠文王攻打魏国，他们联袂演起一出双簧戏，以迫使魏襄王就范。

公元前 317 年，齐国出兵进攻魏国，在观津打败魏军。秦惠文王想攻伐魏国，于是先出兵进攻韩国，打败了韩将申差，消灭韩军八万人，一时震惊各国诸侯。张仪利用这一机会，再次劝魏襄王说：

> 魏国方圆不到一千里，军队不过三十万人，地势四处平坦，诸侯可以四面会集，没有名山大川的遮挡。从郑邑到大梁，只有两百多里，车奔人行，不费多大力气就能到达。南面和楚国交界，西面和韩国交界，北面和赵国交界，东面和齐国交界，军队戍卫四方边境，以及驻守亭障的人数，不少于十万人，这种地势本来就像战场。假如魏国和楚国交往，而不和齐国交往，齐国就会攻打东面；和齐国交往，而不和赵国交往，赵国就会攻打北面；不和韩国和好，韩国就会攻打西面；不和楚国亲善，楚国就会攻打南面，这就是所谓"四分五裂"的道理。况且诸侯各国联合起来的目的，是想借以安定社稷，提高君主的威望，增强军队的力量，乃至名扬天下。现在主张合纵的人，想把天下合而为一，让各国诸侯约为兄弟，在洹水上杀白马歃血为盟，以坚定彼此的诚意。可是，即使亲兄弟同一父母，还会有争夺钱财的情形，而依仗虚伪狡诈，重复苏秦的余谋，显然是不能成功的。
>
> 大王不侍奉秦国，秦国出兵进攻河外，占据卷、衍、燕、酸枣等地，劫持卫国以取阳晋，这样赵国就不能南下。赵国不能南下，魏国就

不能北上；魏国不能北上，合纵之路就会断绝；合纵之路断绝，大王的国家想不遭受危急，是不可能的。倘若秦国制服韩国，再来进攻魏国，韩国惧怕秦国，与秦国合为一体，魏国的灭亡就立马可待。这是我替大王担忧的事情。所以，为大王着想，不如侍奉秦国。侍奉秦国，楚、韩两国必不敢动；没有楚、韩两国的祸害，大王就可以高枕而卧，国家就没有什么忧患。

再说秦国要削弱的对象，莫如楚国，而能削弱楚国的力量，莫如魏国。楚国虽然有富强的名声，其实非常空虚；楚军虽然人数众多，却容易临阵退却，不能坚持战斗。假如魏国派出所有军队，向南攻伐楚国，必定取得胜利。分割楚国而利于魏国，亏损楚国而配合秦国，嫁祸给别国，而使本国安定，这是很好的事情。大王不听我的建议，等秦国出兵向东攻伐，纵然想侍奉秦国，也不可能了。况且那些主张合纵的人，大多只会讲大话，可以相信的很少。他们只想游说一位诸侯，而实现封侯的愿望。所以，天下游说的人，莫不日夜扼着手腕，瞪着眼睛，磨着牙齿，大讲合纵的好处，以劝说各国君主。各国君主赞赏他们的辩才，受他们劝说的影响，怎能不迷惑呢？我听说过，堆积过多的羽毛，能把大船压沉；装载大量轻便的物品，能把车轴折断；众人一口的指责，能把金石熔解；集合大家的诽谤，能把骨头销毁。所以，希望大王仔细拟定方略，并允许我辞职回家。

张仪的一番高谈阔论，从魏国的地理形势，说到周边环境的特点；从合纵主张的缺陷，说到连横方略的意义；从诸侯列国的关系，说到魏国的外交抉择，层层深入，步步紧逼，确实很能说服人。因此，经过这么一说，魏襄王如梦初醒，当即背弃合纵的盟约，借着张仪的关系，倒向秦国的阵营。张仪的连横大计，至此初见成效。

◇诓楚绝齐

在诱使魏襄王屈服后，张仪返回秦都咸阳，又登上相国的宝座。秦惠文王打算进攻齐国，但顾及齐、楚两国的同盟，秦国的南侧尚不安全，就派张仪出使楚国，以期楚国与齐国断绝往来。

楚怀王听说张仪到来，让人腾出最好的客舍接待，并且亲自与张仪会晤，还很谦恭地问："楚国是一个偏僻落后的国家，您有什么要指教的？"张仪回答说："我们国君最喜欢的人，莫过于大王；我最愿意为之做臣下的，也莫过于大王。我们国君最憎恶的人，莫过于齐王；我最不愿意为之做臣下的，也莫过于齐王。眼下齐王的罪恶，对敝国来说最深重，我们国君很想讨伐他。只是贵国和齐国很友好，我们国君就是听从您的吩咐，我也不能做您的臣下。大王倘若封闭关卡，跟齐国断绝往来，我就请秦王献出商於之地，总共有六百里。这样一来，齐国失去外援，必定受到削弱；齐国一旦削弱，必定听从大王的驱使。大王在北面可以驱使齐国，在西面可以施惠于秦国，还可以私下获得商於之地，这是以一项决策而得到三种好处。"楚怀王听了，心里很高兴，当即答应张仪的要求，甚至不顾群臣的反对，硬把相印交给张仪，并且送上许多礼物。于是，楚怀王单方面背弃盟约，与齐国断绝往来，同时派遣一位将军为使者，跟随张仪去秦国交割商於地区。

张仪自知事情难办，就在回国途中，上车时抓着绳索，假装不小心跌下马车，身受重伤，回到咸阳之后，三个月都不上朝。楚怀王听到这消息，对群臣说："张仪大概以为我不会跟齐国断绝关系吧？"因而派出勇士到宋国，借用宋国的符节，去大骂齐威王。齐威王闻讯大怒，马上同秦国结交。张仪得知楚、齐两国断交，才出面接见楚使说："我有封邑六里地，愿意献给楚王。"楚使辩解说："我奉君主的命令，是来接收商於六百里地，而没听说是六里地。"张仪狡辩说："我本是一个卑微贫贱的人，哪会有六百里地献给贵国呀！"楚使交涉不成，只好回国复命。

秦、楚两国因外交上的抵牾，引发了大规模的军事冲突。在丹阳、蓝田两次激战中，楚怀王损兵折将又失地，被迫割让两座城邑，来与秦国讲和。秦惠文王想得到楚国黔中地区，就要挟楚怀王，用武关以外的土地和楚国交换。楚怀王为报往日受欺之恨，表示愿意用黔中地区换取张仪。秦惠文王想把张仪送往楚国，可嘴上不忍说出来，张仪就自我请求去楚国。秦惠文王说："楚王不会甘心受你的气，你去了怎么办呢？"张仪回答说："我和楚王的亲信靳尚私交很好，靳尚又得事于王妃郑袖，郑袖说的话，楚王没有不听的。何况我先前有负于商於之约，如今秦、楚两国大战，两国的关系极度恶化。我只有当面向楚王道歉，否则不能缓和两国的关系。而且有君主在，料想楚王不敢随意害死我。纵然张仪被害死，如果有利于秦国，也是我的心愿啊！"于是再次出使楚国。

张仪是一个有胆略的人，那胆略出自战胜对手的信心。要在困厄中开启成功之门，缺乏信心和胆略是不行的。"无事不惹事，有事不怕事""有备方能言战，敢战方能言和"，说的都是这个意思。

◇ 游说五国

张仪再次来到郢都，利用他和靳尚、郑袖的关系，使楚怀王不但没有对他加以迫害，反而对那无理的要求表示后悔，又如先前一般非常敬重张仪。张仪即将离开郢都时，听到苏秦被刺死的消息，为了完成连横大业，再度进劝楚怀王说：

> 秦国领土相当于半个天下，兵力可抵四方邻国，占据险要的地势，又有黄河围绕，四面阻塞，牢不可破。有虎贲之士一百多万、战车一千辆、战马一万匹，积贮的粮食像山丘，而且法令严明，士卒安于苦难，乐于牺牲，君主贤明有威严，将领善谋又勇武，一旦出兵征战，就会席卷险要的常山，折断天下的脊背，天下诸侯后来臣服的，必定先被灭亡。况且那些主张合纵的人，无异于驱赶羊群去攻击猛虎。虎和羊力量悬殊，是再明显不过的。现在大王不与猛虎交往，而与羊群结伴，我私下以为大王的打算错了。
>
> 大凡天下的强国，不是秦国就是楚国，不是楚国就是秦国，秦、楚两国相互争斗，势不两立。大王不和秦国交往，秦国出兵占据宜阳，韩国的上党地区就被断绝；秦国再攻取河东、成皋，韩国必定向秦国臣服，魏国也将闻风而动。这样一来，秦国进攻楚国的西面，韩、魏两国进攻楚国的北面，楚国怎能不危急呢？那些主张合纵的人，聚集一群弱

国去攻伐最强大的国家，不衡量敌方而轻易作战，国家贫困而经常出动军队，这是导致危亡的做法。我听说过，兵力不如敌方，就不要向敌方挑战；粮食不如敌方，就不要和敌方持久作战。而那些主张合纵的人，专讲一些好听而空洞的话，抬高君主的气节，只说合纵的好处，却不说合纵的坏处，最后遭受秦国的祸患，就来不及去制止。

秦国西面拥有巴蜀地区，大船装满粮食，从汶山出发，沿长江而下，到楚都只有三千多里。合并两只船运载士卒，一只船乘载五十人和三个月的粮食，顺流漂浮而下，一天能行三百多里，里数虽然很多，却不费牛马的力气，不过十天就能到达扞关。扞关遭受惊扰，自边境以东，所有城邑都要防守，黔中、巫郡就不再为大王所有。秦国发兵出武关，向南进攻，楚国北部地区就被隔绝。秦军攻打楚国，楚国在三个月内必有危难，而楚国等待诸侯的救援，要在半年以后，照理说是根本来不及的。依仗弱国的救援，忘却强秦的祸害，这正是我替大王担忧的原因。

大王曾经和吴人交战，五战而三胜，军队差不多用尽，而为守住新得的城邑，又让百姓备受辛劳。我听说功业太大，容易发生危险，而百姓太苦，必定抱怨君主。守着危险的功业，而悖逆强秦的意志，我私下为大王感到不安。况且秦国之所以十五年不出函谷关，去攻打齐、赵两国，是因为有暗中吞并天下的野心。楚国曾经和秦国构难，交战于汉中，楚军没有取胜，列侯、执圭以下的大臣有七十多人战死，因而丧失了汉中地区。大王非常恼怒，又出兵袭击秦国，交战于蓝田。这是所谓两虎相搏的情形。秦、楚两国斗得很疲惫，而韩、魏两国全力从后面下手，算来没有比这更危急的做法。

秦国出兵攻取卫国阳晋，必定死死地锁住天下的胸膛，大王发动所有军队去攻打宋国，不过几个月就能把宋国攻下来，攻下宋国后再向东扩张，泗水流域的十二个诸侯国都将为大王所有。现在秦、楚两国接壤，本该是亲善的国家。大王如果能听从我的建议，我将使秦太子到楚国做质子，楚太子到秦国做质子，请以秦女作为侍候大王的姬妾，再奉上万户都会作为大王的汤沐邑，使两国永远成为兄弟之邦，终身不相攻伐。我以为没有比这更好的计谋。"

楚怀王经这么一说，基于本国的生存利益，接受了张仪的主张，与秦国
亲善起来。张仪离开楚国之后，顺便赶到韩都新郑，说服韩宣王背弃合纵盟
约，转而倒向秦国一边。然后张仪回到咸阳，向秦惠文王汇报，秦惠文王赐
给他五座城邑，封他为武信君。

再经过张仪的游说，齐宣王、赵武灵王和燕昭王相继同秦国亲善起来。
山东六国原先的合纵盟约，终于被扯得七零八落。伴随着连横方略的成功，
天下大势归于秦国，逐步走向一国独胜的格局。

◇魂归故土

张仪实现连横的方略，对于秦国统治者来说，本该是皆大欢喜的事情。
可没等到张仪回国，秦惠文王就已经溘然作古。秦武王嬴荡当太子时，就不
怎么喜欢张仪，等他继承王位以后，有些大臣诽谤张仪说："这个人没有信
义，反复不定地出卖国家，以窃取尊贵的地位。秦国如果再用他，恐怕被天
下人耻笑。"因此张仪不但没得到应有的奖赏，反而在朝廷上备受排斥。

各国诸侯听说张仪和秦武王的嫌隙，都纷纷背叛连横之约，重新回到合
纵的轨道，齐宣王还派来使者，责备秦国重用张仪。张仪担心遭遇不测，就
进见秦武王说："为秦国社稷着想，东方发生大的变化，然后大王就可以更
多地割取土地。现在听说齐王厌恶我，我所在的地方，齐王必定出兵攻伐。
所以，我请求以不肖之身前去魏国，齐王必定出兵征伐魏国。魏、齐两国一
旦交战，君王可以趁机攻伐韩国，进入三川，然后直接进逼周王室，周天子
就会献出祭器，大王就可以挟持天子，据有天下的图籍，这是称王的大业。"
秦武王以为有理，就派出战车三十辆，送张仪到魏国。魏襄王看重张仪的名
气，马上任用他为相国。

这消息传到齐国，齐宣王果然出兵攻打魏国。魏襄王有些害怕，就向张
仪征求对策。张仪急忙派门客冯喜去楚国，借楚国的名义出使齐国，对齐宣
王说："大王很厌恶张仪，虽然为惩治他而攻伐魏国，却使他更受秦王的信

赖。"齐宣王问这是怎么回事，冯喜回答说："这样做的确使张仪受到信赖，因为张仪离开秦国时，本来就和秦王约定：'齐王很厌恶我，我所在的地方，齐王必定出兵攻伐。'现在张仪去魏国，大王果然攻伐魏国。这样一来，大王对内削弱自己的国家，对外攻伐自己的盟国，因而陷于被动，让张仪更受秦王的信赖。这就是我所说的道理。"齐宣王以为有理，就下令罢兵归国。

张仪任魏相国仅一年，就在魏都大梁去世。他一生周游诸侯列国，为秦国施展连横方略，打破了天下合纵的格局，最后得以寿终正寝，还能让尸骨埋在故土，说来也算是落叶归根。

远交近攻

公元前 307 年，秦武王举鼎绝膑而死，他的弟弟嬴稷（一名则）继位，是为秦昭襄王。秦国经过一场内乱，魏冉以国舅的身份，完全控制了秦朝廷。这以后二三十年间，秦国和齐国两强对峙，韩、魏两国时而依附于秦国，时而依附于齐国，楚国则遭受了秦国的沉重打击。魏冉有功于秦国，但为了扩充个人的势力，对内一反重用客卿的传统，依靠几个权贵操持国政，大肆鲸吞国家财产，致使"私家富重于王室"；对外奉行舍近求远的方针，屡次越过韩、魏两国，企图攻占齐国的土地，但最终不能彻底取胜。这种缺乏谋略的做法，等到范雎入仕秦国，佐助秦昭襄王夺回统治权，才开始有所转变。

◇穷途觅路

范雎出生在魏国，早年到魏都大梁谋职，由于家境十分贫困，连生活都没有着落，因而先到中大夫须贾府上，找一点事情做。

魏昭王在位时，须贾曾经出使齐国，用范雎做随从。齐襄王听说范雎很有辩才，派人给他送来十斤黄金和一些牛酒，范雎推辞不敢接受。须贾知道了这件事，心里非常恼火，以为范雎出卖魏国的机密，才会得到这样的赏赐，就责令范雎收下牛酒，把黄金退回。须贾回国以后，又把这件事告诉给相国魏齐。魏齐怒不可遏，当即让门客鞭笞范雎，直至打断肋骨、打落牙齿，范雎假装死亡，才被卷入草席，丢在厕所里。有的门客喝醉酒，还往范睢身上撒尿，用以告诫别人，不要在外面随便乱说。范睢趁那帮门客不在，从席卷里对看守人说："老先生若能放我出去，我一定会报答您。"那看守人就去请示，让他把席卷里的死人丢掉，魏齐正喝得醉醺醺的，随口说可以。范睢这才从厕所里逃出去。后来，魏齐听到一点风声，又派人去查找范睢。魏都人郑安平得知这消息，急忙带着范睢躲藏起来，范睢就改名为张禄。

恰好在这时候，秦昭襄王派谒者王稽出使魏国，郑安平就装作一名小卒，去侍候王稽。王稽问郑安平："魏国有没有贤人，跟我一起西游呢？"郑安平回答说："我同巷中有位张禄先生，想见一见您，谈一谈天下大事，但这个人有仇家，不敢白天来见您。"王稽说："那你就晚上和他一起来吧。"于是，郑安平在晚上带着范睢，来见王稽。没等范睢把话说完，王稽就知道他有才能，就约他在三亭的南面再会。范睢当即和王稽约好时间。王稽辞别魏昭王回国，路过三亭的南面，就让范睢上车同往咸阳。

王稽一行人走到湖邑（在今河南阌乡），见有车马从西面过来。范睢问来者是谁，王稽说是秦相国穰侯魏冉。范睢说："我听说穰侯独揽秦国大权，最讨厌接纳诸侯的宾客，这次相遇恐怕会侮辱我，我想权且躲在车子里。"过了片刻，魏冉果然过来慰劳王稽，站在车子上问："关东有什么变动？"王稽说没有。魏冉又问："谒君没有带诸侯的宾客一起来吧？那些人毫无用处，只会扰乱别人的国家。"王稽说不敢带人，随即辞别而去。范睢说："我听说穰侯是个聪明人，只是看问题稍微迟缓，刚才他怀疑车里有人，却忘记了搜查一下。"于是下车步行，又说："他这一去会后悔的。"魏冉走过十多里路，果然派骑兵回来搜查车子，见没带宾客才作罢。

范睢跟王稽来到咸阳，王稽向秦昭襄王复命之后，顺便推荐范睢说："魏国有位张禄先生，是天下著名的辩士。他说'秦王的国家危如累卵，任用我就能确保平安，但不可以上书进言'。所以我把他带来了。"哪知秦昭襄王并不相信，随便让范睢住入客舍，只供应下等的饭菜。范睢就这样待在客舍，期待着有朝一日，能施展自己的才华。

◇初涉秦宫

当时，秦国朝政归于四大封君：穰侯魏冉、华阳君芈戎（秦昭襄王的舅父)、泾阳君嬴市和高陵君嬴悝（二人是秦昭襄王的胞弟）。魏冉担任相国，其余三个人轮流统率军队，每人都有封邑，并且因为宣太后的缘故，他们的财富比王室还要多。等到魏冉做将军，为了扩大他的封地陶邑，就想越过韩、魏两国，去攻打齐国刚寿（在今山东东平）。范雎抓住这个机会，向秦昭襄王上书说：

> 我听说英明的君主执掌朝政，有功劳的人不得不奖赏，有才能的人不得不做官，劳绩大的人俸禄多，战功多的人爵位高，能治理民众的人官职大，所以，没才能的人不敢接职，有才能的不得隐匿。君王以为我的话可行，就请加以施行，以利于治理朝政；若以为我的话不可行，长久地留我也没用。俗话说："平庸的君主赏赐自己喜欢的人，惩罚自己厌恶的人，英明的君主就不这样，奖赏必定授予有功劳的人，而刑罚必定判给有罪过的人。"现在，我的胸膛不足以挡锉刀，而腰间也经不起斧钺一砍，怎敢以疑惑的事情，来尝试君王的刑罚呢！虽然君王把我当作低贱的人而轻视和羞辱我，难道不明白保荐我的人不会反复于君王吗？况且我听说周王室有砥厄，宋国有结绿，魏国有悬藜，楚国有和璞，这四种宝玉出自地下，被精巧的工匠遗弃，可都成了天下闻名的器物。由此可知，圣明的君王遗弃的人，难道不能有利于国家吗？
>
> 我听说善于治家的大夫，取财于国家；善于治国的君主，取财于诸侯。天下有英明的君主，诸侯就不得独自富强。为什么呢？是因为诸侯会分割天子的权柄。优秀的医生知道病人的生死，圣明的君王懂得事情的成败，有利的事情就做，有害的事情就不做，疑惑的事情可尝试一下，即使舜、禹再生，也不能改变这个道理。深切的话，我不敢写在书上；浅显的话，又不值得听取。我猜想是我太愚笨，不能符合君王的心愿呢，还是保荐我的人地位低下，而不足以听信呢？如果不是这样，我希望君王能有时间，让我一睹尊颜。

秦昭襄王读过奏书，心里非常高兴，特意向王稽道歉，让人用驿站的专用车辆去接范雎进宫。范雎来到秦昭襄王下榻的离宫，假装不知道永巷（宫中监狱），径直往那里走。秦昭襄王从宫内出来，随从宦官看到范雎，很生气地赶他离去，范雎故意说："秦国哪有君王？只有太后、穰侯。"他想以此激怒秦昭襄王。秦昭襄王听到他和宦官争执，就把他迎进宫中，向他道歉说："寡人早就应该接受指教，恰巧遇上义渠的事情非常紧急，整天要和太后商讨对策。现在义渠的事情已经结束，寡人才有时间接受指教，自觉愚昧迟钝，敬守宾主礼节。"范雎也再三谦让。在场的群臣看到这情形，无不勃然变色。

大概是为了保密，秦昭襄王屏退左右侍从，直跪着问范雎："先生对寡人有何见教？"范雎只是"嗯嗯"。过了一会儿，秦昭襄王又请求说："先生对寡人有何见教？"范雎仍是"嗯嗯"。这简单的问答重复过了三次，秦昭襄王仍跪着说："先生看来是不肯指教寡人吗？"范雎这才放下架子说："不敢这样。我听说从前吕尚遇见文王时，身为渔父，正在渭水边钓鱼，当时他们的交情还很浅薄。等到文王赏识吕尚，拜他为太师，与他同车回去之后，他们就开始深谈了。所以，文王能收功于吕尚，最终称王于天下。假如当初文王疏远吕尚，而不和他深谈，那周朝就不具备天子的美德，文王、武王就无法实现他们的王业。现在，我作为寄居异地的臣子，和君王的关系很疏远，而我所要陈述的问题，都是匡正君王的事情，又要介入人家骨肉之间。我想献上自己的愚忠，却不知道君王的心思。这就是君王问我三次而不敢回答的原因。我倒不是害怕什么而不敢说。我知道今天直言于君王面前，明天就被处死，也不敢逃避。君王如果能照我的话去做，死亡不足以使我忧虑，漆身成癞、披发装疯也不足以使我羞耻……"

范雎说这些话，无非是想推销自己，让秦昭襄王心里默认：我范雎苦口婆心，全是为秦国着想，万一说得不中听，可别对我不客气。有了这么一条退路，范雎才大胆地说："我所担心的，是唯恐我死以后，天下人见我尽忠而死，因而闭口不说，裹足不前，不再有人肯为秦国效力。君王上面害怕太后的威严，下面蒙蔽于奸臣的丑态，住在深宫里面，不离保姆之手，终身陷于迷惑，不能明辨奸恶，这样重则国家灭亡，轻则自身孤立，处境非常危险，这就是我所担心的。至于穷辱的事情、死亡的祸患，我一点也不害怕。我死去而秦国大治，就表明我的死胜过生了。"

秦昭襄王听这么一说，心里非常感动，直跪着说："先生说的哪里话！秦国偏僻遥远，寡人愚昧不肖，幸亏先生屈尊到这里来，这是上天让寡人打扰先生，以维护先王的宗庙。寡人能接受先生的指教，正是上天赐福给先王，而不抛弃他们的遗孤。先生为什么要这么说呢？事情不论大小，上自太后，下到大臣，希望先生尽可能指教寡人，不要怀疑寡人。"

俗话说："酒逢知己千杯少，话不投机半句多。"秦昭襄王把话说到这份上，真可说是话正投机，欲止不能，看来范雎不能不谈下去。

◇远交近攻

在获得秦昭襄王的信任后，范雎把话头扯上正题。他分析说："大王的国家，四面阻塞，十分稳固，北面有甘泉、谷口，南面有泾水、渭水环绕，西面有陇山、蜀郡，东面有函谷关、商阪，军队有一百万人，战车有一千辆，形势有利就出击，不利就退守，这是王者的领地。民众怯于为私人争斗，而勇于为国家战斗，这是王者的民众。君王兼有这两种条件，靠着秦军的勇敢、车骑的众多，统治各国诸侯，就好比驱使韩庐（一种猛犬）和跛兔搏斗，霸王大业立刻就能实现。然而群臣都不称职，至今已经闭关十五年，不敢向山东进军，这是穰侯不忠心为秦国谋划，而大王的谋略有所失误呀！"秦昭襄王听完这段话，忙问自己有哪些失误。

范雎本想深入地谈下去，但见宫外有侍从在偷听，就不敢再提宫中的事情，而把话头转向对外事务，继续分析说：

> 穰侯越过韩、魏两国，去攻打齐国刚寿，并不是好计谋。因为出兵太少，不足以损伤齐国；出兵太多，又有害于秦国。我猜想君王的计谋，是要少量出兵，而调发韩、魏两国所有的军队，这不合乎道义。现在看到盟国不再亲善，就越过别的国家去攻打，行吗？这在谋略上是不周密的。况且先前齐湣王向南攻打楚国，打败楚军，斩杀楚将，又开辟千里土地，而齐国最终没有得到一寸土地，难道齐国不想得到土地吗？只因为形势上不能得到呀！各国诸侯看到齐国疲弊，君臣不和，就兴兵

攻打齐国，把齐国打垮。齐国士大夫受到困辱，都归咎于他们的国君，并且责问是谁提出攻打楚国的计划，齐王说是文子。于是大臣作乱，文子逃走。齐国之所以被打垮，就因为他们攻打楚国，而养肥了韩、魏两国。这就是所谓借兵器给匪徒、送粮食给强盗啊！君王不如结交远国，而攻伐近邻。攻下一寸，就是君王的一寸；攻下一尺，就是君王的一尺。现在丢下这一方略，而去攻伐远国，不是很荒唐吗？况且从前中山国方圆五百里，赵国独自把它吞并，功成名就又得实利，天下诸侯莫敢加害。现在韩、魏两国处于中原，是天下的枢纽，君王要称霸天下，必须亲附中原各国，作为称霸天下的枢纽，以威胁楚、赵两国。楚国强盛，就迫使赵国亲附；赵国强盛，就迫使楚国亲附。楚、赵两国亲附，齐国必定畏惧。齐国畏惧，就会呈送文辞谦卑的国书，献上贵重的礼物，来侍奉秦国。一旦齐国亲附，就能获得韩、魏两国。

这就是"远交近攻"的方略。所谓"远交"，即对远离本国的国家采取威胁、利诱和拉拢手段，使它不去援助被攻击的国家；所谓"近攻"，即对邻近的国家发动进攻，使攻取的土地处于本国的有效控制之下。在这里，"近攻"是"远交"的基本依据，"远交"是"近攻"的重要保证，从谋略主体来看，两者是相辅相成的关系。当然，"远交"绝非永久亲善，一旦"近攻"成功，"远交"的对象也就成为新的进攻目标。从本质上讲，"远交近攻"是一项注重捞取实利的方略，是一项稳健地统一天下的方略。范雎着眼于秦国同山东各国的关系，系统地阐明"远交近攻"的具体步骤，虽然不免过分看重外交的作用，而对战争的指导重视不够，但极有利于减轻统一战争的阻力，以达到逐个吞灭六国的目的。所以对秦国来说，"远交近攻"可视为一项正确的经国方略。

秦昭襄王经这么一说，心里自是佩服不已，接着又问范雎："我早就想亲附魏国，而魏国是一个多变的国家，寡人无法接近它，请问怎样才能亲附魏国呢？"范雎回答说："君王先用文辞谦卑的国书、贵重的礼物加以侍奉；行不通，就割让土地去贿赂；再不行，就借着这个理由出兵攻打它。"秦昭襄王表示赞同，当即拜范雎为客卿，共同策划对外战争。

范雎在客卿位上，又进劝秦昭襄王说："秦、韩两国的地形，好比锦绣交织在一起。秦国因韩国的存在，就像木头里生蛀虫，人的心腹有病一样。天下形势不变动还好，一旦有所变动，对秦国构成祸害的国家，哪个会比韩国大呢？君王不如收取韩国。"秦昭襄王又问："我本来就想收取韩国，韩国不肯答应，怎么做好呢？"范雎回答说："韩国怎能不答应呢？君王出兵攻打荥阳，巩、成皋两地的道路就被切断；再去断绝太行山的通道，上党的韩军就不能退回。君王这么一出兵，韩国就被截为三部分。韩王眼见要灭亡，怎能不答应呢？如果韩国被收取，那么，霸王大业就可以考虑了。"秦昭襄王十分赞同，当即派使者去韩国活动。秦国在"远交近攻"方略的指导下，拉开了统一天下的序幕。

◇ 清理朝政

范雎担任客卿数载，日渐受到秦昭襄王的信任。可是，秦国四大封君操纵朝政，是范雎的仕途障碍。范雎对这帮人谋划已久，就找着一个适当的机会，向秦昭襄王进言说：

> 我在山东的时候，听说齐国有田文，没听说有齐王；听说秦国有太后、穰侯、华阳、高陵、泾阳诸君，没听说有君王。照说总揽国家权力的，才可称为王；掌握利害权柄的人，才可称为王；控制生杀权威的人，才可称为王。现在太后擅自行事，不顾后果；穰侯派遣使者，不打报告；华阳君、泾阳君断狱用刑，不讲忌讳；高陵君任免官吏，不做请示。有这四位权贵，国家不出现危急，是不可能的事情。处在这四位权贵之下，就是所谓没有君王。这样国家权力怎能不倾覆，命令怎能由君王颁布呢？我听说善于治国的君主，对内要巩固自己的权威，对外要加强自己的权力。穰侯的使者操持君王的名义，对诸侯发号施令，在天下剖符行封，出兵征伐敌国，没有人敢不听命。战争胜利就把好处归于陶邑，使诸侯遭受疲弊；战争失败就把怨恨结于百姓，使国家蒙受祸害。
>
> 有诗句说："木实繁者披其枝，披其枝者伤其心；大其都者危其国，

尊其臣者卑其主。"崔杼、淖齿管制齐国，射伤庄公的大腿，抽去湣王的筋，湣王被吊在宗庙的横梁上，旋即死去。李兑管制赵国，把主父囚禁在沙丘，过一百天而饿死。现在，我听说秦国太后、穰侯执政，高陵、华阳、泾阳诸君相辅佐，根本不把君王放在眼里，这像是淖齿、李兑一类的情形。况且三代亡国的原因，就在于君主把朝政交给臣下，整天纵酒作乐，骑马打猎，不过问政事。那操持朝政的人，嫉贤妒能，欺上瞒下，以达到个人的私利，不为君主打算，而君主不觉悟，因此丧失自己的国家。现在从最低一级的官吏到各位大臣，以及君王身边的侍从，没有不是相国的人。看到君王孤立于朝廷，我暗自为君王担忧，恐怕万世以后，拥有秦国的人不再是君王的子孙。

本来，秦昭襄王对四大封君的行径就一直耿耿于怀，只是碍于血缘亲情，不忍心向他们开刀，经过范雎这么一说，才认识到问题的严重性，就果断地做出决策，废黜宣太后，把魏冉和高陵、华阳、泾阳诸君都放逐到关外，尔后任命范雎为相国，并把应邑（在今河南宝丰）封给他。范雎由此被称为应侯。

范雎建议秦昭襄王清理朝政的做法，后世学者评价不一。司马光认为："穰侯援立昭王，除其灾害，荐白起为将，南取鄢、郢，东属地于齐，使天下诸侯稽首而事秦。秦益强大者，穰侯之功也。虽其专恣骄贪足以贾祸，亦未至尽如范雎之言。若雎者，亦非能为秦忠谋，直欲得穰侯之处，故扼其吭而夺之耳。遂使秦王绝母子之义，失舅甥之恩。要之，雎真倾危之士哉！"这是说穰侯拥立秦昭襄王，诛除所有政敌，推荐白起为将军，攻取楚国鄢、郢两城，并与齐国边境相连，使天下诸侯俯首侍奉秦国，使秦国日益强大。虽然他专横贪婪，足以招致祸害，但不尽如范雎所言。像范雎这样的人，不能为秦国尽忠出谋，只不过想得到穰侯的地位，因而掐住他的喉咙，而夺走他的权力。这就使秦王断绝母子的情义，失去舅甥的恩情。所以，范雎真是一个危险人物。

柏杨读过上述评论，又加以评论说："我们同意范雎先生是一位危险人物，问题是，在专制政体下参与政治斗争的每一个人，都是危险人物。范雎先生必须夺取魏冉先生的高位，才能实施他的外交政策。犹如司马光先生必须夺取王安石先生的高位，才能废掉新法一样。魏冉先生对秦国开疆拓土，诚然有很大贡献，然而，再大的贡献都不能允许他'专权横行，骄傲贪暴'。而司马光先生却认为只要看在他拥立国王和煊赫功业的份上，他的饭碗就应该是铁铸的，神圣不可侵犯。而我们认为，一位女大亨加上四位男大亨，当权四十二年之久，也应该欠欠屁股了。司马光先生所以有如此想法，只因为'专权横行，骄傲贪暴'的直接受害人，都是无权无势的普通平民，跟他无关。而当权派竟被一个小人物赶下台，打破'贵者恒贵，贱者恒贱'铁律，司马光先生就忍不住兔死狐悲，物伤其类。"毕竟时代不同了，从现代民主观念出发，去评价一位士大夫的思想，自然让人觉得有理。

◇ 报仇雪恨

人们通常说："将军头上可跑马，宰相肚里能撑船。"范雎做不到这一点，虽然在秦国身居高位，还忘不掉过去的经历，"一饭之德必偿，睚眦之怨必报"，这种做派往坏处讲，叫作小心眼儿；但往好处说，也称得上恩怨分明。

范雎做相国以后，在秦国仍被称作张禄，而魏国人不知道这一点，以为他早就死了。魏安釐王听说秦昭襄王将要出兵东进，马上派须贾出使秦国。范雎得知这件事，就穿着破衣服出去，从小道赶到须贾的住处。须贾见到范雎，吃惊地说："范叔原来没死呀！"范雎说："是的。"须贾笑着问："范叔有没有向秦王进说呢？"范雎回答说："没有。我先前得罪于魏相国，所以逃亡到这里，怎敢进说呢！"须贾又问："眼下范叔做什么事？"范雎说："我给人家做佣工。"须贾有点可怜他，就留他坐下来喝酒，又拿出一件绨袍送给他，并顺便问道："秦相国张先生，你知道吗？我听说他得宠于秦王，天下的事情都由他决定。现在，我的事情能否说成，全在张先生一人。你有没有朋友跟他熟悉？"范雎说："我家主人跟他很熟，我也可以去拜见他，请让我带您去见他吧。"须贾说："我的马有病，车轴被折断了，除非有大车驷马，否则我就不好出门。"范雎说："我愿意为您向我家主人借大车驷马。"于是回去带来大车驷马，亲自给须贾驾车，径直驶入相国府。

等来到相国住宅门口，范雎对须贾说："你在这里等着我，我替你先去通报相国。"须贾坐在车上，等得不耐烦，就问守门人说："范叔怎么还不出来？"守门人说："这里没有范叔。"须贾忙说："就是刚才和我坐车进来的那个人。"守门人说："那是我们相国张先生。"须贾大吃一惊，自知受了范雎的愚弄，只好袒胸露臂，由守门人带去谢罪。于是，范雎坐在富丽的帷帐前，列出众多的侍从，来与须贾相见。须贾一看这架势，连忙磕头谢罪说："我想不到您能自致青云之上，我不敢再读天下的书，不敢再参与天下的事。我有死罪，请把我放逐到胡貉之地，任凭先生处置。"他这么低声下气地说着，心里害怕极了。

范雎看着须贾的样子，厉声数落起他的罪过："你的罪过有三条：从前楚昭王时，申包胥为楚国击退吴军，楚王封给他五千户，包胥推辞不受，因为他祖先的坟墓在楚国。现在我祖先的坟墓也在魏国，你过去以为我在齐国有外心，就在魏齐面前进谗言，这是你第一条罪过；魏齐把我丢在厕所里任意侮辱，你不去阻止，这是第二条罪过；更有甚者，喝醉酒后往我身上撒尿，你怎么这样狠心呀？这是第三条罪过。不过，你之所以能够不死，就在于送我绨袍的心意，还算有一点熟人的情分，因此饶了你。"范雎说罢，让须贾离开相国府，自己入朝请示秦昭襄王，把须贾驱逐回国。

在须贾临行辞别时，范雎让人大摆宴席，把诸侯各国的使节都请来，跟他一块坐在堂上，备有丰盛的酒肴，而让须贾坐在堂下，在他面前摆着干草豆料，命令两名囚犯夹在两旁，像对待马一样喂他。范雎呵斥须贾说："替我告诉魏王，赶快把魏齐的脑袋送来，不然的话，我将血洗大梁。"须贾回国之后，把这些话告诉魏齐，魏齐恐慌不已，急忙逃到赵国，躲进平原君的家里。

秦昭襄王听说魏齐躲在赵国，想替范雎报仇雪耻，就写信给平原君说："寡人听说公子情高义重，愿跟公子结为朋友，公子垂幸来会寡人，寡人愿跟公子畅饮十天。"平原君畏惧秦国，并且以为这样做很好，就赶赴咸阳去见秦昭襄王。秦昭襄王与平原君畅饮数日，才对平原君说："从前周文王得到吕尚，拜为太公；齐桓公得到管仲，拜为仲父。现在范先生也是寡人的叔父。范先生的仇人在公子家里，希望公子派人回去，把他的脑袋取来，不然的话，我不会放公子出关。"平原君说："一个人尊贵而交朋友，因有低贱的时候；一个人富裕而交朋友，因有贫穷的时候。照说魏齐是我的朋友，就算在我家里，我也不会把他交出来，何况眼下又不在我这里。"这自然是想搪塞秦昭襄王。

哪知秦昭襄王非替范雎报仇不可，又写信给赵惠文王说："大王的弟弟在秦国，范先生的仇人魏齐在他家里。大王派人赶快把魏齐的脑袋带来，不然的话，我将出兵攻伐赵国，也不放大王的弟弟出关。"恰好在这时，赵惠文王去世，赵孝成王接到信，马上发兵包围了平原君家。魏齐被逼无奈，只好跟赵相国虞卿一起逃离邯郸，返回大梁，想依靠信陵君的支持，再逃往楚国。信陵君听到这消息，犹豫不定，不肯出面接见他们。魏齐一怒之下，竟然自刭而死。赵孝成王就派人取下魏齐的脑袋，送给秦昭襄王，秦昭襄王这才把平原君放回赵国。

针对魏齐的自杀，柏杨兴高采烈地说："魏齐先生跟须贾先生一样，同是一个官场混混，他在流别人的血、使别人痛苦，表示他的忠贞时，慷慨激昂，神采飞扬。等到需要流自己的血来维护国家安全，却卑劣地弃职潜逃。虽然仍免不了剑下丧生，却不死在自己的岗位上，气势已差。凡是残暴的人，无一不胆小如鼠，想当年他巍坐高堂，下令行刑的时候，再也想不到会有今日。而胆小如鼠之辈，正因为坚信对手不能翻身，才忽然胆大包天。他最后还要怒责别人不够朋友，咦，他一个人的罪恶，竟要天下人都跟着他送命受苦，可算是一个典型的地痞无赖。魏齐先生的下场，使天下所有负屈受冤的孤苦灵魂，都扬眉吐气。读者先生如有酒在手，请干一大杯。"这话说得真够痛快！当然只能作个人感受来理解。

话说回来，像秦昭襄王和范雎这样合伙报仇雪耻的事情，在中国历史上是不多见的。这除去外交上恃强凌弱的霸道作风之外，也反映出他们君臣之间的亲密关系。倘若不是把范雎当"叔父"看待，秦昭襄王会那么急于追杀魏齐吗？

◇长平决胜

公元前 261 年，秦昭襄王派左庶长王龁率军进攻韩国上党地区，上党民众纷纷逃往赵国，赵孝成王命廉颇驻兵于长平，以便安抚上党民众。秦军继续向东推进，逼近赵军营垒，而廉颇坚守营垒，拒不出战，有效地遏止了秦军的攻势。谁知赵孝成王不懂军事，竟误以为廉颇胆怯畏战，接连责备起廉颇。

范雎得知这一消息，立即派人携带千金去邯郸，开展离间活动，到处散布谣言说："秦国将士厌恶的，唯独害怕马服子赵括为将，廉颇容易对付，又将要投降了。"赵孝成王不辨真假，误中这一离间计谋，改派赵括接替廉颇，指挥赵军作战。在这种情况下，秦昭襄王暗中派武安君白起为上将，王龁为副将，指挥秦军作战。白起鉴于赵括主动出击，一面命令秦军假装败退，引诱赵军追击到秦军的营垒，一面出动两支奇兵，堵住赵军的退路，把赵军切割成两部分，再用轻骑部队夹击营垒前的赵军。赵括眼见战事不利，只好就地筑垒据守，等待救兵的到来。秦昭襄王听说赵军粮道受堵，亲自赶到河内，赏赐百姓爵位各一级，征调十五岁以上的男子，全部开往长平，以阻绝赵国的救兵。

因为遭受秦军的围困，赵军断乏粮食四十六天，军中甚至残杀相食。赵括自知等不到救兵，就把赵军分为四队，企图突围逃走。可是经过四五次冲锋，都没能冲出去。赵括没有办法，只好孤注一掷，出动所有精锐部队，亲自上阵搏斗，结果被秦军射死。赵军失去主将，不能继续作战，全部投降了白起。白起和众将商议说："先前秦国已经攻陷上党，上党百姓不愿归附秦国，而归附赵国。赵军士卒反复无常，不全部杀掉他们，恐怕会发生叛乱。"于是就运用诡诈的手段，把赵军全部坑杀，仅留下两百四十名小兵，让他们回到赵国。赵军损失了四十五万人，赵国上下大为震惊。

在长平之战后，秦国占领了整个上党地区，白起打算向邯郸进攻。可是，范雎听信苏代的劝说，担心白起功高势重，将对自己的权位不利，就建议秦昭襄王暂时撤兵休整，允许韩、魏两国割地讲和。白起接到这项命令，一时气愤至极，加上原有的隔阂，从此与范雎结下怨仇。

公元前 258 年，因白起生病，秦昭襄王派五大夫王陵率军进攻邯郸，等白起病好后，又命白起代替王陵为主将。白起分析说："邯郸城实在不容易攻破，况且诸侯的救兵日渐抵达。那些诸侯一直就怨恨秦国，如今虽然在长平大破赵军，而秦军也死伤过半，加上国内空虚，跋山涉水去攻夺人家的都城，赵军从城内应战，诸侯在外面袭击，就能击破秦军。所以不能这么做。"秦昭襄王见命令行不通，就让范雎去请白起，白起拒不受命。于是，秦昭襄王派王龁接替王陵为主将，继续围攻邯郸。但在赵、魏两国军队夹击下，秦军伤亡惨重。白起借此抱怨说："不听我的计谋，眼下怎么样呢？"秦昭襄王听到这话，大为恼怒，强令白起去前线，白起就声称病情严重。范雎再来劝说白起，白起仍然不答应。

公元前 257 年，秦昭襄王把白起贬为士卒，放逐到阴密（在今甘肃灵台），而白起因病未行。过了三个月，秦军在邯郸城外屡屡战败，秦昭襄王得到报告，马上派人遣送白起，不准他在咸阳逗留。白起离开咸阳，走到城西十里的杜邮。秦昭襄王、范雎和群臣商议说："白起被放逐，心中怏怏不服，还发牢骚。"于是派使者赐剑给白起以自裁。白起接过剑说："我怎么得罪于上天而落到这种地步！"过了好久又说："我本来该死！长平之战，赵国降卒几十万人，我用欺诈手段把他们全部坑杀，这足以死了。"说罢随即自杀。

到此时，范雎又少了一块心病，真是得意极了！谁料横祸旋即飞来，还出在他的两位门生身上。郑安平受范雎保荐为将军，在围攻邯郸时投降赵国。按照秦国的法律，被推荐人有罪，推荐人和被推荐人一同治罪，范雎将被收捕三族。秦昭襄王怕伤范雎的心，在国内下令：有敢谈论郑安平之事者，与郑安平同罪论处；同时赐给范雎的食物日益丰厚，以顺应他的心意。公元前 255 年，王稽在河东太守任上，因为里通外国被秦朝廷处以死刑。范雎作为他的保荐人，更是忧心忡忡，旋即借病辞去相位，最后郁郁而死。

一介布衣靠着超人的智谋，仅两三次长谈就获得君王的重用，位至相国而名扬天下，说来实在不容易呀！如何评价范雎为政的得失，可以参见林剑鸣的说法："综观范雎相秦后的内政，比魏冉专政时期有进步，但由于他个人心胸狭窄、目光短浅，也采取了一些不恰当的措施。这也说明先秦的游士为各国奔走的目的，无非是为个人的荣华富贵。他们即使能提出一些有益于统一的办法，但并不都是有远见的政治家。尽管如此，范雎所主张的'远交近攻'策略，在灭亡六国的过程中，是重要而有效的，这应当是范雎在历史上的主要贡献。正是在这一策略指导下，秦国对外战争取得一系列胜利。"这一评价大体上是说得过去的。

吕不韦擅权

自从白起冤死、范雎退位以后，秦昭襄王真切地感觉到：内治没有贤相，外战缺少良将，加上他自身年迈体弱，已经无力经略天下。在他去世后五年间，继任的孝文王、庄襄王又先后病逝。在这个转折关头，王权更迭引发了一连串政治风波，先是吕不韦独揽大权，继而嫪毐阴谋造反，最终秦王嬴政亲理国事，秦国重新稳定下来。

◇奇货可居

吕不韦是韩国阳翟（今河南禹州）人，早年主要从事商业活动，到各地收购便宜的货物，再以较高的价格卖出去，家产积有千金之多。

还是一个偶然的机会，吕不韦在赵都邯郸做生意，见着正在赵国当质子的子楚（秦昭襄王之孙），不禁感慨地说："这可是一件稀奇的货品，囤聚起来，可以卖出大价钱。"因此，他做完生意回家，就问他父亲："种田能得几倍利？"父亲说："十倍。"吕不韦又问："贩卖珠玉能得几倍利？"父亲说："一百倍。"吕不韦再问："拥立国家君主能得几倍利？"父亲说："无数倍。"吕不韦接着说出自己的想法："如今百姓尽力耕作，还不能得到温饱。若为国家拥立君主，恩泽可以传给后世。我愿意做这件事。"

这时候，秦昭襄王立安国君嬴柱为太子。安国君有二十多个儿子，子楚排行在中间，他母亲夏姬又不受安国君的宠爱，安国君最宠爱华阳夫人。子楚被派到赵国做质子，由于秦国经常攻打赵国，赵国君臣对他并不怎么礼遇，所以平时生活相当拮据，总是不太得意。吕不韦看到这情形，就去见子楚说："我能光大你的门庭。"子楚笑着说："你最好先光大自己的门庭，然后再来光大我的门庭！"吕不韦说："你不知道，我的门庭要等你的门庭光大之后，才能光大。"子楚心里明白这话的含意，就跟吕不韦畅谈起来。吕不韦说："秦王年纪大了，安国君被立为太子。我听说安国君宠爱华阳夫人，华阳夫人没有儿子，能拥立嫡嗣的只有华阳夫人。眼下你们兄弟有二十多人，你又排行在中间，并不怎么受宠，还长久地在国外做质子。即使大王去世，安国君继承王位，你也不能跟他的长子和留在他身边的儿子们争做太子呀！"子楚问怎么办，吕不韦说："你贫穷地客居在这里，没有什么可以奉献给亲人，或者用于结交宾客。我虽然不富裕，愿用千金为你去西面游说，侍奉安国君和华阳夫人，立你为嫡嗣。"子楚听了，连忙磕头说："果真像你的计谋这样，我愿意分割秦国与你共享。"

有这么一句轻松的许诺，于是吕不韦拿出黄金五百斤送给子楚，用以结交宾客；又拿五百斤黄金去买珍奇玩物，自己携带着赶往咸阳，通过华阳夫人的姐姐，全部献给华阳夫人，顺便称赞子楚贤明，结交诸侯宾客遍天下，而他把夫人看作上天，日夜思念太子和夫人，华阳夫人满心欢喜。吕不韦又利用华阳夫人的姐姐，进劝华阳夫人说："我听说过，用美色侍奉人的人，一旦美色减退，爱情也就倦怠。现在夫人侍奉太子，很受宠爱而没儿子，不在这时从诸公子中挑选一位贤明而孝顺的人，把他推举为嫡嗣，再以儿子相待，这样丈夫在位就会受到尊重，即使丈夫去世，所养的儿子继承王位，终究不会失势，这就是所谓一句话能得到万世之利的道理。不在风华正茂的时候树立根本，等到美色减退、爱情倦怠之后，虽想再讲一句话，还有可能吗？眼下子楚很贤明，而自知排行在中间，依次不得立为嫡嗣，他母亲又得不到宠幸，自然依附于夫人，夫人能在这时选立他为嫡嗣，终生必定有宠于秦国。"华阳夫人以为说得有理，就在侍奉安国君的时候，顺便提起子楚非常贤明，来往的人都称赞他，甚至流着眼泪说："妾有幸充入后宫，但不幸没有儿子，愿把子楚立为嫡嗣，以寄托妾的一生。"安国君当即答应，就同华阳夫人刻好玉符，决定立子楚为嫡嗣。他们送许多东西给子楚，并请吕不韦出面教诲，子楚由此名盛一时。

据说吕不韦在邯郸娶得赵姬，赵姬很漂亮又能跳舞，与吕不韦住在一块，并且已经怀有身孕。子楚到吕不韦家喝酒，看见赵姬就很喜欢，因而起身向吕不韦敬酒，请他把赵姬送给他。吕不韦很恼火，但考虑到为子楚破费家产，想要钓到奇货，就把赵姬献给子楚。赵姬隐瞒自己的身孕，等过了分娩期生下儿子嬴政，子楚就立她为夫人。这件事说来令人嗤之以鼻，可以表明吕不韦的奸猾，是他图谋王权的重要步骤。不过，在史学界总有人怀疑它的真实性。明代王世贞就辩驳说："那可能是吕不韦自己故意编造，想让嬴政知道他才是生身父亲，应该使他长保富贵，抑或是吕不韦的门客有意泄愤，骂嬴政是私生子，并让天下人知道秦国比六国先亡。"郭沫若认为这两种解释未免把吕不韦及其门客看得过于下作，因而推测是汉初吕后称制期间，吕氏宗族如吕产、吕禄之辈，仿照春申君与李环的故事编造的。这说法究竟是否可靠，现在还很难下结论。

公元前 257 年，正当秦军围攻邯郸的时候，赵国君臣想杀掉子楚。子楚和吕不韦商量，用六百斤黄金贿赂守城官吏，得以逃离邯郸，赶到秦军营地，尔后返回咸阳。赵国想杀赵姬和嬴政，因为赵姬的娘家是赵国富豪，才得以藏匿下来，最终保住性命。等秦昭襄王去世，安国君继位，是为孝文王，华阳夫人被立为王后，子楚被立为太子，赵国才把赵姬和嬴政送回咸阳。

公元前 250 年，秦孝文王去世，子楚即位，是为庄襄王，尊奉孝文王后为华阳太后，夏姬为太后，立嬴政为太子。吕不韦被任命为相国，受封文信侯，以洛阳附近十万户为食邑。至此，子楚兑现了原先的诺言，吕不韦实现了当初的梦想。这一对君臣在特殊的政治环境中，历经艰难跋涉，共渡难关，终于取得了秦国最高的权力和地位。

◇甘罗邀使

吕不韦执掌秦国大权之后，如同猛虎似的扑向东方，首先吞灭周王室，继而攻占韩国成皋、荥阳等地，在那里设立三川郡，又对魏国发动猛烈攻势，先后夺取大片土地，把秦国统一战争向前推进了一大步。

公元前 247 年，秦庄襄王去世，嬴政即位，尊奉赵姬为太后。吕不韦仍任相国，被嬴政尊称为"仲父"。由于嬴政年龄很小，太后时常跟吕不韦私通。吕不韦独揽朝政，仿效孟尝、平原、信陵、春申诸君的做法，广泛招徕文人学士，以优厚的条件款待他们，很快集中宾客三千人。吕不韦选出一部分宾客，让他们记下各自读到的典籍，综合起来撰成《吕氏春秋》一书。吕不韦十分重视这部著作，为此还把它置于咸阳城门下，在上面悬挂千金，宣布诸侯宾客有能增加或减少一个字者，就把千金奖赏给他。这种"一字千金"的做法，无非是吕不韦借此标榜《吕氏春秋》的完美无瑕，来向秦王嬴政施加影响，并且争取天下士人的拥戴，以树立自己的绝对权威。

大概就在这时，原相国甘茂之孙甘罗投到吕不韦的门下，当时年仅十二岁。恰好吕不韦要派张唐去燕国做相国，打算同燕国联合攻打赵国，以开辟河间地区。张唐对吕不韦说："我曾经为秦昭襄王攻打赵国，赵王怨恨我，下令能抓到张唐的人，赏赐百里的土地。现在去燕国必定经过赵国，我不能去。"吕不韦心里不快活，也没有勉强张唐。甘罗见着吕不韦问："君侯为什么这样不快活啊？"吕不韦说："我让刚成君蔡泽侍奉燕王三年，燕太子丹已经来做质子。现在我请张唐到燕国做相国，他却不肯去。"甘罗说："让我去劝他出行。"吕不韦更是气恼，大声斥责说："走开！我亲自请他，他都不肯去，你怎能劝动他呢？"甘罗说："从前项橐只有七岁，就当孔子的老师，现在我已经十二岁了，请让我试一试，何必这样呵斥我呢？"

于是，甘罗去见张唐说："你的功劳和武安君相比如何？"张唐回答："武安君向南挫败强大的楚国，向北威震燕、赵两国，战必胜，攻必取，击破城邑不计其数，我的功劳不如他。"甘罗又问："应侯在秦相国任上，能比文信侯专断吗？"张唐回答："应侯不如文信侯专断。"甘罗追问："你确知他不如文信侯专断吗？"张唐回答："知道。"甘罗接着说："应侯想攻打赵国，武安君为难他，离开咸阳十里，就立刻死在杜邮。现在文信侯亲自请你到燕国做相国，你却不肯去，我不知道你会死在哪里。"张唐说："按你的劝说出行吧!"于是让家人收拾行装,准备前往燕国。

在张唐启程之后,甘罗又对吕不韦说:"请借给我五辆车子,让我替张唐先到赵国通报一下。"吕不韦觐见嬴政说:"原先甘茂之孙甘罗,年纪很轻,却为名家的子孙,各国诸侯都知道。前时张唐推说有病,不肯去燕国,甘罗把他说服了。现在甘罗愿先到赵国通报一下,请准许派他去。"嬴政当即召见甘罗,派他出使赵国。

甘罗赶到赵都邯郸,赵悼襄王亲自出城迎接。甘罗问赵悼襄王:"大王听说过燕太子丹到秦国做质子吗?"赵悼襄王说没听过。甘罗又问:"听说过张唐要到燕国做相国吗?"赵悼襄王说听过。甘罗接着说:"燕太子丹到秦国,表明燕国不欺骗秦国;张唐做燕相国,表明秦国不欺骗燕国。燕、秦两国不相欺骗,共同攻伐赵国,赵国就会危险。燕、秦两国不相欺骗,没有别的缘故,就是想攻伐赵国,以开辟河间地区。大王不如割给我五座城邑,以满足秦国的要求,我请秦王遣回燕太子,跟强大的赵国联合,攻打弱小的燕国。"赵悼襄王立刻割出五座城邑,以扩大秦国在河间的领土。

甘罗完成使命回国,被嬴政封为上卿。透过这件事可知,嬴政与吕不韦之间,尚能保持和谐的关系。吕不韦总揽朝政,可以指派出国官员,但派甘罗出使赵国,又要征得嬴政同意,嬴政不完全是个傀儡。甘罗说服张唐和出使赵国,表现出非凡的才能,因而广为后人传颂。司马迁把这段故事写入历史,还加以评论说:"甘罗年少,然出一奇计,声称后世。虽非笃行之君子,然亦战国之策士也。"这是说甘罗年龄很小,但想出一条奇谋,就能够名传后世,虽算不上笃行的君子,也堪称战国的策士。这再一次说明:自古英雄出少年,少年英雄有奇谋。

◇ 嬴政亲政

在嬴政继位头九年,吕不韦总揽朝政,已经超出臣下的职分。随着嬴政长大成人,吕不韦仍不愿意还政。这使他们君臣围绕王权产生的矛盾不断加剧,并且日渐趋于白热化。当然,嬴政和吕不韦之间的矛盾,也突出地表现在私情和名分上，尤其是与嫪毐集团牵扯在一起，更显得错综复杂。

吕不韦原本和太后有私情，但见嬴政已经长大成人，而太后仍不改淫行，生怕他们的私情被揭露，会引来杀身之祸，就私下寻得嫪毐做自己的门客，继而把他引荐给太后，故意让人告发他有罪，应当处以腐刑，又暗中对太后说："可以假装执行腐刑，就能得到一位陪侍的人。"太后私下送了许多东西给有关人员，假装来治嫪毐的罪，拔去他的胡须和眉毛，变成宦官的模样，让他侍奉太后。太后就跟嫪毐厮混，并且很喜欢他，先后生下两个孩子。于是，秦朝廷封嫪毐为长信侯，把太原作为他的封邑。所有宫室、车马、服饰、园囿，都由嫪毐掌管，而宫中事无大小，都由嫪毐决定。嫪毐家僮有数千人，那些求为嫪毐门客的宦者，也有上千人之多。这位操持后宫的流氓无赖可以说是吕不韦培养起来的一个怪胎。

公元前238年，秦朝廷为嬴政举行隆重的加冠礼，表明嬴政已经能亲理国事。有人利用这一时机，告发嫪毐根本不是宦者，时常跟太后在一块淫乱，把生下的两个孩子隐藏起来，还和太后商量说君王一旦去世，就让他们的孩子继位。嬴政得到报告，马上下令有关官员，查清这一事件的真相。嫪毐知道自己的丑行和阴谋暴露，假造秦王和太后的印信，调动京城禁军、宫中侍卫、戎狄君主和门客，准备进攻蕲年宫作乱。嬴政得知此情，命令昌平君、昌文君领兵抓捕嫪毐，在咸阳与嫪毐集团激战，斩杀叛乱士卒数百人，嫪毐狼狈出逃。嬴政又下令全国，有人活捉嫪毐赏钱一百万，杀死嫪毐赏钱五十万。因此，嫪毐及其同伙卫尉竭、内史肆、佐弋竭、中大夫令齐等二十人，全部被抓获斩首、车裂示众，并且被诛灭三族。嫪毐的门客罪过轻的，一律剥夺官爵流放到蜀地，共有四千多家。

在粉碎嫪毐集团之后，嬴政派人把太后迁出咸阳，到雍城萯阳宫居住，又杀掉她与嫪毐生的两个孩子，并且下命令说："有敢以太后之事进谏的人，一律予以诛杀，砍断他的四肢，堆积到宫阙下示众。"因此有二十七人被处死。齐国说客茅焦前来进谏，嬴政让侍从告诉他："你没看见堆积在宫阙下的那些尸体吗？"茅焦回答说："我听说上天有二十八宿，现在死者已有二十七人，我来这里就是想凑够那个数目。我不是怕死的人啊！"那侍从进去告诉嬴政，嬴政恼怒地说："这个人故意来触犯我，赶快准备好大锅烹掉他，怎么能让他的尸体堆砌到宫阙下呢？"那侍从传诏令茅焦进宫，茅焦漫步来到嬴政面前，一再叩拜，尔后起身说："我听说活着的人不忌讳谈死亡，拥有国家的人不忌讳谈灭亡。忌讳谈死亡的人不得活命，忌讳谈灭亡的人不得生存。死生存亡的问题，是圣明的君主急于知道的。陛下想知道吗？"嬴政问他谈什么，茅焦说："陛下有狂妄无礼的行为，自己不知道吗？车裂自己的假父，摔死两个弟弟，把母亲赶到雍城，残杀进谏的士人，即使夏桀、商纣的行为，也不至于这样。现在天下人听说这些事，全都立刻心散，没有人再向往秦国，我私下为陛下感到危险。"说完就解开衣服，趴在刑具上。嬴政深受感动，连忙走下殿来，亲手拉着茅焦说："先生起来穿好衣服，我现在愿听你的意见。"于是，嬴政封茅焦为上卿，马上亲自驾车去雍城，把太后接回咸阳，他们母子又和好如初。

鉴于吕不韦与嫪毐一案有牵连，嬴政起初想杀掉吕不韦，但考虑到他辅佐先王有功，另有许多宾客为他辩护，一直不忍心下手。公元前237年，吕不韦被免去相国职位，贬回他的封邑。可是，诸侯宾客、使者仍络绎不绝地去洛阳，拜见吕不韦。嬴政担心再有变故，就赐信给吕不韦说："你对秦国有什么功劳？秦国在河南封给你十万户食邑。你对秦王有什么亲情，号称仲父？现在把你连同家属迁徙到蜀地。"吕不韦自以为受到逼迫，恐怕被诛杀，就喝下毒酒而死。他的门客偷偷把他埋葬在洛阳北邙山下。其中原属于韩、赵、魏三国的门客，一律被驱逐出境，而在秦国有六百石以上俸禄的宾客，就全部被剥夺官爵，流放到房陵（今湖北房县）。由此可知，嬴政对吕不韦集团的惩罚，还是十分严厉的。

怎样评价吕不韦？汉代大儒扬雄说："或问：吕不韦其智矣乎？以人易货。曰：谁谓不韦智者欤？以国易宗。吕不韦之盗，穿窬之雄乎！穿窬也者，吾见担石矣，未见洛阳也。"这是说像吕不韦这样的人，算是挖墙行窃的能手。一般的挖墙行窃者，只图得一点小便宜，不像吕不韦这样，能看到洛阳封邑。这种以成败论英雄的说法，又引起柏杨的批评。"如照扬雄先生所言，吕不韦先生如果能够善终，或保全他的家族，就成了大智大慧。耶稣先生曾告诫他的使徒，为了传教的缘故，'应该灵活得象条蛇。'吕不韦先生不过灵活得象条蛇而已，他并没有伤天害理。一介平民到掌握国家权柄，现在可以诉诸选举。而古时并没有固定的渠道。吕不韦先生深谋远虑，节节衔扣，智慧逼人，无疑问的是一代豪杰。"这一论断不会有什么大毛病。

  嬴政处理完吕不韦的问题，为了防止类似事情的再度发生，就在朝廷上明确宣布："从今以后，操持国家大事的人，如果大逆不道，像嫪毐、吕不韦这样满门籍没，都比照这个办法处理。"也正是从这时开始，秦国政务不论大小，都由嬴政一人决定。嬴政每天都要批阅大量的文书，那些简牍的总重量多达一石。看来君主想要独断专行，还必须付出相应的劳苦。

李斯与嬴政

在吕不韦集团垮台后，吕不韦的门客李斯受到秦王嬴政的重用，成为秦朝廷上的一位新秀。李斯从长史到廷尉、丞相，甚至与嬴政结成亲家，作为一对彼此信赖的君臣搭档，仅用一二十年时间，就实现了兼并六国的目标。

◇李斯仕秦

李斯是楚国上蔡（今河南上蔡）人，年轻时在郡中做小吏，在厕所里见老鼠吃些肮脏的东西，一旦有人或狗走近，就惊恐不已，又见仓库里的老鼠吃着储存的粮食，藏在仓库两旁的大屋下，用不着忧虑人和狗，因而感叹道："一个人贤能或无能，就跟老鼠一样，看处在什么环境。"

从这件小事里，李斯由老鼠联想到人，由老鼠的生活条件联想到人的社会环境，说明他观察事物很敏锐。也许通过两只老鼠的比较，李斯悟出了自己的人生方向，即在一个国家的"大庇"之下，找到一片个人活动的空间。为了达到这个目的，李斯要用学识来武装自己，因而辞掉那份小吏的差役，去跟荀况学习帝王术。等到学业有成之后，李斯估计楚王不值得侍奉，而当时山东六国都很弱小，没有建功立业的可能，就决心往西去秦国。

眼看就要启程西行，李斯向荀况辞别说："我听说碰到机遇，不能疏忽怠惰。现在诸侯列国互相争斗，游说之士主持实务，而秦王想吞并天下，以帝号治理万民，这正是布衣之士游说四方、借取功名的时候。处在卑贱的地位，又总想着有所不为，这就像禽兽只看着肉，徒具人的脸面，只能勉强行走一样。所以，一个人最耻辱的，莫过于卑贱；而最悲哀的，莫过于穷困。长久处在卑贱的地位、穷困的境遇，诋毁世俗而厌恶名利，自我推脱于无为的原则，这不是士人的性情。所以，我将要去游说秦王。"

像这样看待尊卑和贵贱、富裕和穷困、有为和无为的关系，在李斯是有真情实感的。所谓"诟莫大于卑贱，而悲莫甚于穷困"，确实道出了传统士人的一般心态。李斯深切地体悟到这一点，毫不掩饰地说出自己内心的想法，应该说是无可厚非，尽管让人觉得不够高尚。然而，那种高尚而虚伪的说教，听起来不更让人作呕吗？明明是想追求富贵权势，却拿一些高尚的言论来粉饰，以便在世人面前捞到一份名誉。这些人的内心世界比李斯所言要丑陋得多，却没有谁敢像李斯这样说真话。

公元前 247 年，李斯来到秦都咸阳，恰巧秦庄襄王去世，秦王嬴政继位，朝廷事务都由吕不韦决定。李斯就先投身于吕不韦门下，并且很快受到吕不韦的赏识，被任用为郎官。继而利用做郎官的条件，向嬴政献策，又深得嬴政的器重，被任命为长史（相国属官）。李斯的仕途还算是一帆风顺。

◇谏逐客令

然而，当他正要大显身手的时候，一件突如其来的变故差点断送了他的人生前程。因为郑国事件的发生，秦国宗室大臣都对嬴政说："诸侯宾客来侍奉秦国，大多是为他们的君主游说，在秦国进行离间活动，请把所有客卿一律驱逐出国。"李斯也在被驱逐之列，为了保住自己的政治地位，促进秦国的统一大业，李斯没有理由退却，也不甘心任人抛弃，因而冒着极大的风险，站出来反对驱逐客卿的计划，向嬴政上书说：

> 我听说有些官吏建议驱逐客卿，私下以为是错误的。从前穆公招揽士人，西面从戎族争到由余，东面在宛邑赎得百里奚，从宋国迎回蹇叔，从晋国聘来丕豹、公孙支。这五位士人并不出自秦国，而穆公任用他们，兼并二十多个国家，随之称霸西戎。孝公用商鞅的法令，移风易俗，民众得以殷盛，国家得以富强，百姓乐意效力，诸侯亲善归服，先

后打败楚、魏两国军队，开辟千里土地，至今仍是政治修明、国力强盛。惠王用张仪的计谋，攻下三川地区，向西吞并巴蜀，向北收取上郡，向南夺得汉中，包围九夷诸部，控制鄢郢一带，向东占据成皋的险阻，割取肥沃的土地，因而拆散六国的合纵，使诸侯向西面侍奉秦国，这些功绩一直影响到今天。昭王得到范雎，废除穰侯，驱逐华阳君，加强宫室，杜绝私门，蚕食诸侯，使秦国建成帝业。这四位君主都是依靠客卿的功劳。由此看来，客卿怎么有负于秦国呢？假使四位君主逐退客卿而不予接纳，疏远士人而不加任用，那么国家就没有富足的实力，而秦国就没有强大的名声。

现在，陛下得到昆山之玉，拥有随珠和和氏璧这样的珍宝，垂挂明月之珠，佩戴太阿之剑，乘坐纤离之马，树立翠凤之旗，摆设灵鼍之鼓。这几种宝物，秦国不出产任何一种，而陛下喜欢它们，为什么呢？如果必定是秦国出产，然后才可以使用，那么夜里放光的玉璧就不能装饰朝廷，犀角象牙的器物就不能成为珍玩，郑卫一带的美女就不能侍奉后宫，而駃騠一类的骏马就不能充实外厩，江南的金锡就不为所用，西蜀的丹青就不成色彩。所以，装饰后宫、打扮姬妾，而赏心悦目的物品，如果必定是出产于秦国，然后才可以使用，那么宛珠之簪、傅玑之珥、阿缟之衣、锦绣之饰就不能进献于前，而时髦雅致、美貌贤淑的赵女就不能侍立于左右。再说敲瓮击缶、弹筝拍腿而呜呜地歌唱，用来快活听觉的，是真正的秦国音乐。至于郑卫之音、《桑间》古曲、虞舜箫韶和《武象》古乐，那都是外国的音乐。现在舍弃敲瓮击缶而听郑卫之音，不用弹筝而欣赏虞舜箫韶，这是为什么呢？无非是眼前称快，适合观赏而已。现在用人却不是这样，不问可否、不论曲直，非秦国人不用，做客卿的就驱逐，因此，所重视的是女色、音乐、珍珠、宝玉，所轻视的是人民，这不是能跨有海内、控制诸侯的办法。

我听说土地广则粮食多，国家大则人口多，军队强盛则士卒勇敢。泰山不排拒土壤，才能积成它的高大；河海不舍弃小溪，才能汇成它的深广；称王的人不抛弃民众，才能显明他的美德。所以，土地不论四方、民众不分异国，四时和谐、鬼神降福，这就是五帝三王无敌的原因。现在抛弃百姓以资助敌国，逐退宾客以成全诸侯，使天下的士人退去，不再踏入秦国，这就是所谓借兵器给敌寇、送粮食给盗贼的情形。照说货物不产于秦国，值得珍视的却很多；士人不出自秦国，而愿意效忠的也不少。现在驱逐客卿以资助敌国，损害民众以增强仇敌，致使国内空虚，而外面结怨于诸侯，希望国家没有危险，是不可能的。

这篇《谏逐客书》承继秦国的政治传统，紧扣时代发展的主旋律，是一篇经邦治国的鸿文。自从秦孝公以来，秦国历任相国有二十二人，其中二十人为山东客卿，如张仪、公孙衍、范雎是魏国人，甘茂是楚国人，楼烦是赵国人，蔡泽是燕国人，吕不韦是韩国人。秦国能够由小到大、由弱到强，与这批客卿的作为密切相关。《谏逐客书》既充分肯定了客卿的功绩，又说明了驱逐客卿将带来的危害，还列举大量的物产和不同的音乐做比喻，以增强议论的说服力，任何统治者读后都会大彻大悟的。因此，嬴政读了李斯的奏疏，立即撤销了驱逐客卿的命令，恢复李斯的官职，继续运用他的谋略。

◇重赂作间

在五光十色的谋略宝库中，成功的间谍活动也许是最为精妙的一项。间谍活动种类繁多，"有因间，有内间，有反间，有死间，有生间。五间俱起，莫知其道，是谓神纪，人君之宝也"。秦国统治者经常运用的，是借助金钱做贿赂，以离间敌国统治集团。如前述，范雎派间谍去赵都邯郸，到处散布谣言，促使赵孝成王临阵易将，用赵括代替廉颇；吕不韦派间谍去魏都大梁，花费重金收买晋鄙的宾客，向魏安釐王进谗言，以陷害信陵君，都是行之有效的外交斗争手段。

大概还在做郎官时，李斯就向嬴政进言："不识时务的人，总想坐等敌国的败亡，而往往丧失机会；成就大功的人，在于趁对方有机可乘，而进行无情的打击。从前，秦穆公开创霸业，终究不能兼并山东六国，是什么原因呢？就是因为诸侯还很多，周王室的威望还没有衰亡，所以五霸一个个兴起，相继推尊周王室。自从秦孝公以来，周王室卑贱微弱，各国诸侯相互兼并，山东出现了六个大国，秦国依靠强盛的国势称霸各国，至今已是六个朝代。各国诸侯臣服于秦国，好比秦国直辖的郡县。照说以秦国的强大，加上大王的贤明，简直像扫除灶上的灰尘一样，很容易灭掉诸侯，建成帝业，实现天下一统，这是万世难逢的一个时机。现在如果懈怠，而不赶快行动，等到诸侯再度强大，相互订立合纵的盟约，即使有黄帝的贤明，也不能一统天下。"这是最早把"一统天下"的问题，明确地提到嬴政面前的记载。

怎样才能一统天下呢？李斯被提升为相国长史，又向嬴政提出了建议：暗地派有谋略的士人，携带金玉宝物去游说诸侯。对于各国有名的士人，凡是可以用钱财收买的，就赠送丰厚的礼物去拉拢他们；凡是不肯被收买的，就用锋利的宝剑去刺杀他们。这就是通过间谍活动，依靠贿赂加暗杀两种手段，来瓦解敌国统治集团的谋略。就谋略主体而言，柏杨先生这样评价："李斯先生这项挖心战术，是一项最恶毒、最有效的战术。……因病毒既不能呈现于外，接受医治，只好内攻……外表上看起来满面红光，却挡不住用手一推。六国本已岌岌可危，更无法承受李斯先生的最后一击。"

这种离间诸侯各国统治集团的谋略，在《史记·秦始皇本纪》里又有一段记载：有位叫尉缭的谋士，在李斯已经掌权的时候，从魏国来到咸阳，游说嬴政道："凭着秦国的强大，诸侯好比郡县的长官。我只怕诸侯各国联合起来，出其不意地攻打秦国，这是知伯、吴王夫差、齐湣王败亡的缘由。希望大王不要吝惜钱财宝物，贿赂各国有权势的大臣，以扰乱他们的计谋，不过破费三十万斤黄金，各国诸侯就会全部灭亡。"这番话听起来，与前面李斯说的如出一辙，大概是英雄所见略同。值得注意的是，尉缭就因这么一条计谋，深受嬴政的敬重。嬴政每次接见他，总是以上等礼节相待，还破格任用他为国尉，负责秦国的军事活动。

在吞并六国的进程中，嬴政正是先用重赂作间的阴谋，瓦解诸侯各国的统治集团，随后发动强大的军事力量，对诸侯各国予以彻底打击。如派出间谍到赵国，用黄金贿赂佞臣郭开，让他向赵王迁进谗言，从而逼死良将李牧。另派出间谍到齐国，用重金收买齐相国后胜，阻止齐国参与诸侯事务，劝齐王建向秦国投降。这说明间谍活动与军事打击相配合，是秦国统一天下的基本手段。

吞并六国

　　为什么秦国能统一天下？这个问题千百年来深受人们的关注，成为一个反复探索的问题。杨宽先生曾就这一问题，列出了四项主要因素：人民群众的积极支持、秦国政治的比较进步、社会经济的发展需要、人民群众的迫切要求。这种解释从大处着眼，固然说明白了一些道理，但还要做具体的论述。从战争史的角度来看，秦国吞并六国的直接动力，主要来自于两条战线：一是在诸侯各国开展间谍活动，二是对各国诸侯进行军事打击。军事打击为间谍活动的基础，间谍活动为军事打击的条件。当然，军事力量上的绝对优势和战争指导上的卓越表现，是秦国吞并六国的关键因素。

　　秦国吞并六国的战争，是从灭亡韩国开始的。公元前230年，秦内史腾率军进攻韩国，俘虏了韩王安，在韩国最后一块领地上，设立颍川郡。公元前228年，秦将王翦率军攻克邯郸，占领了赵国的大部分领地，俘虏了赵王迁。嬴政随后亲临邯郸，许多过去和他有仇怨的人，都被残酷地活埋。在这之后，嬴政把战争矛头转向了楚国。

　　公元前226年，嬴政打算出兵楚国，就询问将军李信，需要动用多少军队，李信回答说："不过用二十万人。"嬴政又问王翦，王翦回答说："非用六十万人不可。"嬴政笑着说："王将军年老了，怎么这样胆怯呀？"于是派李信、蒙恬率领二十万人，去攻打楚国。王翦就以有病为借口，暂且返回家乡频阳（今陕西富平）。

　　秦军进入楚国，最初作战很顺利。李信攻打平舆（今河南平舆），蒙恬攻打寝邑（今安徽临泉），把楚军打败后，然后会合在一起，攻打城父（今安徽亳州）。楚军三天三夜急行军，尾随秦军而来，以突然袭击的方式，攻入秦军两座营垒，杀死了七名都尉，李信被迫逃回秦国。

嬴政得到报告，大为恼怒，不得已亲自赶到频阳，向王翦道歉说："寡人不用将军的计谋，李信果然有辱秦军。将军虽然有病，难道忍心丢开寡人吗？"于是请王翦不要推辞。王翦仍旧说："君王一定要用我，非六十万人不可。"嬴政答应了这一要求，就让王翦统率六十万大军，再度攻打楚国。

秦楚之战是秦国统一天下过程中的一次较大规模的战役。嬴政在灭亡韩国、攻破赵国、重创燕国之后，急于吞并楚国，因而无视楚国地广兵多、难以速胜的实际情况，轻率地决定以二十万人攻打楚国，结果遭到失败。经过这次失败，嬴政承认了自己的失策，答应王翦的要求，为攻打楚国集结了优势兵力。王翦作为一名卓越的将领，在战略决策上老成持重，没有必胜的把握，就不轻易率军出战。这种做法体现着"以重待轻"的谋略。"以重待轻"就是在没有详审敌情之时，一定要重视敌人，而不能疏忽对敌情的了解；在没有同敌人交锋之时，务必做到"不动如山"，而不是轻举妄动；特别是在作战指挥上，要以是否有利作为行动的准则，以免使自身陷入被动的境地。

在王翦率军出征时，嬴政亲自送王翦到霸上（在今陕西西安），王翦请求给予上等田宅，而且所要求的数量很多。嬴政说："将军上路吧，何必担忧贫穷呢？"王翦解释说："为君王领兵打仗，有功劳也得不到封侯，所以趁君王还看重我，求取一些田宅，为子孙置一点家业。"嬴政听了，不禁大笑起来。王翦率军来到武关，又派人回去向嬴政求取上等田地，先后共有五次。有人质疑说："王将军索要田宅也太过分了。"王翦又解释说："不是这样。君王内心粗暴而不相信人，现在调动国内所有军队，专门托付给我，我不多求取田宅，为子孙置一点家业，以巩固自己的地位，反而会使君主怀疑呀！"

王翦请田祛疑，堪称为臣要道。在传统政治领域里，专制君主高高在上，对臣下拥有生杀予夺的权力。"君令臣死，臣不得不死"与"父叫子亡，子不得不亡"合在一起，成为人们恪守的行为准则。因此，做臣下的说起话来、做起事来，也就只能战战兢兢、小心翼翼，"如临深渊，如履薄冰"。在某些特定场合，为了求得专制君主的理解和信任，还非要动一番脑筋、耍几套把戏不行。只是在这时运用谋略，不能搞得太露太白，需要设一些圈子，或者绕几道弯，才好表达谋略主体的用心。王翦索取田宅不就是这样吗？

公元前 224 年，王翦统率六十万大军，来到天中山（在今河南汝阳）安营扎寨。楚王负刍得到报告，马上派项燕、景骐各领二十万军队，前来迎战。哪知王翦只是下令全军将士加固营垒，在酒足饭饱后跳远、跳高、投掷石头以锻炼身体，反而对楚军的挑战根本不予理会。过了好久，项燕觉得秦军可能是来这里驻防的，也就不再注意秦军的行动。当楚军戒备松弛之后，王翦指挥秦军以排山倒海之势，向楚军发起总攻。楚军仓促抵抗，被打得落花流水，结果项燕、景骐自杀，楚王负刍被俘。王翦迅速平定楚国各地，高奏凯歌，班师回朝。

在大举进攻楚国的同时，嬴政对魏国发动了最后一击。公元前 225 年，秦将王贲率军围攻大梁，引来河水强行灌城，三个月后大梁城垮塌。魏王假出城投降，魏国被灭。

公元前 222 年，王贲率军进攻辽东，俘虏了燕王喜，而后掉头攻打代国，俘虏了代王嘉。嬴政为庆贺大进军的胜利，特意诏令天下大宴饮。

公元前 221 年，王贲率军从燕地南下，进攻齐国，在未遇任何抵抗的情况下，迅速占领了临淄，齐王建被俘。

秦国统治者终于如愿以偿，完成了吞并六国的大业。嬴政自以为德行高出三皇，功业超过五帝，因而改号称"皇帝"，确立了君主专制中央集权的政治体制。中国历史从此进入了一个新时代。